l r

m s

d h n t

a e i o u

b f j p v

c g k q w x y z

A E I O U

B F J P V

C G K Q W

D H L R X

M S Y

N T Z

# Der Stuttgarter Hoppenlau-Friedhof als literarisches Denkmal

Bearbeitet von Udo Dickenberger,
Waltraud und Friedrich Pfäfflin

»Was du verlorst hat Er gefunden
Du triffst bei ihm was du geliebt
Und ewig bleibt mit dir verbunden
Was Seine Hand dir wieder giebt.«

Schlußstrophe aus dem dritten Gedicht der ›Geistlichen Lieder‹ von Novalis, zuerst veröffentlicht in August Wilhelm Schlegels und Ludwig Tiecks ›Musen-Almanach auf das Jahr 1802‹. Grabmal der Thusnelde Heigelin, 1820–1832 [Abt 4b/726].

Udo Dickenberger

# Poesie auf Gräbern

## Die literarischen Inschriften des Hoppenlau-Friedhofs

Allen Eingriffen in seine Substanz zum Trotz ist der Stuttgarter Hoppenlau-Friedhof eine der schönsten Begräbnisstätten aus der klassizistischen Periode um 1800 geblieben. Als sechster Friedhof wurde er 1626, zur Pestzeit, im Nordwesten der Stadt nicht weit vom »Großen See« angelegt, den man sich etwa zwischen der Friedrichstraße, dem heutigen Katharinen-Hospital und dem Holzgartenweg, also mitten im Stadtgarten, vorzustellen hat. Der weiter westlich gelegene »Mittlere See« war einige Jahre zuvor trockengelegt worden. Ein Damm verband die Büchsenstraße mit jenem »Kirchhof vorm Büchsenthor« in der Feldflur Hoppenlau, auf dem 1628 die ersten Toten begraben wurden. Mehrmals wurde der Friedhof erweitert, so um 1750, 1811, 1834 und 1835, 1840 und 1853. Nach 1840 hat sich das Gelände des Friedhofs nicht mehr wesentlich verändert. Daß er zusammen mit dem aufgelassenen Hospitalkirchhof, der bis 1785 benutzt wurde, und dem Mittleren Spitalkirchhof, der bis 1746 benutzt wurde, die Bestattungsstätte der sogenannten Reichen Vorstadt war, läßt sich bis heute an bedeutenden Zeugnissen der Grabmalkunst und an den Inschriften ablesen.

Von 1823 an, dem Jahr der Eröffnung des im Süden der Stadt gelegenen Fangelsbach-Friedhofs, wurde die Benutzung des Hoppenlau-Friedhofs eingeschränkt; die letzten Beisetzungen auf ihm fanden wenige Jahre nach der 1873 erfolgten Einrichtung des neuen »Central-Friedhofs« auf der Prag im Norden statt. So wurde der 1873 verstorbene Literaturkritiker und Herausgeber von Cottas ›Literatur-Blatt‹ zum ›Morgenblatt‹, Wolfgang Menzel, noch auf dem alten Friedhof, Eduard Mörike, der 1875 starb, aber bereits auf dem neuen Friedhof an der Straße nach Heilbronn beerdigt. Der 1879 verstorbene Studienfreund Wilhelm Hauffs, Max von Seybothen, war zwar noch auf dem Hoppenlau-Friedhof beigesetzt worden; sein Grab wurde aber 1889, wie andere auch, auf die Prag umgebettet. Nur Urnenbestattungen in Familiengräbern waren ausnahmsweise auch im späten 19. und im 20. Jahrhundert noch zugelassen; dann wurde aus dem Gottesacker ein Park.

Der zwischen der heutigen Rosenbergstraße, dem Holzgartenweg und dem Berliner Platz gelegene, mehr und mehr durch Hochbauten eingefriedete Begräbnisplatz lag im 18. Jahrhundert noch ein Stück vor der Stadt. Der 63jährige

Hoppenlau-Friedhof gegen Katharinenspital. Aquarell von Unbekannt, 1839. 8 × 13 cm. Schefold 8459. Württembergische Landesbibliothek, Stuttgart.

Justinus Kerner (1786–1862) erinnert sich in seiner Autobiographie, dem ›Bilderbuch aus meiner Knabenzeit‹ (1849), an seinen Großvater, den Kammerprokurator Johann Friedrich Stockmayer (1724–1777), der 1764 den Spazierweg vom Büchsenweg zur Stadt hinaus verschönert hatte. Kerner zitiert aus Stockmayers Tagebuch: »Da die öffentlichen Spaziergänge und Gärten in Stuttgart meistens eingegangen«, hatte Stockmayer notiert, »so war ich darauf bedacht, wie diese in möglichster Kürze der Residenz verschafft werden möchten. Ich erwählte hiezu nach meinem eigenen Einfall den Platz vor dem Büchsenthore, der vorher alleinig für Schweine und den großen Kutter destiniert und ein wüster und unebener Platz war.«

Von Eduard Mörike (1804–1875) ist überliefert, daß er vor allem in den späten vierziger und frühen fünfziger Jahren gerne vor dem Büchsentor spazierenging: Seiner künftigen Frau, Margarethe Speeth, schrieb er am 4. Oktober 1851 von einem Ausflug mit Hartlaub zum »Stiftskirchenthurm«, wir »tranken ein Glas Bier in dem Garten vor dem Büchsenthor, gingen auf den Hopelau-Kirchhof und suchten abermals vergebl. [Ludwig Amandus] Bauers Grab«. Im September 1848 hatte Mörike Wilhelm Hartlaub, dem Freund, »Laub ... von dem Grabe unsers Freunds« geschickt, und später stellte er sich vor, einmal dort begraben zu werden (an Mährlen, 1. 7. 1851).

Als der Leichnam von Wilhelm Hauff (1802–1827) im November 1827 auf den Friedhof hinausgefahren wurde, hatte sich zwischen dem Hoppenlau- und dem Vogelsangbach baulich wenig verändert. 1826 war die Kanzleistraße, noch nach den Plänen Nikolaus Friedrich Thourets, von der Stadtmauer zum Katharinen-Hospital hinaus beidseitig bebaut worden. Karl Gerok (1815–1890), der Stuttgarter Stadtdekan, Oberhofprediger und Autor der vielgelesenen ›Palmblätter‹, berichtet in seinen 1876 in zweiter Auflage erschienenen ›Jugenderinnerungen‹ von der Beisetzung Wilhelm Hauffs: »Noch ... entsinne ich mich eines düsteren schwarzen Novembernachmittags, wo uns die Mutter ernst ans Fenster rief, einen Leichenzug zu sehen, der unter einem benachbarten Hause sich sammelte. Unter den dumpfen Schlägen der Todtenglocke und den klagenden Posaunentönen eines Trauerchorals vom Stiftskirchenthurm bewegte sich der Sarg mit einem langen Gefolge durch die Straße. Es war der liebenswürdige Dichter des Lichtenstein, der jugendliche Sänger von ›Morgenroth, Morgenroth, leuchtest mir zum frühen Tod!‹«

Wilhelm Hauffs Grabmal, ein Felsstück vom Lichtenstein, hat sich bis heute erhalten, auch wenn die darauf angebrachte Lyra in den fünfziger Jahren entwendet wurde. Andere Grabstätten fielen in Vergessenheit oder wurden in Kriegszeiten zerstört, wie etwa das Grab von Schillers Lehrer und Freund, Jakob Friedrich Abel (1751–1829) oder das des Verlegers der deutschen Klassik, Johann Friedrich Cotta (1764–1832); auch Friedrich Franckhs (1795–1865) Grab – er war u. a der Verleger von Wilhelm Waiblinger und Wilhelm Hauff – ging verloren wie die Grabstätten des Stuttgarter Landschaftsmalers Gottlob Friedrich Steinkopf (1779–1860) und anderer Mitglieder dieser Buchhändlerfamilie.

Doch hier soll nicht von diesen Verlusten die Rede sein, sondern von den heute noch möglichen Entdeckungen, der Literatur in Stein. Von wem stammen die Gedichte, welche die Grabsteine der vielen Unbekannten und der wenigen Bekannten schmücken? Woher kommen diese Verse? Welche Themen, welche Motive werden in den Texten berührt? Welche Trostgründe fanden die Menschen vor ein, zwei Jahrhunderten, wenn sie eine Grabschrift auswählten oder selbst schrieben?

Grabschriften früherer Jahrhunderte erzählten, manchmal allzu ausführlich, vom Leben und Sterben des Verblichenen; sie rühmten seine Taten und Werke und empfahlen die Seele des Verstorbenen dem Allmächtigen, der eine fröhliche Auferstehung ermöglichen sollte. Der ungehemmten Mitteilungslust setzten die technischen Gegebenheiten des Schreibstoffes natürliche Grenzen. So verlangte Zedlers ›Großes Vollständiges Universal-Lexikon‹, daß die ›Inscrip-

Christian Septimus von Martens, Das Grab des Generals von Scheler auf dem Stuttgarter Hoppenlau-Friedhof, 1829. Aquarell mit Deckfarben. Württembergische Landesbibliothek, Stuttgart.

tion‹ »kurtz und bindig gestellet seyn« solle. Christian Cay Lorenz Hirschfeld forderte im gleichen Sinne für ›Statüen, Monumente und Inschriften‹ im dritten Band seiner ›Theorie der Gartenkunst‹ (1779/80) für die Inschrift, sie müsse »kurz und deutlich, dem Gegenstand angemessen« sein. »Einfalt und Nachdruck« seien ihre eigentlichen Ziele. Auch vertrage ein Monument nicht mehr als *eine* Inschrift, »weil seine Bestimmung nur einfach ist, und zu ihrer Andeutung schon eine zureicht«.

## Klassizistische Grabschriften

»Vor ward durch diese Schrift, die hier die Zeit zerstöret,
Dass alles auf der Welt vergänglich sey, gelehret,
Und nun man sie nicht lesen kann,
Zeigt sie es uns noch klarer an:
Kein grössres Zeugniss kann man haben,
Die Grabschrift selbst liegt hier begraben.«

*Christian Wernike, Auf eine vor der Zeit verlöschte Grabschrift*

Der zu Stuttgart geborene Philosoph Georg Wilhelm Friedrich Hegel (1770 bis 1831) hat in seinen ›Vorlesungen über die Ästhetik‹ das Epigramm zweimal erwähnt. Einmal in dem Abschnitt ›Epigramme, Gnomen und Lehrgedichte‹ des Kapitels über den ›Allgemeinen Charakter des Epischen‹, zum anderen in dem Abschnitt über ›Die Form des lyrischen Kunstwerks‹ im Kapitel ›Allgemeiner Charakter der Lyrik‹. Das Epos sagt, »was die Sache ist«. Darum fällt das Epigramm unter den Begriff des Epischen, wenn es als Aufschrift eine Sache bezeichnet. Der Mensch spricht dann »noch nicht sein konkretes Selbst aus«. Anders verhält es sich, wenn das Epigramm Empfindungen gestaltet. Der Inhalt des Epigramms ist dann »zwar episch, die Behandlung aber lyrisch«.
Die Inschriften auf dem Hoppenlau-Friedhof, die zum Betrachter vom Schmerz der Angehörigen und ihrer Hoffnung auf eine jenseitige Wiedervereinigung sprechen, grenzen an diesen zweiten Typus von Epigrammen, bei dem sich mit der Beschreibung der Sache Empfindungen verbinden.
Im Klassizismus um 1800 kommt die Grabschrift zur höchsten Entfaltung. Es ist die Aufgabe sepulkraler Dichtung, die am Grabe Versammelten zu beruhigen und ein einfaches, positives, lichthaftes Bild vom Verstorbenen zu überliefern. Das Grabmal stellt für die Form ›Inschrift‹ nur wenig Platz bereit und

fordert deshalb einen Text, der für sich selbst steht und dem kein anderer am Monument widerspricht. Strenge und das Zurückdrängen der Affekte gehören zum Wesen des Klassizismus. Dem kommt die Tendenz der sepulkralen Dichtung entgegen, ein geschlossenes affirmatives Bild vom Verstorbenen zu übermitteln. Den technischen Gegebenheiten, die zur äußersten Beschränkung zwingen, korrespondiert das klassizistische Ideal, würdevoll das der ordnenden Vernunft Widerstrebende zu bewältigen. Religiöse Stoffe werden von der Inschrift des Klassizismus allgemein menschlich behandelt. Die klassizistischen Perioden der abendländischen Geistesgeschichte öffnen sich der Welt und greifen auf antike Bilder und Vorstellungen zurück. Einzelne lateinische Grabschriften des Humanismus in der beginnenden Neuzeit versuchten ebenso, die Antike mit dem Christentum zu versöhnen, wie einige der erhaltenen Inschriften des Hoppenlau-Friedhofs aus dem frühen 19. Jahrhundert. Diese sind in einer Zeit in den Stein gemeißelt worden, in der nicht nur einzelne Intellektuelle, sondern weite Kreise des gebildeten Bürgertums in einem kritischen Verhältnis zur christlichen Religion standen. Viele der hier verwendeten Texte lassen christliche Vorstellungen kaum anklingen, andere zitieren aus Friedrich Gottlieb Klopstocks (1724–1803) christlichem Epos, dem ›Messias‹ (1748 bis 1773) dergestalt, daß schlechthin jeder vernünftige und auch ein den Glaubenssätzen des Christentums sich nicht verpflichtet wähnender Betrachter diesen Versen zustimmen kann.

Bezeichnend ist, daß es den Autoren und den Steinmetzen gelingt, auf dem bereitstehenden Raum Begriffliches sorgsam zu ordnen. Persönliche und öffentliche Tugenden rühmt die Inschrift des Königlichen Küchenmeisters Jacob Heinrich Weber (1753–1815):

»GÜTE DES HERZENS UND REDLICHKEIT
SCHMÜCKTEN SEIN RASTLOSES LEBEN.
TREU DEM KÖNIG, DEM FREUND
WAR ER GEACHTET, GELIEBT.
UNS WAR ER ZÄRTLICHER VATER.
MIT DER BESTEN DER MÜTTER
EWIG IN SEELIGEM VEREIN.
LOHNE DER HIM̅EL IHM DORT.« [Abt 1a/9]

Den Begriffen Herzensgüte, Freund und Liebe aus dem privaten Bereich korrespondieren Redlichkeit, Königstreue und Anerkennung aus dem öffentlichen Bereich. In der zweiten Hälfte des Gedichts zieht sich der Text ganz aufs Familiäre zurück: Dem Lob der Kinderliebe folgt die Hoffnung, zusammen mit der

Mutter einst den himmlischen Lohn zu empfangen. Die sorgsame Gruppierung und die Scheidung des öffentlichen Respekts von den privaten Tugenden geht auf humanistische Vorbilder zurück.

Zahlreiche Mainzer Grabinschriften lassen sich als Beispiele anführen; hier seien nur drei davon vorgestellt.

Die lateinische Inscriptio für Christoph von Gablentz († 1535) im Mainzer Dom läßt den guten Eigenschaften des Verstorbenen den entsprechenden Lohn zuteil werden. Er war »überreich geziert mit jeglicher Art von Tugenden, da er lebte, und keine von ihnen entbehrte der ihr sozusagen zukommenden Frucht und Zier«.* Die Inschrift ordnet sodann den Tugenden die Auszeichnungen zu, die ihnen korrespondieren.

Ein anderes Beispiel zeigt das Grabmal des Nikolaus von Driel († 1594) in der Mainzer Liebfrauenkirche. Er war »fromm gegen Gott und die Heiligen, bei sich selbst mäßig, gegen den Nächsten gerecht, bei den Armen höchst freigiebig.«** Das lateinische Epitaph für Konrad Gollerus († 1573) in der Franziskanerkirche zu Mainz hält fest, der Verstorbene sei seinem »Fürsten lieb und wert, gütig gegen die Väter und das Volk, wohl beschlagen in geistlichem und weltlichem Recht, in Theorie und Praxis zugleich« gewesen.***

Die Qualität solcher Lobpreisungen wird deutlich im Vergleich mit Grabschriften, die wahllos Superlative aufhäufen, ohne Ordnung Tugenden sowie innere und äußere Glücksgüter durcheinandermengen und beliebig gekürzt oder ergänzt werden könnten. So ist der lateinischen Inscriptio von 1618 für Henning Tegtmeier in der Göttinger Johanniskirche zu entnehmen, daß Tegtmeier ein einzigartiges Beispiel »treuesten, verdienstvollsten, hochbewährten Pflichtgefühls, vollkommenster Bildung, treffendster Urteilskraft, bewunderungswürdiger Beredsamkeit, höchster Gewandtheit im Unterricht, unermüdlicher Arbeitskraft, verehrungswürdigen Ansehens, erhabener und unwandelbarer Gesinnung in theologischer Standhaftigkeit, untadelhaften Lebenswandels« gewesen sei.**** Und so weiter.

Und der auf dem Hoppenlau-Friedhof beigesetzte Epigrammatiker Friedrich Haug (1761–1829) zählt in einem gedruckten Gedicht ›Auf Mrs. Hepburn: Nach Hamilton‹ zunächst acht hervorstechende Tugenden auf, um dann aber festzustellen, der Verstorbenen wären überhaupt alle Tugenden eigen gewesen, was in der Tat das Rühmen und Lobpreisen ganz erheblich vereinfacht.

* In: Die Inschriften der Stadt Mainz von frühmittelalterlicher Zeit bis 1650, a.a.O., Nr. 368

** Ebd., Nr. 1356

*** Ebd., Nr. 1293

**** In: Die Inschriften der Stadt Göttingen, a.a.O., Nr. 159

»Hier liegen Anmuth, Geist, Herz, Gottergebenheit,
Gastfreundschaft, Liebe, Huld und Menschenfreundlichkeit,
Sammt allen Tugenden in diesem einen Grab:
Zurücknimmt, wenn er will, der Himmel, was er gab.«*

Ein menschliches und ein künstlerisches Vorbild für seine Zeitgenossen war Johann Heinrich Danneckers (1758–1841) Altersgenosse, der Hofbildhauer Philipp Jacob Scheffauer (1756–1808).
Antonio Isopi hat das Denkmal geschaffen:

»HIER. RUHT
AN. SEINER. GATTIN. SEITE
PHILIPP. IACOB. SCHEFFAUER
GEACHTET. ALS. KÜNSTLER. UND. BILDHAUER
GESC[H]ÄTZT. ALS. MENSCH. UND. BIEDERMANN
GELIEBT. ALS. GATTE. VATER. FREUND
SEINE. WERKE
ZEUGEN. VON. IHM
VON. UNSERER. LIEBE. ZEUGE
DIESER. STEIN.« [Abt 4b/690]

Achtung wird dem in seinem Beruf Tüchtigen zuteil, Hochschätzung dem redlichen Menschen, Liebe dem im privaten Bereich Überzeugenden. Der Künstler wird in seinen Werken fortleben, das Denkmal bezeugt die Anhänglichkeit der Familie; die geäußerte Hochachtung vor dem »Menschen und Biedermann« wird in den Zeilen, die sich mit seinem Nachleben befassen, nicht wieder aufgegriffen. Diese Wertschätzung fortwirken zu lassen, ist die Aufgabe des Friedhofsbesuchers, des Passanten, des Lesers.
Die Inschrift auf dem Grabmal für Octavia Freifrau von Münchingen geb. Flachsland (1781–1829) für ihren Gatten, den badischen Offizier und Kammerherrn Ludwig Freiherr von Münchingen (1766–1840) und beider Tochter Adele rühmt die Tugenden der Verstorbenen und zählt auf, wie sich die Angehörigen in ihrer Trauer verhalten.

»Treu und aufopfernd in Liebe und Freundschaft,
sanft und tugendhaft in Ihrem Wandel
schied Sie in st[ ]öße rein aus diesem Leben

* In: Gedichte von Friedrich Haug, Stuttgart 1840, S. 7

schmerzlich beweint und unvergeßlich den Ihrigen
geehrt von Allen die Sie gekannt.« [Abt 4b/649]

Die Lücke im Text ist vermutlich zur »stillen Größe«, einem der beiden zentralen Begriffe in Johann Joachim Winckelmanns ›Gedanken über die Nachahmung der griechischen Werke in der Malerei und Bildhauerkunst‹ (1755), zu ergänzen. Winckelmann bezeichnet damit das Wesen der griechischen Meisterwerke. Ihr Kennzeichen ist »eine edle Einfalt und eine stille Größe, sowohl in der Stellung als im Ausdruck. So wie die Tiefe des Meeres allezeit ruhig bleibt, die Oberfläche mag noch so wüten, ebenso zeigt der Ausdruck der Figuren der Griechen bei allen Leidenschaften eine große und gesetzte Seele.« Die Inschrift harmonisiert wie die klassizistische Tradition. Sie läßt nichts davon merken, daß das Ideal mühsam errungen werden muß. Das Winckelmann-Zitat steht auf dem Hoppenlau-Friedhof in der richtigen Umgebung. Die Zerstörung der Inschrift belegt, daß es mit dem Tod so einfach nicht ist. Die klassizistische Theorie kann ihm so wenig entgegensetzen wie die sepulkrale Kultur.

## Der Verlust des Objektiven

»Lehre uns bedenken
daß wir sterben müssen,
auf daß wir klug werden.
Ps. 90 V. 12«

*Inschrift auf dem Friedhof in Winnenden, †1962 und †1985*

Heute erteilen die Stifter von Grabinschriften den Passanten gerne gute Ratschläge. Sie geben Lebensweisheiten an den Friedhofsbesucher weiter. Grabinschriften des Mittelalters und der frühen Neuzeit weisen, oft aufdringlich und manchmal resignierend, auf die Vergänglichkeit alles Irdischen hin; sie bieten nützliche Maximen zur Lebensgestaltung dar und mahnen den Leser, umzukehren und sich, wenn irgend möglich, zu bessern. Der Tod eines Achtzehnjährigen etwa soll dem zur Warnung dienen, der sich »in Gedanken das Alter des hoch betagten Nestor« zuschreibt; der Betrachter möge sich »kein hohes Alter« erträumen.* Solche Mahnungen sind auf den Grabmalen des Hoppenlau-

* Lateinische Inschrift von 1640 in der St.-Marien-Kirche zu Osnabrück, in: Die Inschriften der Stadt Osnabrück, a. a. O., Nr. 295

Friedhofs selten. Nur die Enkel der Toten des frühen 19. Jahrhunderts müssen sich gelegentlich einmal pädagogische Verhaltensmaßregeln anhören. Das Lob auf die Dahingegangenen wird mit einer Ermahnung der Nachkommen verbunden: Auf dem Grabmal des Bäckermeisters und vormaligen Besitzers des Weißenhofs, Georg Philipp Weiß (1741–1822), seiner Ehefrau Joh. Katharina geb. Helferich (1749–1806) und anderer Familienmitglieder, werden die Nachfahren aufgefordert:

»Dem Enkel der zu Eurem Grabe wallt
Bleib Euer Vorbild in das Herz geschrieben
Und biß ihm der Erlösungs=Ruf erschallt
Hör er nicht auf es dankbar nachzuüben.« [Abt 1a/47]

Das Weiterleben der Ideale eines verewigten vorbildlichen Großvaters findet seine eindringliche Darstellung in der Inschrift für den Badischen Hofgerichtspräsidenten Johann Friedrich Albrecht Konstantin von Neurath (1739 bis 1816), die sein ein Jahr später verstorbener Sohn, der von Wilhelm I. besonders geschätzte Geheime Rat und Württembergische Justizminister Konstantin Franz Fürchtegott von Neurath (1777–1817) anbringen läßt:

»AM GRABE DES GELIEBTEN VATERS
SPRICHT DER SOHN ZU DEN ENKELN

FOLGET SEINEM BEISPIELE;
LIEBET GOTT ÜBER ALLES UND
EUEREN NAECHSTEN ALS EUCH SELBST;
DANN VERSÜSST AUCH EUCH LIEBE DAS
LEBEN, BEWUSST-SEYN DEN TOD.« [Abt 5b/947]

Solche Mitteilungen über die Verhältnisse, in denen die Menschen untereinander stehen, haben in der bildenden Kunst der Zeit zahlreiche Entsprechungen. Johann Friedrich Dieterichs (1787–1846) Bildnis ›Staatssekretär Christian von Bellnagel mit Tochter Mathilde‹ zeigt diesen nach vorn gebeugt, das Haupt auf den rechten Arm gestützt. Die kleine Tochter schmiegt sich an ihn. Über beide hinweg blickt die erhöht stehende Büste der verstorbenen Tochter.
Der neben seinen beiden Frauen auf dem Hoppenlau-Friedhof bestattete Bildhauer Johann Heinrich Dannecker (1758–1841) zeichnet 1792, als 34jähriger, die Skizze zu einem Grabmal. Am Pfeiler des Grabmals ist ein Medaillon mit der Halbrelief-Darstellung der Verstorbenen angebracht. Zwei Trauernde haben sich eingefunden. Die eine sitzt zusammengesunken da, die andere blickt

Grabmäler Konstantin Franz Fürchtegott von Neurath (1777–1817) und dessen Vater, Johann Friedrich Albrecht Konstantin von Neurath (1739–1816). Photographie Fridrich Rimmele, 1913.

mit schmerzverzerrtem Gesicht zur Darstellung der Verstorbenen empor. Die Trauernden in ihrem Schmerz sind in der Sepulkralkultur im weiteren Sinne, in den biographischen Quellen und in der Dichtung des 19. Jahrhunderts wichtiger als die Toten. Die bildende Kunst vermittelt dasselbe Bild von einer Zeit, der das Objektive verlorengegangen und der nur noch das intim Aufbereitete wichtig ist.

Das frühe 19. Jahrhundert steckt bis zum Hals im fade schmeckenden »Brei des Gefühls«, auf den Hegel häufig schimpfen zu müssen glaubte. Ein Korrespondent Hegels wollte an diesem Brei auch keinen Gefallen finden. Goethe beklagte sich bitter über Tendenzen seiner Zeit, die zu einer Auflösung des Objektiven im Subjektiven drängten. Am 29. Januar 1826 besuchte Oskar Ludwig Bernhard Wolff (1799–1851) aus Hamburg, Schauspieler und Improvisator, den Geheimen Rat. Noch am Abend tauschte sich Goethe mit Eckermann über Wolff aus, der Eckermann in der Zwischenzeit hatte wissen lassen, er, Wolff, sei über den Rat, den ihm Goethe erteilt habe, sehr glücklich. Goethe hatte Wolffs Talent gelobt. Aber er hatte bemängeln müssen, daß Wolff »an der allgemeinen Krankheit der jetzigen Zeit, an der Subjektivität« litt. Davon wollte er ihn hei-

len. Goethe hatte Wolff die Aufgabe gestellt, seine Rückkehr nach Hamburg zu schildern: »Nicht die Rückkehr nach Hamburg schilderte er mir, sondern nur die Empfindungen der Rückkehr eines Sohnes zu Eltern, Anverwandten und Freunden, und sein Gedicht konnte ebensogut für eine Rückkehr nach Merseburg und Jena als für eine Rückkehr nach Hamburg gelten.«
Auf ›Goethes Tod‹ schrieb Egon Ebert (1801–1882) ein Gedicht, das nicht nur einen Trostgrund, sondern eine ganze Reihe davon benennt. Auch die Anrede wechselt wiederholt. Das Gedicht läßt die Verunsicherung erkennen, die nach der Zerstörung der speziellen Metaphysik eingetreten ist. So wie sich um 1800, nachdem Immanuel Kant sie zertrümmert zu haben glaubt, die Philologie den fremden orientalischen Kulturen zuwendet, um Entsprechungen der säkularisierten christlichen Weltauffassung zu finden, so behilft sich Ebert. Er bringt divergierende Trostgründe zur Sprache in der vagen Hoffnung, damit doch irgendwie auch wieder das Richtige zu treffen:

»Der Meister *Goethe* war's, der sanft hinüberschlief
Doch nein, er *war* es nicht, er ist's, er bleibt, er lebt
So lang ein Menschenherz in Lust und Trauer bebt,
So lang im Menschensinn noch Himmelsahnung liegt,
So lang die ird'sche Grenz ein Traum noch überfliegt,
Er lebt durch Thaten fort; denn Sangeswerk ist That.«*

Die verschiedensten Vorstellungen, die im frühen 19. Jahrhundert wichtig waren, kommen hier in diesem Gedicht zusammen. Die festen Inhalte sind verloren. Jeder darf glauben, was er will. Der »Menschensinn« trägt die »Himmelsahnung« in sich und bedarf keiner vermittelnden kirchlichen Institutionen. Die Inschrift für Wilhelmine Sophie Forcke († 1822) auf dem Friedhof in Ottensen bei Altona, auf welchem Klopstock mit seinen beiden Frauen bestattet ist, versichert:

»Wort gehalten wird in
jenen Räumen
Jedem schönen Gläubigen
Gefühl.«

Das Gefühl, das gar nicht bis zur verbalen Explikation gelangt ist, verbürgt. Die Inhalte sind einerlei.

* In: Unser Goethe: Ein Lesebuch, Zürich 1982, S. 873 f.

Bei der Lektüre der Inschrift des auf dem Hoppenlau-Friedhof beigesetzten Landesbaukontrolleurs Johann Eberhard Etzel (1745–1792) begegnen uns einige Trostgründe wieder, die schon beim Betrachten von Eberts Gedicht auffielen. Auch hier wechselt die Anrede mehrmals.

»Segne, Wandrer, in der Graeber Stille,
Unsers Gatten, unsers Vaters Grab.
Eines theuren guten Mannes Hülle,
Senkten sie in seinen Schoos hinab.
Sieh geruehrt auf diesen Hügel nieder;
Denn ein Kuenstler, Christ und Menschenfreund,
Redlich, und nach alter Sitte bieder,
Ward an EZELS früher Gruft beweint –.
Liebe wollte Dir ein Denkmal schenken –
Hat Dir, Theurer! diesen Stein gesezt:
Liebe hat Dein süsses Angedenken
Uns noch tiefer in die Brust geäzt
In der Engel, Deiner Brueder, Mitte
Wallt Dein Geist durch Gottes Paradies.
Mag sie schlummern seine muede Huelle.
Ruhe schmekt dem mueden Pilger süs.
...« [Abt 4a/564]

## Familiäres

»Als diese Frau später zu Stuttgart starb und ihr Sarg auf den Kirchhof gebracht wurde, sprangen, als man das Sargtuch abdeckte, zwei ihrer Lieblingskatzen, die sich unbemerkt unter demselben bei ihr festgehalten hatten, aus demselben hervor und verschwanden unter den Grabmonumenten.«

*Justinus Kerner, Das Bilderbuch aus meiner Knabenzeit*

Sepulkrale Kultur spiegelt die gesellschaftlichen Rangordnungen wider. Der historische Friedhof mit den detaillierten Berufsbezeichnungen auf seinen Grabmalen bestätigt erfolgreiche Laufbahnen hienieden, und in den Todesanzeigen um 1800 versichern die Witwen von Geschäftsleuten gerne, die hinterlassene Firma zusammen mit dem wohlgeratenen Nachwuchs auf dem gewohnten hohen qualitativen Niveau fortführen zu wollen. Auch auf dem Friedhof für die

Grabmal Johann Eberhard Etzel (1745–1792) und von dessen Söhnen Christoph Friedrich Etzel (1779–1808) und Gottlieb Christian Eberhard Etzel (1784–1840), dem Erbauer der alten Cannstatter Brücke und der Neuen Weinsteige. Photographie Mathias Michaelis, 1991.

Bewohner der Stuttgarter Reichen Vorstadt diente die Sepulkralkultur dem Eigenlob der Nachgeborenen. Die in Majuskeln in den Stein gehauenen Ränge und Dienststellungen der hohen auf dem Hoppenlau-Friedhof bestatteten Militärs schüchtern den Besucher von zumeist weit bescheidenerem Dienstgrad ein.

Ernst Eugen Freiherr von Hügel (1774–1849) war »GENERALLEUTNANT/ UND KRIEGSMINISTER«, Carl von Beulwiz (1734–1821) »GENERAL/DER INFANTERIE«, Friedrich Freiherr von Hügel (1790–1844) »OBERST UND COMMANDANT DES IV. INF. RGTS./COMENTHUR UND RITTER ETC.«, Clemens Freiherr von Hayn (1793–1851) »Oberst a. D.«, Ludwig Albert Freiherr von Gaisberg-Helfenberg (1794–1862) »K. W. OBRISTLIEUTENANT«.

Neben den Herren liegen die Diener, wie etwa Johannes Heß (1766–1815), dem der Grabstein lebenslange Anhänglichkeit zugesteht. Staatsminister von Wintzigerode läßt in den Stein meißeln:

»ER LEBTE UND STARB IN NIE
DERM STANDE, ABER ER ADELTE IHN
DURCH RECHTLICHKEIT UND
TREUE ANHÄNGLICHKEIT AN
SEINEN HERRN DER IHM DANK
BA[R]SEZT« [Abt 4b/613]

Über Heinrich Brennecke (1779–1817), dessen Profession verschwiegen wird, ist zu lesen:

»RECHTSCHAFFENHEIT
UND TREUE
GEGEN SEINE HERRSCHAFT
ERWARBEN IHM
DIESES DENKMAL
DER DANKBARKEIT
FRIEDE SEINER ASCHE!« [Abt 3a/390]

Der zusammen mit seiner Frau und seiner Tochter bestattete Hofrat, Königliche Bibliothekar und Epigrammatiker Johann Christoph Friedrich Haug könnte die beiden Grabschriften gekannt haben – jedenfalls schrieb er ein Gedicht ›Rührende Grabschrift‹, das mit einem Zitat beginnt:

»›Ein Diener, ohne Habsucht, ohne Tadel
›Von niedrem Stande, doch voll Seelenadel,

›Hat vierzig Jahre Dienstes mir geweiht.
›Verkünde, Leichenstein, der Folgezeit
›Des Treuen Lob und meine Dankbarkeit.‹«

Dann wendet sich Haug seinem eigenen Empfinden bzw. dem seines lyrischen Ich zu. Die Tränen über das gute Herz des sentimentalen Herrn, nicht aber die objektiven Tugenden des Dieners, bürgen für den Wert des Denkmals. Das Gedicht schließt mit einer Versicherung über die pädagogische Nützlichkeit des Monuments.

»Gewiß, der Gute weilt da gern;
Der Schlimme, von der That gehoben,
Muß, schamroth, Besserung geloben.«*

Die Hinterbliebenen des Oberfinanzrates Christian Friedrich von Stein (1768 bis 1841) leihen für den Ausdruck ihres Schmerzes Verse bei einem Dichter:

»Sie haben
Einen guten Man̄
begraben
Uns war er
[mehr]« [Abt 7a/1115]

Die Inschrift variiert die erste und die letzte Strophe des Gedichts ›Bei dem Grabe meines Vaters‹ von Matthias Claudius. Die Zeilen des Wandsbecker Boten werden im frühen 19. Jahrhundert außerordentlich beliebt. Sie ertönen bei Trauerreden, stehen in den Todesanzeigen und werden in Marmor und Sandstein gehauen.
Schroff wird der Mensch darauf verwiesen, daß er ein natürliches Wesen ist, wenn ein ihm nahestehender Mensch stirbt. Der Kultus gibt dem natürlichen Schmerz Ausdruck. Man weint im 19. Jahrhundert nicht über die Verstorbenen, sondern über sich selbst. Wenn eine seit langem vertraute Person plötzlich stirbt, »so ist es immer, als stockte plötzlich unser eignes Leben«.** Es erregt Schauder, wenn ein Mensch von der Erde verschwindet. Die meisten denken dann an sich und ihren eigenen Tod. Nur wo »die Liebe recht lebendig« ist, da flutet, wie es in einem Roman Jeremias Gotthelfs heißt, das »Sehnen nach Wiedersehen« durch die »erregte Seele«.***

* In: Gedichte von Friedrich Haug, a. a. O., S. 276 f.
** Eduard Mörike, Maler Nolten, Erste Fassung, Frankfurt 1979, S. 334
*** Jeremias Gotthelf, Uli der Pächter, 1849, Zürich 1978, S. 308 f.

Klopstocks ›Messias‹ liefert die literarischen Vorbilder für das Trauern auf der Erde und das Wiedersehen im Himmel. Wer mit dem Christentum nicht brechen mochte, obwohl ihm längst die Poesie zur Ersatzreligion geworden war, las im ›Messias‹ und suchte sich Verse, die einmal auf seinem Grabmal stehen sollten. In Theodor Plieningers (1756–1840) Grabstein sind unter der Darstellung einer Harfe die Verse eingeschlagen:

»APOC. 21, 4.
SCHWEIG' DENN, DU THRÄ
NE, DIE IN WEHMUTH
TROST WEINT,
MACHE DAS HERZ NICHT
WEICH, TRÖSTE NICHT
MEHR:
IST AM ZIELE DENN NICHT
VOLLENDUNG,
NICHT IM THALE DES TO
DES WONNEGESANG?
MESS. XX.« [Abt 2b/243]

Die Inschrift zitiert die Verse 140–143 des XX. ›Messias‹-Gesangs.

Die Familie wurde von Klopstock und vielen seiner Zeitgenossen in erhabenen Worten zum Heiligtum erklärt. Hegel schrieb im Sommer 1811 aus Nürnberg poetisch an seine Braut: »Aber was ich längst zu Dir sagte, stellt sich mir als Resultat dar, die Ehe ist wesentlich religiöses Band; die Liebe hat zu ihrer Ergänzung noch ein höheres Moment nötig, als sie an sich selbst und für sich allein ist.« Doch bald herrschten wieder eher prosaische Verhältnisse. Wenn der Ehemann in den nächsten Jahren Reisen unternahm, sei es über Köln nach Belgien, über Prag nach Wien, oder über Kassel nach Paris, dann wurde das »Band« durch Briefe ersetzt; gelegentlich durfte Marie Hegel auch alleine verreisen.

War das »reine Familienleben« erst einmal gegründet, wie es im letzten Satz von Stifters ›Nachsommer‹ (1857) heißt, dann hatte es mit allen bedrängenden Fragen ein Ende. Es wird in »ungeminderter Fülle dauern«, weil die Neigung und die Herzen dies verbürgen; die Habe wird verwaltet, man glaubt auch sonst zu nützen, und alles, alles, alles hat nun »Einfachheit, Halt und Bedeutung«.

Nur die Spottgrabschriften und Scherzepigramme der Musenalmanache und Taschenbücher der Zeit um 1800 widersprachen dem panegyrischen Kanon. Sie ließen gern der Freude der Überlebenden Raum und verhießen eine baldige Befreiung durch den Tod des Konkurrenten.

In dem ›Messias‹-Zitat auf dem Grabmal des Handelsmannes Gottlieb Friedrich Otto (1776–1816) begegnen sich ein Vater und sein frühverstorbener Sohn. Benoni segnet in der Handlung des ›Messias‹ seinen Vater Samma. Dieser weiß:

»Dieses Leben ist Schlaf
aus dem
ein letzter uns
aufweckt.
Klopstock.« [Abt 2a/189]

Die Angehörigen Gottlieb Friedrich Ottos werden diesen Vers gewählt haben, weil Otto 1814 über den Tod seines Sohnes Karl August klagen mußte.
Der Tod gilt als Ewigkeit und wirkliches Leben, das irdische Leben als Schlaf, aus dem ein letzter Schlaf erweckt. Dieser letzte Schlaf ist der Tod, den Lessing und Herder in ihren Schriften ›Wie die Alten den Tod gebildet‹ beschrieben. Klopstocks ›Messias‹ machte nicht nur auf die Inschriftenstifter nachhaltigen Eindruck. In Johann Martin Millers Roman ›Siegwart: Eine Klostergeschichte‹ (1776) gesteht Therese: »Die Stellen, die ich bis jetzt am meisten bewundre und liebe, sind: die von Samma und Joel und Benoni... Am meisten hat mich die Geschichte von Semida und Cidli gerührt.«* Als Friedrich Matthisson mit einem livländischen Grafen nach Hamburg reiste, um Klopstock zu besuchen, sah er ein Gemälde von Angelika Kauffmann an der Wand: »Samma lehnt den Kopf an Benonis Urne, die er mit beiden Händen umschlungen hält.«** Christian Friedrich Daniel Schubart stand »im Banne Klopstocks«. In seinen Lebenserinnerungen berichtete er von seiner Begegnung mit der »rührende[n] Episode von Samma, Joel und Benoni ... Eine Saite meines Herzens, von keinem Finger noch berührt, tönte da zuerst, und klang überlaut. Von diesem Augenblick wandelte mich gröste Ehrfurcht an, wenn man den Namen Klopstok nur nannte.«*** Schubarts Grab liegt auf dem Hoppenlau-Friedhof nur ein paar Schritte von dem Grabmal des schon genannten Gottlieb Friedrich Otto, das die Inschrift aus der von Schubart gerühmten Episode trägt, entfernt. Die drei Grabmale der Familie Plieninger tragen ›Messias‹-Verse auf allen Seiten. Auf dem Grabmal von Plieninger Tochter Wilhelmine Mathilde (1802 bis 1852) stehen die Verse, die Lazarus zu seiner Schwester Maria spricht. Die teil-

* Faksimiledruck nach der Ausgabe von 1776, Bd. I–II, Stuttgart 1971, Bd. I, S. 95 f.
** Erinnerungen von Friedrich von Matthisson, Bd. I–V, Zürich 1810–1816, Bd. I, S. 3
*** Schubart's Leben und Gesinnungen, Bd. 1, S. 16, S. 29

Grabmal Theodor Plieninger [Abt. 2b/243]. Photographie Mathias Michaelis, 1991.

weise zerstörte Inschrift ist nach den Versen 684–687 des XII. ›Messias‹-Gesangs zu ergänzen:

»NUM. 6, 24–26
[Ihr ist es] MORGEN GEWORDEN. SEI MIR
NOCH EINMAL GESEGNET
[Wenn du] MICH HÖRST UND WENN, WER
[Unten am] GRABE NOCH WEILET
[Dich zu] SEGNEN VERMAG
[, du Hörerin
Dessen, der uns nun,
Nicht den Engeln verstummt,] DICH SEGN[e er]
DER GÖTTLICHE TODTE.
MESS. XII.« [Abt 2b/241]

Die Episode von Lazarus und seinen Schwestern rührte die Leser und Zuhörer so sehr wie die von Cidli und Semida oder Samma und Benoni. So berichtete Klopstock der »Fanny« seiner Gedichte, seiner Cousine Maria Sophia Schmidt, am 10. Juli 1750 von seinen Erfolgen mit Lazarus und Cidli bei weiblichen Zuhörern. Er werde um Lazarus und Cidli willen von »liebenswürdigen Leserinnen zugleich geliebkost und zugleich verehrt«. Man habe ihn »mit Thränen belohnt«.*
Eine der Inschriften für den Medizinalrat Theodor Plieninger, der Lehrer an der Carlsschule war, zitiert die Verse 732–737 des XII. ›Messias‹-Gesangs. Maria, die Schwester des Lazarus, schwebt empor. Sie ist schon viele Stufen erhöht. Auskunftsmittel ist ihr das Gefühl. Es weissagt Erfreuliches:

»2 COR. 3, 18.
TAUSEND STUFEN BIN ICH ZUM WESEN DER
WESEN ERHOBEN!
WERD' ICH EINST AN DEM TAGE DER TAGE
VERKLAERET, – DIESS WEISSAGT
MIR MEIN GEFUEHL: – DANN WERD ICH NOCH
ÜBER TAUSEND MICH SCHWINGEN
WERD' ICH IN DER HÜLLE MIR DANN VIEL
SCHÖNERE WELTEN,

* In: Klopstock und seine Freunde, Hg. von Klamer Schmidt, Bd. I–II, Halberstadt 1810, Bd. I, S. 30

WERD' ICH OHNE DER WELTEN HÜLLE, DEN
EWIGEN SCHAUEN...« [Abt 2b/243]

Verklärt wird Maria dem höchsten Wesen einmal nicht nur nah sein, sondern es schauen, von allem Weltlichen befreit. Der Ewige wird nicht beim Namen genannt.

Vor den ›Messias‹-Texten steht jeweils jene Bibelstelle, auf die Klopstock sich als Vorlage bezog. Die Inschriften schließen mit der Quellenangabe des jeweiligen ›Messias‹-Gesangs. Es ist damit heute nachzuvollziehen, wie der ›Messias‹ im 19. Jahrhundert gelesen wurde. Die biblische Quelle und Klopstocks ›Messias‹ verwiesen aufeinander. Klopstocks Epos hatte das Christentum mit der Antike versöhnt – und seine Leser ordneten ihre Lesefrüchte wiederum ins Heilsgeschehen ein. Es muß den Menschen im 19. Jahrhundert ein Anliegen gewesen sein, das weltanschaulich Neutrale wiederum auf christliche Bilder zu beziehen.

## Auferstehung und Wiedervereinigung

»Herr, nur bloß durch deine Güte
Steht jetzt alles in der Blüte;
Alles zeigt und lobet dich.
Alles scheint sich zu bestreben,
Deinen Namen zu erheben;
Ach! warum denn auch nicht ich?«

*Brockes, Frage*

Im frühen 19. Jahrhundert wird die Auferstehung zur Metapher für das Wiedersehen. Das Szenarium der Auferstehung liefert Bilder für erwünschte jenseitige Begegnungen. Wer in einer Grabinschrift noch von der Auferstehung spricht, dem geht es um das Wiedersehen. Klopstocks ›Messias‹ bestätigt die Zuversicht auf ein Wiedersehen bei der Auferstehung. Eine der Inschriften am Grabmal für den Obertribunaldirektor Ernst von Plieninger (1806–1877) wandelt die Verse 658 und 659 des XIII. ›Messias‹-Gesangs leicht ab.

»RÖM. 5, 5.
HOFFNUNG, HIMMLISCHES LICHT IN DES
STERBENDEN BRECHENDEM AUGE

SELIGE HOFFNUNG DES WIEDERSEHNS
UND MIT CHRISTUS ZU LEBEN!
MESS. XIII.« [Abt 2b/242]

Das ›Messias‹-Zitat am Grabmal der Tochter Wilhelmine Mathilde Juliane Plieninger (1802–1852) spricht von der Freude auf den Tod, die aus der Hoffnung auf ein weiteres, jenseitiges Zusammensein erwächst. Die Inschrift verwendet die Verse 592–595 des XII. Gesangs.

»2 TIM. 2, II
ICH WÜNSCHTE MIT
DIR ZU ENTSCHLUM
MERN
MEINE SCHWESTER
WEN̄ SIE NUN RUFET,
DIE STIMME DES TO
DES
O SIE WIRD MELODI
SCHER MIR WIE DES
TEMPELS GESANG
SEIN
IN DEM DANKENDEN
TAGE DES GROSSEN
HALLELUJAH.
MESS. XII.« [Abt 2b/241]

Lazarus spricht diese Worte zu Maria. Im ›Messias‹ haben sich Cidli und Semida um Christi willen voneinander getrennt. Als sie wieder zusammentreffen, werden sie verklärt. Auch auf dem Grabmal des Gatten wird auf diese Episode angespielt:

»JOH. 16. 22
WIEDERSEHEN, O DU DER
LEBENDEN WIEDERSEHEN,
WENN BEI DEM STAUBE
DES EINEN NUN AUCH DES
ANDEREN STAUB RUHT!
MESS. XVI.« [Abt 2b/243]

Es sind die Verse 1548 und 1549 des XV. Gesangs.

Das Wiedersehen im Jenseits, die Wiedervereinigung mit den Toten, ist im frühen 19. Jahrhundert eine weit verbreitete Vorstellung. Johann Peter Eckermann (1792–1854) erzählt im ›Dritten Teil‹ seiner ›Gespräche mit Goethe‹ (1847) von einem Kondolenzbesuch, den er nach dem Tode der Großherzogin Luise von Sachsen-Weimar am 14. Februar 1830 bei deren langjähriger Hofdame, dem Fräulein von Waldner-Freundstein zu machen hatte. Luise Adelaide von Waldner stand seit »länger als fünfzig Jahren im Dienst der verewigten Fürstin ... Ich habe mein Vaterland verlassen, um ihrem Dienste zu leben. Hätte sie mich doch auch jetzt mit sich genommen, damit ich nicht nach einer Wiedervereinigung mit ihr so lange zu seufzen brauchte!«
Die Todesanzeigen der Zeit sprechen vom »beruhigenden Trost der Wieder-Vereinigung«, von der »Hoffnung der künftigen frohen Wieder Vereinigung«, von dem festen Glauben an »eine selige Wiedervereinigung«.*
Die Inschrift für die Gattin des Generalmajors und Stadtkommandanten, Caroline Friederike von Misani (1780–1818), umschreibt die Sprachlosigkeit, die sich nach dem Verlust von Mutter und Säugling einstellt. Nichts kann die Schmerzen lindern. Aber die Hoffnung auf ein Wiedersehen an einem nicht näher bezeichneten Ort eröffnet eine neue Perspektive.

»RUHE SANFT
DER GATTINNEN,
DER MÜTTER ZAERTLICHSTE!
MIT DEINEM SAEUGLING AN DER SEITE
UNSERN SCHMERZLICHEN VERLUST
SUCHT MENSCHENSPRACHE
VERGEBENS ZU SCHILDERN
SELBST DIE ZEIT
KAN̄ DEN SCHMERZ DER TRENNUNG
NICHT LINDERN
NUR WIEDERVEREINIGUNG DORT
BEGLÜKT UNS WIEDER.« [Abt 4b/658]

Auch das Distichon auf dem Grabmal Carl, Elise und Line Sautters (†1859, †1854, †1854) nennt unbestimme Trostgründe:

»Süss ist die Hoffnung
für uns mit vollendeten

* In: Schwäbischer Merkur, 26. 4. 1807, 17. 10. 1811; Schwäbische Chronik, 7. 11. 1811

Seelen zu leben, Liebende
wieder zu sehen gibt den
noch harrenden Trost.«

Bertold Pfeiffer gibt 1912 eine Inschrift wieder, die heute zerstört ist:

»Es ist bestimmt von Gottes Rat,
Daß man vom Liebsten, was man hat,
Muß scheiden.«

Ernst von Feuchtersleben (1806–1849) berühmtes, von Mendelssohn vertontes Gedicht ›Nach altdeutscher Weise‹ beginnt mit der Strophe:

»Es ist bestimmt in Gottes Rat,
Daß man, was man am Liebsten hat,
Muß meiden;
Wiewohl nichts in dem Lauf der Welt
Dem Herzen, ach, so sauer fällt,
Als Scheiden, ja Scheiden!«

Feuchterslebens Sentenz ist so bekannt, daß manchmal nur zitierend darauf angespielt wird. Der Leser ergänzt das Fehlende. Die letzte Strophe des Gedichts läßt offen, ob ein Wiedersehen wahrscheinlich ist:

»Wenn Menschen auseinandergehn,
So sagen sie: ›Auf Wiedersehn!‹
Ja, Wiedersehn!«

Als in Eduard Mörikes Roman ›Maler Nolten‹ (1832) Nolten von Larkens Abschied nimmt, bleibt er nur so lange vor ihm stehen, wie hinreicht, »um jenes stumme, langgedehnte Lebewohl – sei es auf Wiedersehn, ach! oder auch auf ewig Nimmerwiedersehn – durch das Tiefinnerste der Seele ziehn zu lassen.«

## Blumen und Geburtstage

»Geschrieben am Rosalientage 1798; renoviert zur dritten Auflage, an meinem Geburtstage, den 22. Jänner 1800; zur vierten Auflage, an Helenens Namenstage, 1801 erneuert zur fünften, rechtmäßigen Auflage ... neu bearbeitet, von dem Verfasser. Geschrieben am Tage Mariä Himmelfahrt, 1823.«

*Christian August Vulpius, Rinaldo Rinaldini, Vorwort zur fünften Auflage*

Am Einzelnen und an seinem Schicksal liegt nur wenigen viel. Ausgezeichnet und herausgehoben wird ein Leben, wenn seine Daten mit dem Lauf der Natur oder dem Kirchenjahr als der anschaulich gemachten Heilsgeschichte zusammenfallen. Auch meteorologische Fingerzeige oder kosmische Vorgänge gelten als Auszeichnung.

Die Angehörigen nehmen es als gutes Omen, wenn der Tod bei klarem, hellem Wetter eintritt oder wenn der Mond beim Versenken des Toten in die Gruft aus den Wolken tritt. Wer das Sterben mit dem Untergang der Sonne vergleicht, der hofft, daß das Opfer einmal auferstehen wird, so wie die Sonne am nächsten Morgen wiederkehrt. Die Auferstehung erscheint wie ein Frühlingsmorgen. Die Blume wird von hier nach dort verpflanzt; dort soll sie neu erblühen. Sie keimte hier und soll dort, im Himmel, aufgehen. Das Samenkorn muß hier verwesen, damit es im Himmel Frucht trägt. Tröstend erscheint, wenn die Jahreszeit mit dem Lebensalter der Verstorbenen zusammenstimmt. Wenn die Lebensbahn am Karfreitag endet oder – weniger einleuchtend – an Ostern, an Himmelfahrt, sehen die Angehörien darin eine Parallele zum Leben Christi. In Zeiten, in denen die Dichter die Heiligen ersetzen, gilt auch der Tod am Geburtstag eines verehrten Dichters als numinoses Zeichen. Manchmal wird auf zufällige Übereinstimmungen in den Sterbedaten innerhalb der Familie hingewiesen.

Blumenmetaphern sind auf den Grabmalen des Hoppenlau-Friedhofs so beliebt wie auf denen anderer Epochen: Der Himmel erscheint als Garten, in den der Verstorbene wie eine verblühte Blume versetzt wird. 1912, bei Bertold Pfeiffer, wird noch eine Grabschrift auf einen Knaben wiedergegeben, die heute verloren ist:

»Dem Gärtner gleich, der manche Pflanze
Zu zart für seinen Boden hält,
Vor Kälte, Sturm und Sonnenglanze

Sie schützend in ein Treibhaus stellt,
Nahm dich Gott aus dem Weltgetümmel
Zur Schule der Vollkommenheit,
Und nun reifst du in Gottes Himmel
Am Strahle der Unsterblichkeit.«

Der frühe Tod wird oft auch mit der Metapher der geknickten Blüte beschrieben. Auf dem Grabmal Max Arnolds (1853–1871) befassen sich Verse mit der Trauer der Angehörigen und auf der rechten Seite mit deren Hoffnung auf ein Wiedersehen. Eine der Inschriften lautet:

»Eine herrliche Sprosse, die Freude Aller:
Leider in der Blüte
Geknickt, Jung an Jahren, alt an Wissen
Leider zu früh entrückt.
Ein trefflicher Sohn, der Trost der Mutter,
Die noch durch ihn beglückt,
Und nun durch seinen frühen Tod
Allzusehr von Gram gedrückt.« [Israel. Teil/1499]

Für Henriette Gräfin von Beroldingen (1794–1817) werden Friedrich Leopold Stolbergs (1750–1819) Distichen, die ›Grabschrift eines Jünglings‹, in Stein gemeißelt; sie waren 1783 im Vossischen ›Musenalmanach‹ erschienen. Wer den Text ausgewählt haben mag, der mehr als ein Jahrzehnt vor ihrer Geburt gedruckt wurde, ist nicht bekannt.

»PFLANZET BLUMEN UMHER: ZWAR SCHLIEST
DER WINTER DIE BLUMEN;
ABER MIT THAUENDER HAND OEFNET SIE
WIEDER DER LENZ.
WEINET MIT LAECHLENDEM BLICK: ICH RUHE
IM SCHOOSE DER ERDE:
DER DIE BLUMEN ERWECKT, WECKET ZUM
LEBEN AUCH MICH.« [Abt 5a/887]

Pflanzenmetaphern werden auch im Zusammenhang mit Vorgängen des Wachsens verwendet, wie in der Inschrift für Jeanette Gutmann (1839–1859):

»SO HAT DIE ALLMACHT
ES BESCHLOSSEN
HIER TREIBT DER GEIST

Grabmal Henriette Gräfin von Beroldingen [Abt. 5a/887]. Photographie Mathias Michaelis, 1991.

DIE ERSTEN SPROSSEN
WAS HIER GEKEIMT
REIFT HERRLICH DORT.« [Israel. Teil/1440]

Zitiert wird das Gedicht ›Über die Unsterblichkeit der Seele‹ des Frühaufklärers Karl Friedrich Drollinger (1688–1742); er ist wohl der älteste deutsche Dichter, dessen Verse in einen Grabstein des Hoppenlau-Friedhofs eingehauen wurden.

Das Grabmal von Sophie Harpprecht (1793–1807) schmückt eine Rose ohne Dornen zwischen zwei Tränenfläschchen und der Inschrift: »So war Sie.« 1792 war im Vossischen ›Musenalmanach‹ Friedrich Matthissons Gedicht ›Nachtstück‹ gedruckt worden, dessen Schlußstrophen lauten:

»Hell am alternden Beinhaus glänzt ein Grabstein;
Statt heraldischen Prunks winkt eine Rose,
Statt der Schriften von Gold liest mein bethräntes
Auge: So war Sie!

Dich, o ländlicher Jüngling, der mit roher
Kunst dem Grabe der Braut dies Mal gebildet,
Deckt ein Hügel zur Seite, von Cypressen
Düster beschattet.«

Matthisson, der Stuttgarter Hofdichter, Theaterintendant und Oberbibliothekar, wurde, wie er in seinen ›Erinnerungen‹ (1825) vermerkt, durch einen Friedhofsbesuch zu diesem Gedicht angeregt: »Ein junger Dorfschulmeister im Hanöverischen, ehrte die Gruft seiner schönen frühverblühten Braut durch einen einfachen Sandstein, auf dem er mit roher Kunst eine Rose abbildete und die Worte darunter eingrub: SO WAR SIE.«*

Der Glaube an eine Trennung von Diesseits und Jenseits und an ein himmlisches Leben, welches auf das irdische folge, spricht sich am eindrucksvollsten in jenen Denkmälern aus, in denen vom irdischen und himmlischen Geburtstag die Rede ist. Die irdische Laufbahn geht der himmlischen voran, der irdische Todestag ist zugleich der himmlische Geburtstag. Das von Vater und Sohn errichtete Denkmal für Helena Gräfin Bentzel-Sternau hält u. a. fest:

»Ihr irdischer Geburts-
tag war der XV. April
MDCCLXXV.

* A. a. O., Bd. I, S. 97

Ihr Himmlischer
XVII. Februar
MDCCCXI.« [Abt 3b/449]

Der bereits genannte Gedenkstein für Caroline Friederike von Misani gibt folgende Lebensdaten:

»SIE WURDE GEBOREN AM 28. NOV. 1780;
VERMAEHLT AM 15. APRIL 1805.
UND ENDIGTE IHRE IRDISCHE
LAUF[BAHN AM 26. APRIL 1818].« [Abt 4b/658]

Eindrucksvoll wird eine andere individuelle Lebensgeschichte mit dem Kirchenjahr in Übereinklang gebracht:

»Hier ruht die liebevollste Gattin
und zärtlichste Mutter,
Rosine Ruthardt, geb. Schwab,
geboren am Christfest 1790,
gest. am Himmelfahrtsfest 1827.« [Abt 3a/375]

Das Kirchenjahr rekapituliert das Leben Christi; im Leben der Rosine Ruthardt ist die Nachfolge auf die ganze irdische Laufbahn hin gelungen. Die heutige Datierung nach dem Tag und dem Monat hat die alte nach dem Tag im Kirchenjahr abgelöst.
So wie der Hinweis auf den himmlischen Geburtstag den Lebenslauf in die Heilsgeschichte einordnet, wird ein Rekurs auf Übergeordnetes versucht, wenn Übereinstimmungen zwischen dem Namen und dem Beruf des Verstorbenen und seinen Wesenszügen mitgeteilt werden. Anspielungen auf den Namen oder den Beruf des Verstorbenen fehlen auf dem Hoppenlau-Friedhof. In früheren Epochen waren sie beliebt: Patientia war duldsam (1588), Bartholomäus Herter hat zu Unrecht seinen Namen von hart († 1587), Jacobus Fischer angelte in seinem Amt († 1573), Caesar von Pflug hat im Acker des Herrn gepflügt († 1628), und Walter von der Vogelweide war im Leben eine Weide der Vögel († um 1230).*

* Lateinische Inschrift in der Peterskirche zu Heidelberg, in: Die Inschriften der Stadt und des Landkreises Heidelberg, a. a. O., Nr. 417, Lateinische Inschrift in der Peterskirche zu Heidelberg, ebd., Nr. 399; Lateinische Inschrift auf dem Friedhof in Wertheim, in: Die Inschriften des badischen Main- und Taubergrundes: Wertheim – Tauberbischofsheim, Stuttgart 1942, (Die Deutschen Inschriften, 1), Nr. 245; Lateinische Inschrift im Naumburger Dom, in: Die Inschriften des

## Stadtgeschichtliches

»Schlummer und Schlaf, zwei Brüder, zum Dienste der Götter berufen,
Bat sich Prometheus herab, seinem Geschlechte zum Trost;
Aber, den Göttern so leicht, doch schwer zu ertragen den Menschen,
Ward nun ihr Schlummer und Schlaf, ward nun ihr Schlaf uns zum Tod.«

*Goethe, Die Geschwister*

Stuttgart war im frühen 19. Jahrhundert ein Ort, wo »jeder dichten kann«, wie es in Eduard Paulus' (1837–1907) oft mißdeuteten Spottversen über den Regelfall vom »Schelling und vom Hegel, / vom Schiller und vom Hauff« hieß. Eines der künstlerisch-literarischen Zentren war Danneckers »Museum«. Goethe folgte 1797 Schillers Empfehlung ins Danneckersche Haus; er wohnte sogar bei dem »kunstsinnigen« Gottlob Heinrich Rapp, Danneckers Schwager. Die Brüder Melchior und Sulpiz Boisserée stellten in den Jahren 1819 bis 1827 in der sogenannten Friedrichsvorstadt, der heutigen Unteren Königstraße, ihre Sammlung mittelalterlicher Kunst aus. Dort verkehrten u. a. der Schüler Wilhelm Hauff und der junge Wilhelm Waiblinger (1804–1830), in dessen Tagebüchern das ganze damalige literarische Stuttgart verzeichnet ist: Waiblinger suchte den Umgang mit Gustav Schwab (1792–1850), mit Matthisson und Haug, mit Friedrich Christoph Weisser (1761–1836) und Ludwig Uhland (1787–1862) sowie mit den Schauspielern des Königlichen Theaters, während Hauff erst Mitte der zwanziger Jahre ein Haupt- und Lebensziel mit Energie und Einfallsreichtum ins Auge faßte: Autor bei Cotta zu werden, am liebsten Redakteur des ›Morgenblatts für gebildete Stände‹. 1827 erreichte er endlich sein Ziel – doch es blieb ihm kein Jahr mehr zu leben. Das Hartmann-Reinbeck'sche Haus in der Friedrichstraße 14 mußte man unter die literarischen Treffpunkte der Stadt rechnen, Nikolaus Lenau (1802–1850) verfiel hier 1833 dem Wahnsinn. Auch das Haus des Landschaftskonsulenten Eberhard Friedrich Georgii in der Büchsenstraße 48 wäre zu nennen – Georgii war Mörikes Onkel. Ebenso die Casernenstraße 20 mit der Wohnung des Domänenrats Johann Georg Hartmann schließlich, wo Schiller und seine Familie verkehrten und Goethe mit dem Herzog Carl August von Sachsen-Weimar 1779 einsprach; Karl Mayer wohnte hier als Schüler, Matthisson als Logiergast. Es war das

Naumburger Doms und der Domfreiheit, Berlin, Stuttgart 1959, (Die Deutschen Inschriften, 6), Nr. 146: Lateinische Inschrift im Lusamgärtlein zu Würzburg, in: Die Würzburger Inschriften bis 1525, Wiesbaden 1988, (Die Deutschen Inschriften, 27), Nr. 27

Sterbehaus von Wilhelm Hauff. Sein Nachfolger bei der Zeitschrift wurde sein Bruder, der Arzt Hermann Hauff (1800–1865), der bis zu seinem Tod die Redaktionsgeschäfte leitete. Friedrich von Kölle (1781–1848), Cottas juristischer Berater, der Freund Uhlands und in den Karlsruher Jahren »Adjunkt« des rheinländischen Hausfreundes Johann Peter Hebel (1760–1826), begegnete als württembergischer Geschäftsträger beim Vatikan Wilhelm Waiblinger in Italien. Viele der Genannten haben mit ihren Angehörigen ihr Grab in der Hoppenlau gefunden.

In der zweiten Hälfte des 19. Jahrhunderts wurde Emilie Zumsteeg (1796 bis 1857) eine wichtige Gestalt in der Stuttgarter Geselligkeitskultur. Die Musiklehrerin und Komponistin gründete 1823 den Stuttgarter Oratorienverein und beteiligte sich 1830 am Frauenliederkranz; sie vertonte Texte von Lenau, Kerner, Schwab, Rückert, Hauff und Matthisson. Ihre von Johann Georg Fischer (1816–1897), einem der fleißigsten Schillerpropagandisten, verfaßte Grabschrift lautet:

»ZUM HEIMATHLAND, WO DU IN TOENEN
IM GEISTE LEBEND SCHON GEWEILT,
ZUM HEIMATHLAND DES EWIGSCHÖNEN
BIST DU IM TOD UNS VORGEEILT:
UND DOCH BIST DU BEI UNS GEBLIEBEN,
DENN DEINE KRAFT LEBT WIRKEND FORT,
WIE UNSER DANK UND UNSER LIEBEN
LEBENDIG BLEIBT IN THAT UND WORT.« [Abt 3b/515]

Das 19. Jahrhundert hatte ein ausgesprochenes Vergnügen an einer poetischen Verklärung der empirischen Lebenswirklichkeit durch sinnstiftende Etiketten. In den bürgerlichen Haushalten wurde der praktische Umgang mit der Poesie beliebt. Die Inschrift bot sich als Kleinform, die praktischen Zwecken dient, zum dilettierenden Gebrauch besonders an. Monumente erhielten Inschriften, Gebrauchsgegenstände wurden mit Sprüchen beschriftet und damit aus der Masse vergleichbarer Produkte herausgehoben. Am Anfang von Jeremias Gotthelfs Erzählung ›Die schwarze Spinne‹ (1842) wird »ein glänzender Schrank aus Kirschbaumholz« beschrieben, in dem »hinter Glasfenstern des Hauses Zierden« prangen. Unter diesen befindet sich ein schöner blaugeränderter Teller mit einem aufgemalten Blumenstrauß; er trägt die noch heute einleuchtende Aufschrift:

»Die Kuh, die frißt das Gras;
Der Mensch, der muß ins Grab.«

Der »Naturforscher« Reinhart, der nach Logaus Vorbild aus weißen Lilien rote Rosen zu machen sich vorgenommen hat, kommt im dritten Kapitel von Gottfried Kellers Novellensammlung ›Das Sinngedicht‹ (1851–1881) in ein dörfliches Pfarrhaus. Dort werden »mannigfache Familiendenkmale« unter Glas und »zahlreiche Rähmchen an der Wand mit Silhouetten, Glückwünschen, Liedersprüchen und Epitaphien« verwahrt. Reinhart bemerkt auch »Porzellantassen mit Namenszügen, geschliffene Gläser mit Inschriften«.

Einzelne Bibliophile sammelten im frühen 19. Jahrhundert Grabschriften, die sie in Büchern und an Monumenten gefunden hatten. Mit dem Druck ihrer Lesefrüchte lieferten sie wiederum Vorlagen, aus denen ihre weniger gelehrten und nicht so weitgereisten Zeitgenossen dankbar schöpfen konnten. So entstanden aus Sammlungen von Epigrammen Anthologien, die wieder Vorlagen für Grabinschriften lieferten. Der Stuttgarter Hoppenlau-Friedhof zählt zu den Erstausgaben.

Voraussetzung war eine bestimmte ideengeschichtliche Konstellation: Eine Nationalliteratur, ein Kanon des allgemein Gültigen mußte ausgebildet sein, der sich, wenn neue Fragestellungen auftauchten, auch Wandlungen nicht verschloß. Die Almanache und Taschenbücher brachten die neuesten poetischen Erzeugnisse unter die Leser. Die Theologie überwand ihre dogmatischen Lehrformeln in dem Maße wie die Dichtung transzendierende Aufgaben übernahm. Die Religion wurde poetisch und die Poesie religiös. Die Individualität durfte ihr eigenes Empfinden aussprechen; sie suchte nach einem allgemeinverständlichen Ausdruck. Die Familienbande wurden nicht als Last empfunden; die Angehörigen wurden geschätzt, und man suchte mit ihnen eine Verbindung über den Tod hinaus. Bildung galt als Allgemeingut, das im Bürgertum in geselligen Formen gepflegt wurde. So galt das Versprechen der Wiedervereinigung auch für den Musikus Christian Heinrich Hehl (1776–1837):

»Du unvergesslich Theurer
Schlaf in des Him̄els Ruh
Dort bist geborgen Du
Der uns so treu am Herzen hing
Wart auf uns wir kommen
Heute oder Morgen
Es ist ja nur ein Tag.« [Abt 5a/866]

Grabmal Johann Eberhard Heigelin (1734–1812), dem Schwiegervater von Scheffauer [Abt. 4b/691]. Photographie aus dem Stadtarchiv Stuttgart, undatiert.

## Universalhistorisches

»... kein Schaf, keine Ziege kam und verrichtete ihre Notdurft in des Menschen letzte Ruhestätte; denn da war der Kirchhof kein Weideplatz für ungeistliche Tiere.«

*Jeremias Gotthelf, Uli der Knecht*

In einem Brief vom 14. Dezember 1810 an Karl Ludwig von Knebel (1744 bis 1834) in Jena gab Georg Wilhelm Friedrich Hegel dem im bayerischen Wallerstein gebürtigen »Weimarer Urfreund« Goethes, dem Übersetzer des Properz, einen schönen Einblick in die Geselligkeitskultur einer Stadt, in der er zwischen 1808 und 1816 als Gymnasialprofessor wirkte. In Nürnberg finde sich »Zerstreuung in äußerer Mannigfaltigkeit genug« schrieb Hegel. »Wir haben seit einigen Monaten ein in der Tat sehr schönes Museum ... kürzlich hat sich ein Herr von Haller durch den Kopf geschossen; Frau Senatorin von Strömer hat das Kind ihrer Fräulein Tochter ins Wasser getragen und sitzt im Turm; nächster Tage wird ein Mann gerädert, der mit seiner Tochter Blutschande getrieben, die letztere wird mit geköpft, weil beide auch noch das Kind getötet; andere Fräulein sind noch schwanger; früher ging das 14jährige Mädchen eines Bekannten von mir mit einem Komödianten durch, ein paar Tage darauf folgte ihm eine andere; hin und wieder findet man tote Weibspersonen im Wasser; die natürlichen Todesfälle nicht mitgerechnet; – wir haben Konzert, wobei wir nur eine Sängerin wie Ihre Frau Gemahlin vermissen, – Komödie ohnehin«, – und so weiter.

Was geschah noch in der Welt, als Grabstein für Grabstein in der Hoppenlau sich fügte zur monumentalen Ausstellung? Trostlos und eintönig war es für den Geselligen auf dem Lande. In den Städten traf man sich in einzelnen Häusern; in Berlin bei den Beers, den Meyers, den Mendelssohns, der Rahel; in Jena bei dem Buchhändler Frommann; in Weimar bei der Schriftstellerin Johanna Schopenhauer, der Mutter von Arthur und Adele; in München bei Görres und bei Thiersch. Man liebte Spiele, stellte sich Rätsel, sang, musizierte. Die der anregenden Geselligkeit gewidmeten Stimulantien, die Musenalmanache, Taschenbücher und Zeitschriften, diese Manufakturen des menschlichen Verstandes und Witzes, orientierten sich an diesem Bedarf; sie verbreiteten Gedichte und Noten und bildeten den Geschmack durch sorgfältig reproduzierte Abbildungen. Lebende Bilder waren in Mode. Ein Freiherr gab seinen Ministerposten in Hildburghausen auf, reiste durch Deutschland und produzierte sich mimisch-plastisch als Apollo vom Belvedere. Theaterereignisse waren im Deutschland des Biedermeier brisant, weil das politische Leben unterdrückt wurde. Ludwig Börne schrieb Theaterkritiken, mit denen er den Sack schlagen und den Esel treffen wollte. Fanny Elßler stellte, wie der Volksmund sagt, Weltgeschichte dar; ihre Kollegin Taglioni, wie der Hegelianer Eduard Gans befand (über den sich Hegel kurz vor seinem Tod noch heftig ärgern mußte) »tanzt Goethe«. Der Kult um die Schauspielerin Henriette Sontag trieb die wunderlichsten Blüten. Ludwig Tieck hielt in Dresden dramatische Vorlesungen, die zu einer Fremdenverkehrsattraktion wurden. Morgens wanderten die Maler und die Kenner in die Galerien und trugen ihre Ansichten vor. Böttiger hielt Vorlesungen. Die Malerwerkstätten wurden zu Pilgerstätten und Treffpunkten. Eine Dame schnitt sich den Namen ihres Lieblingsschauspielers aus den Theaterzetteln und trank ihn im Kaffe. Und so fort.

Der Schmerz muß sich erst äußern, damit er als Gegenstand betrachtet werden kann. Er tritt vor das Subjekt in dessen Klagen, wird vorbereitet in Anzeigen und Predigten und gestaltet in den Schöpfungen der Kunst. Die Anthologie des Hoppenlau-Friedhofs liest sich vielseitig. Die Inschriften zitieren nur die bedeutenderen Autoren. Es ist erstaunlich, wie sicher sie aus dem Kontext der vielen Almanachbeiträge herausgefunden werden. Auch die besten Eigenproduktionen stehen im Rang den Produktionen von Drollinger, Hölty, Claudius, Klopstock, Friedrich Leopold Stolberg, Salis, Matthisson, Feuchtersleben, Schiller, Uhland, Novalis näher als den wenig originellen Almanach-Gedichten. Die Lyriker, von denen Justinus Kerner in seinem ›Bilderbuch aus meiner Knabenzeit‹ erzählt, er habe sie um 1800 in Ludwigsburg gelesen, stehen auf den Grabsteinen des Hoppenlau-Friedhofs. Daß die Vielgelesenen einer Epoche diese nicht immer als Klassiker überleben, gehört zu den Gemeinsprüchen aller Zeiten. Wen wundert's, daß Goethe in einem Brief an Zelter vom 22. Januar 1808 gerade einige der Hauptautoren dieses Steinernen Buchs, des Hoppenlau-Friedhofs, verwünscht, nämlich »die Matthissons, Salis, Tiedgen, und die sämmtliche Clerisey«.

Auf der folgenden Seite: Franz Sales Lochbihler, Charon, Frau mit Urne und Kind mit Boot. Bleistift 44,5 × 57,7 cm. Staatsgalerie Stuttgart. Inv. Nr. C 65/1375.

# Waltraud und Friedrich Pfäfflin
# Die Gräber der Dichter,
## der Literaturverwandten und in Literatur Verwandelten, der Porträtisten und Illustratoren, der Verleger und der Buchhändler

»was wäre der Sommer ohne die Flüge der Schwalben
und was wäre das Land ohne die Gräber der Dichter –«

*Gottfried Benn, 1948*

Ausstellungen gelten heute landauf landab als ein probates Mittel, politische Konstellationen in der Geschichte, kulturgeschichtliche Zusammenhänge in ihren Voraussetzungen und Folgen, Literarisches und Künstlerisches in Zeit und Gegenwart vor einer großen, interessierten Öffentlichkeit auszubreiten. War es im 19. Jahrhundert die Bühne – »die Bretter, die die Welt bedeuten«, wie es in Schillers Gedicht ›An die Freunde‹ (1803) heißt –, auf der die Losungen und Stichworte einer politischen und kulturellen Identität ausgegeben wurden, so scheint sich die zweite Hälfte unseres Jahrhunderts seiner Vergangenheit in einer noch immer wachsenden Zahl von Ausstellungen zu vergewissern; ihre Abbreviaturen von Geschichte werden durch das vorgewiesene Original beglaubigt und durch den Aufwand der Präsentation gesteigert. War es noch am Ende der vierziger Jahre ein Buch, das Aufstieg und Fall vergangener Kulturen so erfolgreich nacherzählte, daß ein Jahrhundertbestseller daraus wurde und der alliterierende Titel ›Götter, Gräber und Gelehrte‹ viele Nachahmer fand, so verwandelte die mittlerweile selbst schon historische Staufer-Ausstellung von 1977 das ganze Land Baden-Württemberg in ein riesiges Freilichtmuseum. Das Museum ging auf die Straße. Nur über die Straße, durch Rundreisen, war jene Ausstellung zu erfahren, die im (Württembergischen Landes-)Museum ihren Anfang genommen hatte.

Seit 1976 gibt es in Baden-Württemberg die ›Schwäbische Dichterstraße‹, die, in den geläufigen Karten verzeichnet, heute mehr als 70 literarische Museen und Gedenkstätten im Lande lose miteinander verbindet. Der Stuttgarter Hoppenlau-Friedhof ist eine wichtige Station auf dieser Route. Wie das mit einem lateinischen Versprogramm des Abtes Benedikt Knittel kunstvoll beschriebene Kloster Schöntal, das Knittels Theologie dem Leser und Betrachter in einer planvoll komponierten »Ausstellung« dauernd mitteilt, ist der Hoppenlau-Friedhof eine von den Zufällen, Eingriffen, auch von den Zerstörungen in der

Geschichte zeugende ständige »Ausstellung«, deren Gedenksteine die literarische Stadtgeschichte lapidar bezeugen.
Diese Ausstellung in einem Katalog zu verzeichnen, in einem Adreß- oder Findbuch die Bewohner der Nekropole zu benennen, ihre literarischen, künstlerischen oder wissenschaftlichen Leistungen ins Gedächtnis zurückzurufen, ist die erklärte Absicht dieses »Ausstellungskataloges«, in dem – ganz positivistisch – die Lebensgeschichten nacherzählt werden.
Der aus dem Venedig des Nordens stammende Joseph Brodsky vergleicht bei seinen Streifzügen an den ›Ufern der Verlorenen‹ (München, Wien: Hanser 1991) die Lagunenstadt Venedig mit einer riesigen, vergessenen Bibliothek, in deren Regalen die Bücher fest verschlossen ruhen. »Wovon sie handeln, rätst du nur anhand der Namen auf den Buchrücken«, schreibt er und bezieht diese Aufschriften auf die Klingelknöpfe an den venezianischen Häusern und Palästen. Auch dieser Friedhof kann den Gedanken an eine Bibliothek evozieren, deren Namen zum Klingen gebracht werden, indem man sie verzeichnet und mit Lebens- und Literaturgeschichte füllt.
Der Hoppenlau-Friedhof ist ein Literaturmuseum mit steinernen Textzeugen. Sie zu verstehen, bedarf kaum geringerer Hilfe als bei der Überlieferung auf Papier; denn Papier ist bekanntlich geduldiger, auch beim Ausbreiten der Gedanken. Sich knapp zu fassen, ist eine permanente Aufforderung des Steinbildhauers an den Autor, dem die Kürze der Formulierung durch die Dauer der Überlieferung vergolten wird. Doch was immer zu gelten schien, daß nämlich weniges haltbarer sei als Stein, steht heute in Frage. So wird das auf den steinernen Relikten und Bruchstücken Überlieferte wieder auf das Papier übertragen, um es, womöglich, noch eine Weile zu erhalten.
Museen sollten keine bloßen Kunst- und Altertumssammlungen sein, bemerkte Goethe 1805 in seinem Winckelmann-Essay: Sie hätten etwas »Grab- und Gespensterartiges«, wenn man ihnen nichts hinzufüge. Man beschränke ihren Sinn auf »einen so beschränkten Kunstkreis« und man gewöhne sich an die falsche Vorstellung, den Teil für das Ganze anzusehen, anstatt sich daran erinnern zu lassen, »daß in der Kunst, wie im Leben, kein Abgeschlossenes beharre, sondern ein Unendliches in Bewegung sei«.
Dies gilt auch für diese »Ausstellung«, die, in der Topographie des Friedhofs, von *Christian Friedrich Daniel Schubart* in der 1. Abteilung, beim Südtor nahe der Liederhalle, bis zu *Wolfgang Menzel* reicht, der im 13. Gräberfeld vor der Mauer zur Rosenbergstraße beerdigt wurde. *Schubart,* 1739 in Obersontheim im Limpurgischen geboren und 1791 in Stuttgart gestorben, gehört neben dem Theologen und Mitglied des engeren Landschafts-Ausschusses, *Ludwig Eberhard Fi-*

Oskar Schlemmer, Weg im Hoppenlau-Friedhof, Stuttgart, um 1911. Öl auf Leinwand. 63 × 44,5 cm. Privatsammlung (Maur G 39). Photographie des Oskar Schlemmer Archivs, Stuttgart.

*scher* (1695–1773), dessen heute nicht mehr zu entzifferndes Epitaph von der Hospitalkirche an die Mauer des Friedhofs umgesetzt wurde, zu den ältesten Stuttgartern, die hier bestattet wurden; der so viel Feindschaft aufrührende *Menzel,* dem das Epitheton »der Franzosenfresser« anhängt wie bedeutenden Herrschern das Attribut »der Große«, ist im April 1873, im Jahr der Schließung des Friedhofs, hier beigesetzt worden. Zeitlich umfassen die Beerdigungsdaten der »toten Dichter« genau ein Jahrhundert, zwischen 1773 und 1873 – doch viele Lebensläufe greifen weit zurück in die Geschichte des 18. Jahrhunderts.

Aus den rund 1540 noch erhaltenen Grabsteinen – manche tragen mehrere Namen –, die Karl Klöpping 1991 unter dem Titel ›Historische Friedhöfe Alt-Stuttgarts. Sankt Jakobus bis Hoppenlau‹ (Stuttgart: Klett-Cotta) verzeichnete, werden hier neunzig Begräbnisstätten ausgewählt. Die Benennung der Gräberfelder und ihre Numerierung sind von Klöpping übernommen, zumal entsprechende Kreidenummern von der letzten Restaurierung noch vielfach auf den Grabsteinen selber zu lesen sind. Der israelitische Teil der Hoppenlau ist 1988 von Joachim Hahn im 2. Band der Reihe ›Friedhöfe in Stuttgart‹ (Stuttgart: Klett-Cotta) auch inhaltlich beschrieben worden. Deshalb wurden *Emil Auerbach* (Grab 1451), der Bruder des Erzählers der ›Schwarzwälder Dorfgeschichten‹, Berthold Auerbach, oder der kunstsinnige Bankier *Joseph Benedict* (Grab 1486), Carlsschüler und Mitbegründer der Stuttgarter Museums-Gesellschaft, nicht noch einmal aufgenommen.

Das ursprüngliche Vorhaben war, die Denkmäler der Großen der Literatur – *Schubart, Haug, Hauff, Schwab* (und *Menzel)* – einer genaueren Betrachtung zu unterziehen, nachzuforschen, wie sie vom Leben zum Tode kamen, etwas zu erfahren von den Beerdigungsriten (oder von deren Kosten, was in einem Falle zu dokumentieren gelang), die Nachrufe, Leichenpredigten oder Traueranzeigen der Hinterbliebenen mitzuteilen oder von dem Kult der säkularisierten Gedenkfeiern Nachricht zu geben. Es wurde bald aufgegeben, weil das Ungewöhnliche von *Schubarts* Abschied nur deutlich wird, wenn man das Gewöhnliche kennengelernt hat. Die Auswahl derjenigen, die zur Literatur gerechnet werden, ist bewußt weit gefaßt: Im 18. Jahrhundert umgreift sie die gesamte Kultur, so weit sie sich im Schrifttum der Zeit abbildet, Theologisches ausgenommen. Nach heutigem Verständnis jedoch durften die Pfarrer und Theologen, die *Märklin* und *Pahl,* die »Schriftsteller im Erbauungsfache«, wie sie gelegentlich in Biographien des 19. Jahrhunderts genannt werden, so wenig fehlen wie die bildenden Künstler, die als Porträtisten und Illustratoren auch in die Welt der Literatur gehören.

So werden zunächst, unter der doppelbödigen Bezeichnung der »Literaturverwandten«, die Familien- und Freundschaftsbande ins Spiel gebracht, deren Teilhabe und Teilnahme an der Literatur oft genug so hoch veranschlagt werden können wie die der Autoren selber.
Nicht Schelling findet das erste Wort nach dem unerwarteten Cholera-Tod der Caroline in Maulbronn, sondern *Schellings Mutter,* eine Nichte übrigens des in der Literatur verteufelten Asperg-Kommandanten Rieger. Daß der »Peiniger Schubarts« zuerst bei Schiller (1759) und dann bei Friedrich Wilhelm Joseph Schelling (1775) Pate steht, kann den mit den Bräuchen altwürttembergischer Ehrbarkeit Vertrauten kaum überraschen. *Karl Eberhard Schelling,* der Bruder des Philosophen, stand am Krankenlager des dem Wahnsinn verfallenen Dichters Lenau, herbeigerufen von den Mitgliedern der Familie *Hartmann-Reinbeck,* die den Kranken in Stuttgart aufgenommen hatten. *Gustav Schwab,* der Berater *Johann Friedrich Cottas,* hatte Lenaus erste Gedichtsammlung noch 1832, im letzten Lebensjahr des großen *Cotta,* an den Stuttgarter Verlag vermittelt. – Johann Georg Fischer, der populäre Redner auf den Schiller-Feiern des Stuttgarter Liederkranzes, beschrieb im Januar 1843 in einem wahrhaft bewegenden Brief an seine Braut, *Auguste Neubert,* seinen Besuch bei Friedrich Hölderlin im Tübinger Turm. Er war einer der letzten Besucher und Berichterstatter. *Karl Gok,* Hölderlins Halbbruder, dessen Ausbildung sich der Dichter so teilnahmsvoll angenommen hatte, war nun, für fast vier Jahrzehnte, derjenige, der dem Kranken – nicht immer ohne eigenes Interesse – Pflege und Zuwendung durch den Schreinermeister Zimmer und seine Familie zukommen ließ. Der Grabstein, den er gegen den Protest seiner Stiefschwester Heinrike auf dem Tübinger Stadtfriedhof hat setzen lassen, trägt auf der linken Seite die Aufschrift: »Dem Andenken/ seines/ theuren/ Bruders/ von/ Carl F. von Gok.«
Natürlich weisen die Beziehungen über die Stadt hinaus: Schiller ist als »Reisemarschall« Goethes durch sein heimatliches Württemberg (1797) ganz anwesend, bei *Haug* oder *Rapp,* durch die Ateliers von *Dannecker* oder *Scheffauer. Georg Reinbeck* hatte dem Geheimen Rat in Weimar seine Aufwartung gemacht wie später die Studenten *Notter* und *Wolff,* während *Lindners* allzu gewandte Literaturdiplomatie, seine rücksichtslosen Handlungen bei der Entlarvung Kotzebues als russischen Agenten, Vorbehalte auslösten. Doch auch die Freundeskreise wären zu nennen: Um *Wilhelm Hauff* sammelten sich die »Feuerreiter«, eine burschenschaftliche Verbindung aus Tübingen, mit *Pfaff* und *Riecke* I und II; um Mörike die Urfreunde und Stifterfiguren des Mythos von Orplid, *Bauer* und *Mährlen, Kauffmann* und *Wolff.* Eduard Mörike, der sich immer vorgestellt hatte, in der Hoppenlau beigesetzt zu werden, starb 1875 und

Oskar Schlemmer, Auf dem Hoppenlau-Friedhof, Stuttgart. Blick auf besonnte Häuser, um 1910. Öl auf Leinwand. 57,5 × 47,3 cm. Galerie der Stadt Stuttgart (Maur G 38). Photographie des Oskar Schlemmer Archivs, Stuttgart.

wurde auf dem neu eröffneten Prag-Friedhof an der Straße in Richtung Heilbronn begraben.

Carlsschule und Tübinger Stift – kaum eine Biographie, in der diese Bildungseinrichtungen nicht zum Schlüssel werden für Weltanschauung und Lebensbeschränkung. Die Gründung der herzoglichen Eliteschule mit ihrem Anspruch, die modernen Naturwissenschaften gegen eine noch immer konsistorial eingefriedete Bildung durchzusetzen sowie die Künste zu fördern, erscheint in diesen Lebensläufen in vielerlei Varianten. Die Carlsschulabsolventen beherrschen über zwei Generationen lang Politik, Militär, Verwaltung und Wissenschaft in Württemberg – von den Künsten gar nicht zu reden. Bedeutsamer aber erscheint das neue Selbstbewußtsein, das um sich greift: Die aus der eigenen Leistung gewonnene Sicherheit macht den Kaufmann und Bankier *Gottlob Heinrich Rapp* zum ersten Förderer der Künste und der Literatur. Goethe findet in ihm einen »verständigen Kunstfreund«.

Dabei darf nicht verschwiegen werden, daß die außerordentlichen Anstrengungen, Maler und Bildhauer auszubilden, sie nach Frankreich und Italien zu schikken, nicht selten in die »Brot-Künste«des Illustrators münden, die man dann brotlos nannte. Die vom Hof verliehenen Titel garantieren keine Aufträge. Die bescheidenen Beamtungen fördern nicht die Kunst. Die Liste der Namen ist lang, die hier zu nennen wäre – doch welches Bild machten wir uns von Schiller, von den Cottas, von Uhland oder Hauff, wenn *Dannecker* und *Leybold, Müller* und *Morff, Scheffauer, Schick* oder *Schweikle, Wächter* und *Weitbrecht* sie nicht porträtiert hätten?

Die Verleger, die Buchhändler und die Antiquare – Namen wie *Cotta, Ebner, Elben, Erhard, Franckh, Liesching, Löflund, Steinkopf,* die auf den Titelblättern der Großen in der deutschen Literatur stehen, haben vielfach bis heute einen hohen Klang. Ihre Verlagsideen sind so verschiedenartig wie die Autoreneinfälle: Hier verbietet der erste württembergische Hymnologe *(Koch)* die Aufführung von Haydns ›Schöpfung‹ und wird dafür von seiner Kirche gemaßregelt. Dort verzeichnet der Lehrer des großen Cuvier, ein Absolvent der Militair-Pflanzschule *(Johann Kerner),* die Gattungen der Pflanzen, die Johann Reinhold Forster und sein Sohn Georg auf einer Südseereise gesammelt haben und legt Kataloge der in Württemberg wachsenden Pflanzen, Bäume und Sträucher an. Welche Hoffnungen knüpft *Steinkopf* an eine literarische Zeitschrift mit Hölderlin als Herausgeber (und Goethe, Schiller u. a. als Mitarbeiter) – sie kommt nicht zustande. Und welche Lebensschicksale durchlaufen *Elben,* der als Kind von Soldaten verschleppt wird, oder *Franckh,* der seinen Verlag als Asperggefangener gründet?

Wo jeder literarisch Beflissene, jedes des Lesens kundige Subjekt in einer geschlossenen Gesellschaft verkehrt, bleibt es nicht aus, daß mancher sich in ein literarisches Objekt verwandelt:

Napoleons Großmachtträume, die in viele biographischen Schicksale der Zeit verwoben sind und ihm, lange nach seinem Tod, noch Proselyten machen, finden in Leo Tolstois ›Krieg und Frieden‹ einen Erzähler, dessen Nachruhm noch größer ist als der seine. Tolstoi berichtete dort auch von den württembergischen Offizieren *Phull* (namentlich), dem erfolgreichen Militärtaktiker des russischen Siegs, und von *Hügel* (namenlos), der Napoleons Gedanken auswendig gelernt hatte: So weiß er in Waterloo, wie sich der Kaiser entscheidet – und steht bei den Siegern. Johann Georg Fischer spielt in Wilhelm Raabes Roman ›Der Dräumling‹ seine Rolle als Schiller-Festredner. *Kölle* war der gefragte »Adjunkt« des rheinländischen Hausfreundes Johann Peter Hebel, während *Ludwig Bauer* das Vorbild für den »Pfarrer Amandus« in Eduard Mörikes ›Maler Nolten‹ abzugeben hatte.

Bei dem Stuttgarter *Wilhelm Hauff* dürften viele seiner literarischen Figuren aus dem Leben geschnitten sein: Dem schon genannten *Friedrich Lindner* verpaßte er ohne weitere Umstände die sprechende Nobilitierung »Herr von Natas« (=Satan); bei Wit genannt Dörring, der Hauffs Satansmemoiren in einem dritten Band fortschrieb, trat *Lindner* als anagrammatisch verschlüsselter »Herr von Nildern« vor seine Leser. *Gottlob Franckh, Hauffs* Verleger, mußte es sich gefallen lassen, als modenhöriger »Buchhändler Kaper« aufs Korn genommen zu werden, während *Hügel,* der bei Tolstoi namenlos bleibt, in *Hauffs* Novelle ›Das Bild des Kaisers‹ [Napoleon] als »General Willi« im Herzen gutmütig, aber ein wenig aus der Zeit gefallen, seiner Napoleon-Verehrung nachhängt. *Hauff* war im Hause *Hügel* Hauslehrer gewesen.

Damit ist die Gesellschaft dieser Nekropole einigermaßen umschrieben. Mancherlei Vorlieben förderten den Fluß der Tinte; anderes durfte nicht ganz vernachlässigt werden, auch wenn die literarische Produktion nur bescheiden genannt werden kann: Hätte man etwa auf den dilettierenden Stadtrat und Dichter *Moser* oder den Militärschriftsteller *Martens* verzichten sollen? Der bodentrockene *Reuchlin* (den Uhland als Fußwanderer schätzte) gehört genauso ins Bild wie der sangesfreudige *Ritter* (der Panegyriker des Hauses Württemberg). Und der wortkarge *Suckow* bereichert diese Stadt wie der fruchtbare Autorverleger *Wagner.*

Hervorzuheben bliebe die Minorität der Frauen, die durch Beruf und Wirken auf ganz eigenständige Weise hervorgetreten sind: *Luise Duttenhofer* oder *Emilie Zumsteeg,* die autodidaktische Scherenschneiderin und die Musikerin; der glanzvolle Opernstar *Agnese Schebest,* den es an der Seite von David Friedrich Strauß nicht hielt; *Emilie Reinbeck,* die Lenau pflegte: Bei allen sind Haltungen zu erkennen, die aus beruflicher Selbständigkeit sich herleiten, nicht bloß aus Stand und Herkunft wie bei der eindrucksvollen *Gottliebin Schelling. Eberhardine*

Jos. Leypold del. z. inv.

*Rapp* bleibt dagegen in den Schilderungen der Männer schattenhaft wie *Anna Maria Helene Reinbeck* in Weimar namenlos.

Gräber, Grabsteine und ihre Inschriften können zur Literatur führen. Bernd Jentzsch erzählt die Geschichte seines Großvaters, der Grabsteine an die trauernden Hinterbliebenen verkaufte. Wenn Jentzsch die Sommerferien im Hause der Großeltern verbrachte, ging er als Kind bisweilen mit dem Großvater über Land, wo dieser, angezogen durch die Trauerannoncen in den Tageszeitungen, seine Grabsteine anbot, ihre angemessene Beschriftung besprach und Muster vorwies. Dabei mußte es dem Steinhauer darum gehen, durch eine möglichst reiche Beschriftung den Preis ewigen Gedenkens zu steigern. Und so hatte sich der Großvater eine Casual-Anthologie geeigneter Dichterworte angelegt, deren Wirkung vielfach erprobt war. Dort begegnete der Schriftsteller Bernd Jentzsch zum erstenmal der Literatur. Seine Erzählung trägt den Titel ›Wie ich zur Literatur kam‹ (Schreiben als strafbare Handlung. Assenheim: BrennGlas 1985).
Gräber, Grabsteine und ihre Inschriften können aber auch zur Literatur werden. Hans Magnus Enzensberger nahm 1960 in sein ›Museum der modernen Poesie‹ (Frankfurt: Suhrkamp) die Abteilung ›Gräber‹ auf, in der sich unter anderen ein von ihm selbst ins Deutsche übertragenes Gedicht – ›Großstadtfriedhof‹ des spanischen Dichters Luis Cernuda (1904–1963) – findet, in dem es heißt: »Längst sind verwaschen die Inschriften / auf den Steinen der zweihundertjährigen Toten, / ohne Freunde, die sie vergäßen, die geheimen / Toten. Wenn aber die Sonne an manchen Tagen, gen Juni zu, / scheint, müssen die alten Gebeine in der Tiefe es spüren ....«
Gräber, Grabsteine und ihre Inschriften können Literatur sein. Udo Dickenberger belegt dies in seinem Essay auf vielfache Weise. Als Gottfried Benn sich am 22. Juni 1955 bei Friedrich Sieburg für dessen Rezension der Anthologie ›Lyrik des expressionistischen Jahrzehnts‹ (Wiesbaden: Limes 1955) bedankt, die man einen Gedenkstein nennen könnte für die verlorene Generation der Väter, schreibt er in bezug auf ein Prosafragment aus dem Jahre 1948:
»Aber – leider fand ich einen Satz von mir erst zu spät in einem meiner alten Notizbücher, sonst hätte ich ihn als Motto für das ganze Buch vorgeschlagen: ›was wäre der Sommer ohne die Flüge der Schwalben und was wäre das Land ohne die Gräber der Dichter‹ – vielleicht bewog Sie eine ähnliche Stimmung, sich in so fesselnder Weise über das Buch zu äußern.« (Gottfried Benn, Sämtliche Werke. Hrsg. von Gerhard Schuster. Bd V, Prosa 3. Stuttgart: Klett-Cotta 1991, S. 728).

Auf den vorangehenden Seiten: Karl Jakob Theodor Leybold, Charon, nach dem Neugriechischen von Goethe. Die prämierte Bleistiftzeichnung (s. Seite 68), 34,5 × 43 cm. Staatsgalerie Stuttgart. Inv. Nr. C 1917/5.

[Abt 1a/13]

**Christian Friedrich Daniel Schubart,** geb. 23.3.1739 in Obersontheim; gest. 10.10.1791 in Stuttgart (Sterbehaus Lange Straße 1a); Beerdigung am 12.10.1791 im »aSp«, das ist der »äußere Spitalkirchhof«, der seit 1808 nach dem Gewann der »Hoppenlau-Friedhof« genannt wird. – Musiker, Dichter, Publizist.

Sohn des Aalener Lehrers, Kantors und Vikars Johann Jakob Schubart (1711–1774) und der Anna Helene Juliane geb. Hörner (1713–1797).

»Verschollen ist Schubarts Grab«, vermerkt Pfeiffer (1912), und schon David Friedrich Strauß (1849; ²1878) bezeichnet die Stelle der Beerdigung Schubarts als unauffindbar. Hermann Ziegler hat festgestellt, daß nach dem ›Totenbuch des Ev. Kirchenregisteramts‹ Schubart, seine Tochter Juliana Kaufmann geb. Schubart (1767–1801), sein Sohn, Ludwig Albrecht Schubart (1765–1811) und seine Witwe, Helene Schubart geb. Bühler (1744 bis 1819) »aSp« beerdigt worden sind. Seit November 1952 bezeichnet eine von Wilhelm Schönfeld gestaltete Grabplatte den Ort:

**CHRISTIAN FRIEDR.<br>DANIEL SCHUBART<br>MUSIKER, DICHTER<br>UND PUBLIZIST<br>1739–1791**

Schubart verlebt seine Kindheit in Aalen (1740–1753), besucht in Nördlingen und später in Nürnberg das Gymnasium (1753–1758), bevor er in Erlangen die Universität zum Studium der Theologie bezieht; dort muß er von seinem Vater aus dem Schuldturm befreit werden. Dann ist er Hauslehrer in Aalen und nimmt 1763 für fünf Jahre die Stelle eines Organisten und Schulpräzeptors in Geislingen an; Heirat mit Helene Bühler; 5 Kinder. 1769–1773 amtiert Schubart als Hofkapellmeister und Organist in Ludwigsburg: sein zügelloser Charakter, seine anstößige Lebensführung und seine satirischen Veröffentlichungen führen zur Verweisung außer Landes. Auf Reisen – in die Freien Reichsstädte Heilbronn und Augsburg, nach Mannheim und München – gründet Schubart 1774 die zunächst in Augsburg, dann in der Freien Reichsstadt Ulm erscheinende, von ihm selbst geschriebene Zeitschrift ›Deutsche Chronik‹, deren provozierend freiheitliche Gesinnungen Schubarts Lebensschicksal auf dramatische Weise verändern. 1777 wird er auf württembergisches Gebiet gelockt, verhaftet und als Gefangener des Herzogs Carl Eugen ohne Urteil für zehn Jahre in der Festung Asperg arretiert. Dort erscheinen seine ›Gedichte aus dem Kerker‹ (1785), seine ›Sämmtlichen Gedichte‹ (1785). Das Gedicht ›Friedrich der Einzige‹ (1786) an Friedrich den Großen befördert seine Befreiung aus der Gefangenschaft, die ihm das Amt eines Theater- und Musikdirektors am Stuttgarter Hof beschert (1787–1791) und die Erlaubnis einträgt, seine Zeitschrift – als

Auf der vorhergehenden Seite: Johann Heinrich Dannecker, Grabmonument für Christian Friedrich Daniel Schubart (?). Skizze in Ton. Höhe 34,4 cm. Staatsgalerie, Stuttgart, Inv. Nr. P 507a.

›Vaterländische Chronik‹ – wiederzubegründen; sie reicht an ihre Vorgängerin nicht mehr heran. Postum erscheint Schubarts Autobiographie, ›Leben und Gesinnungen‹ (1793).
Ludwig Albrecht Schubart, später Legationssekretär im preußischen Dienst, der Dichter, Übersetzer und Publizist (1765–1811), den Carl Eugen während der Gefangenschaft des Vaters in der Carlsschule hat erziehen lassen, rückt in die ›Chronik‹ Nr. 81 vom 11. 10. 1791, S. 670, folgende ›Nachricht‹ ein:

»Mit blutendem Herzen muß ich hiemit dem Publikum ankündigen: Daß mein Vater heute den 10ten Oktober Morgens zwischen 8–9 Uhr an einem Stekflusse im 52sten Jahre seines Lebens – sanft und voll Vertrauen auf Gott und seinen Christus gestorben ist. Die Tausende, die ihn kannten und liebten, und seine immer zunehmenden Leser werden bei dieser Nachricht eine Thränenpause machen, und mir und meiner gebeugten Mutter und Schwester das Schrekliche unsers Verlustes nachempfinden ... Jezt kann ich nichts als euch danken ihr Nahen und Fernen, die ihr ihm ehmals euer Mitleid, und in der Folge euren Beifall und eure Aufmerksamkeit in so reichem Maaße schenktet – nichts als danken, und eine brennende Zähre auf den Leichnam des Entschlafenen weinen. Einige edle und geistreiche Freunde meines seeligen Vaters sezen mich in den Stand, dem Publikum die Versicherung geben zu können, daß die Chronik nach dem bisherigen Plan und im bisherigen Tone werde fortgesezt werden.
Stuttgart, den 10. Oct.
1791. Ludwig Schubart.«

Die folgende Ausgabe der ›Chronik‹ – Nr. 82 vom Freitag, dem 14. Oktober 1791 – enthält den Nachruf von Gotthold Friedrich Stäudlin, ›Schubart‹ überschrieben. Stäudlin führt die Zeitschrift bis 1792 zunächst gemeinsam mit Ludwig Schubart weiter, vom Herbst 1792 bis zu ihrem Verbot im April 1793 dann alleine. Wegen seiner offenen Parteinahme für die Sache der französischen Revolution wird sie verboten. In dem Nekrolog heißt es u. a.:
»Du erfuhrst es zwar bereits, lieber Leser! daß der Mann, der bisher dieses Blatt in deine Hände lieferte, nicht mehr ist – allein ich bin es gewiß, daß du gerne einige Minuten mit mir an dem Grabe des Mannes verweilst, der dir so manche süße Stunde verschafft hat ... Er war ein ausserordentlicher vielseitiger Mann, voll Herz und Geist. Wenn es entschiedene Wahrheit ist, daß schöpferische Imagination, lebendige Darstellungsgabe, Fülle des Herzens und inniges Gefühl für Schönheit, Wahrheit und Größe, karakteristische Kennzeichen des Genie's sind; so war Schubart gewiß ein Genie! Genie am Flügel und an der Orgel – Genie in der poetischen und musikalischen Komposition! Hätte er auch nichts gedichtet,

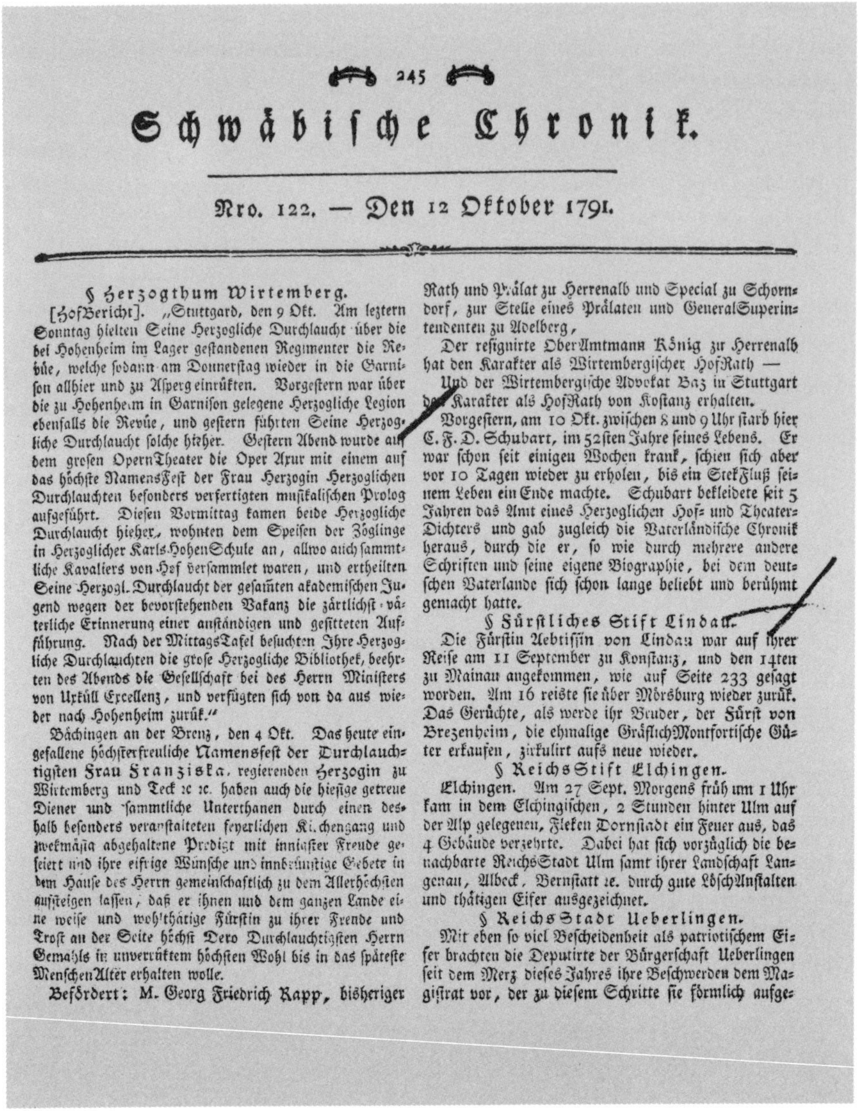

245

# Schwäbische Chronik.

Nro. 122. — Den 12 Oktober 1791.

§ Herzogthum Wirtemberg.

[HofBericht]. „Stuttgard, den 9 Okt. Am leztern Sonntag hielten Seine Herzogliche Durchlaucht über die bei Hohenheim im Lager gestandenen Regimenter die Revüe, welche sodann am Donnerstag wieder in die Garnison allhier und zu Asperg einrükten. Vorgestern war über die zu Hohenheim in Garnison gelegene Herzogliche Legion ebenfalls die Revüe, und gestern führten Seine Herzogliche Durchlaucht solche hieher. Gestern Abend wurde auf dem grosen OpernTheater die Oper Axur mit einem auf das höchste NamensFest der Frau Herzogin Herzoglichen Durchlauchten besonders verfertigten musikalischen Prolog aufgeführt. Diesen Vormittag kamen beide Herzogliche Durchlaucht hieher, wohnten dem Speisen der Zöglinge in Herzoglicher Karls-HohenSchule an, allwo auch sammtliche Kavaliers von Hof versammlet waren, und ertheilten Seine Herzogl. Durchlaucht der gesamten akademischen Jugend wegen der bevorstehenden Vakanz die zärtlichst-väterliche Erinnerung einer anständigen und gesitteten Aufführung. Nach der MittagsTafel besuchten Ihre Herzogliche Durchlauchten die grose Herzogliche Bibliothek, beehrten des Abends die Gesellschaft bei des Herrn Ministers von Uxkûll Excellenz, und verfügten sich von da aus wieder nach Hohenheim zurük."

Bächingen an der Brenz, den 4 Okt. Das heute eingefallene höchsterfreuliche Namensfest der Durchlauchtigsten Frau Franziska, regierenden Herzogin zu Wirtemberg und Teck ꝛc ꝛc. haben auch die hiesige getreue Diener und sammtliche Unterthanen durch einen deshalb besonders veranstalteten feyerlichen Kirchengang und zwekmäsig abgehaltene Predigt mit innigster Freude gefeiert und ihre eifrige Wünsche und innbrünstige Gebete in dem Hause des Herrn gemeinschaftlich zu dem Allerhöchsten aufsteigen lassen, daß er ihnen und dem ganzen Lande eine weise und wohlthätige Fürstin zu ihrer Freude und Trost an der Seite höchst Dero Durchlauchtigsten Herrn Gemahls in unverrüktem höchsten Wohl bis in das späteste MenschenAlter erhalten wolle.

Befördert: M. Georg Friedrich Rapp, bisheriger Rath und Prälat zu Herrenalb und Special zu Schorndorf, zur Stelle eines Prälaten und GeneralSuperintendenten zu Adelberg,

Der resignirte OberAmtmann König zu Herrenalb hat den Karakter als Wirtembergischer HofRath —

Und der Wirtembergische Advokat Baz in Stuttgart den Karakter als HofRath von Kostanz erhalten.

Vorgestern, am 10 Okt. zwischen 8 und 9 Uhr starb hier C. F. D. Schubart, im 52sten Jahre seines Lebens. Er war schon seit einigen Wochen krank, schien sich aber vor 10 Tagen wieder zu erholen, bis ein StekFluß seinem Leben ein Ende machte. Schubart bekleidete seit 5 Jahren das Amt eines Herzoglichen Hof- und Theater-Dichters und gab zugleich die Vaterländische Chronik heraus, durch die er, so wie durch mehrere andere Schriften und seine eigene Biographie, bei dem deutschen Vaterlande sich schon lange beliebt und berühmt gemacht hatte.

§ Fürstliches Stift Lindau.

Die Fürstin Aebtissin von Lindau war auf ihrer Reise am 11 September zu Konstanz, und den 14ten zu Mainau angekommen, wie auf Seite 233 gesagt worden. Am 16 reiste sie über Mörsburg wieder zurük. Das Gerüchte, als werde ihr Bruder, der Fürst von Brezenheim, die ehmalige GräflichMontfortische Güter erkaufen, zirkulirt aufs neue wieder.

§ ReichsStift Elchingen.

Elchingen. Am 27 Sept. Morgens früh um 1 Uhr kam in dem Elchingischen, 2 Stunden hinter Ulm auf der Alp gelegenen, Fleken Dornstadt ein Feuer aus, das 4 Gebäude verzehrte. Dabei hat sich vorzüglich die benachbarte ReichsStadt Ulm samt ihrer Landschaft Langenau, Albeck, Bernstatt ꝛc. durch gute LöschAnstalten und thätigen Eifer ausgezeichnet.

§ ReichsStadt Ueberlingen.

Mit eben so viel Bescheidenheit als patriotischem Eifer brachten die Deputirte der Bürgerschaft Ueberlingen seit dem Merz dieses Jahres ihre Beschwerden dem Magistrat vor, der zu diesem Schritte sie förmlich aufge-

Zwei Tage nach Schubarts Tod: Die Meldung auf der ersten Seite der von Elben verlegten ›Schwäbischen Chronik‹, Nr. 122 v. 12. 10. 1791, S. 245. Stadtarchiv, Stuttgart.

als seine Fürstengruft und seinen *Friedrich*; so würde er sich schon hiedurch vor Welt und Nachwelt als ein wahrhaft dichterischer Geist hinlänglich legitimirt haben!«

Stäudlin bedauert, daß Schubart »das Sigel einer vollendeten Bildung und eines ganz geläuterten Geschmaks mangelte«; er sei sicher kein »Sistemgelehrter« gewesen. Aber »Deklamationsgabe und Sprachstärke« hätten seinen Enthusiasmus ausgeglichen. Er rühmt ihn als einen »Bekenner der Religion der Christen« und hebt seine »Menschenliebe« und »Wohlthätigkeit« hervor. Ausgezeichnete Männer hätten seine Gesellschaft gesucht – Lavater, Dalberg, Bürger, Pfeffel.

»So ruhe denn sanft, unvergeßlicher Mann! von so vielen Leiden, die theils eine Mitgift der Natur für jeden Mann von Genie und tiefer Empfindung auf dieser Welt sind, theils von dem Schiksale auf deine Schultern gelegt wurden! dein Geist, dessen mächtiges Feuer deine irrdische Hülle so frühe verzehrte, fühle sich nun selig und frei in der Vereinigung mit all den Unsterblichen, die gleich dir Lehrer und Wohltäter der Menschheit waren! dein Andenken aber bleibe allen Fühlenden heilig und die freche Lästerung verstumme endlich an deinem Grabe! –

Dieser heiligen Gruft nahe die Schmähsucht nicht
Mit der geifernden Lipp' und mit dem schielenden
Blike, welcher nur Fleken
In der herrlichen Sonne schaut!
Dieser heiligen Gruft nahe die Weisheit nur,
Mit der Liebe gepaart! Richterinn sei nur sie
Bei den Gräbern der Edeln –
Sie bei Schubarts Gebeinen nur!«

In einem ›Nachklang‹ zitiert die ›Chronik‹ Strophen aus Matthias Claudius' Gedicht, ›Als der Sohn unsres Kronprinzen, gleich nach der Geburt, gestorben war‹, so weit sie sich eben für Schubart eigneten. Und Ludwig Schubart schreibt: »Wir haben ihn gestern begraben, den theuren Unvergeßlichen, und unser ganzes Herz brannte in dem Seufzer:

Friede sey um diesen Grabstein her,
Sanfter Friede Gottes! – ach sie haben
Einen guten Mann begraben,
Und uns war er mehr!«

Das ist – mit einer Veränderung der letzten Zeile – die erste Strophe von Claudius' Gedicht ›Bei dem Grabe meines Vaters‹ aus dem Ersten und Zweiten Teil des ›Wandsbecker Boten‹ (1775), den Schubart besonders schätzte. Diese Zeilen setzen die »zwee tiefgebeugten Verehrer des Seligen«, die Brüder Mäntler, auch ihrem zum 12. Oktober erschienenen ›Klagelied, am Grabe unsers unvergeßlichen Gönners und Freundes‹ voran. Schubart war der Pate des älteren der beiden Brüder.

Durch Ludwig Schubarts und Gotthold Friedrich Stäudlins Berichte sind die Nachrichten über Schubarts Tod und Bestattung so lückenlos wie bei wenigen Zeitgenossen. David Friedrich Strauß, der Biograph Schubarts, konsultiert 1848/49 den Eintrag im Stuttgarter Totenregister, der sich im wesentlichen mit den Mitteilungen des Sohnes deckt: »Am 10ten October 1791, Morgens zwischen 8 und 9 Uhr, starb er, im Alter von 52 Jahren, 6 Monaten und 10 [recte: 14] Tagen.« Er wurde, fährt Strauß fort, »am 12ten auf dem äußern Spitalkirchhofe (dem sog. Hoppelau) begraben. Kein Denkmal bezeichnet sein Grab (obgleich Dannecker eines im Kleinen modellirte), ja selbst die Stelle ist nicht mehr zu finden, und so dasjenige auf dem Stuttgarter Friedhofe an ihm in Erfüllung gegangen, was er sich in dem Briefe vom Ostertag 1767 auf dem Geißlinger prophezeit hatte.«
Strauß spielt an auf einen Brief Schubarts, der nach der Übernahme der Geislinger Schulpräzeptorenstelle dem Schwager Christian Gottfried Böckh seine näheren Verhältnisse beschreibt und in dem er sich unversehens mit dem in Armut gestorbenen englischen Verssatiriker Samuel Butler (1612–1680) vergleicht: »Geißlingen ist kein Ort vor einen Lehrer, der zwei Hurenkinder aushekt und vor die Mühe der Zeugung eine Addition verlangt – hier wird es erfordert, hübsch fromm zu seyn, wie Hornvieh zu arbeiten und wie Buttler zu hungern. Ich erinnere mich eben an die Grabschrift dieses Engelländers, des wizigen Verfassers des Huidibras:

> Hic jacet Buttlerus.
> Ne, cui vivo deerant fere omnia,
> deesset etiam mortuo tumulus,
> hoc tandem posito marmore curavere
> ejus cives.*

* Hier liegt Butler. Um zu vermeiden, daß dem, dem im Leben fast alles gefehlt hat, im Tode nicht auch der Grabstein fehle, haben seine Mitbürger dafür gesorgt, indem sie ihm diesen Grabstein setzten.

Grabmal von Christian Friedrich Daniel Schubart, 1952, erneuert. [Abt. 1a/13]. Photographie Mathias Michaelis, 1991.

Aber steigen Sie einmal auf den Geißlinger Kirchhof, wann ich bereits drauf modere, und Sie werden unter hundert zertrettenen Gräbern mein Grab mißkennen. Buttler ist also glüklich, und – mihi deest tumulus*.«

Von Schubarts Beerdigung berichtet eine »furchtbare Sage«, ein Gerücht, dessen Muster die Mitlebenden ein ganzes Jahrhundert lang nicht losläßt: die Sorge, lebendig begraben zu werden. David Friedrich Strauß erinnert sich aus seiner Knabenzeit der Erzählung seiner Eltern, die auch sonst im Altwürttembergischen kolportiert wurde, »daß der unglückliche Dichter lebendig begraben« worden sei. Der Totengräber sei nach Schubarts Beerdigung »durch ein unterirdisches Getöse«, nach anderer Überlieferung: beim Ausheben eines benachbarten Grabes veranlaßt worden, Schubarts Sarg noch einmal zu öffnen. Da habe man »Schubart auf dem Bauche liegend, mit blutig gekratzten Nägeln, aber entseelt, gefunden«. Strauß weist alle Vermutungen zurück, daß an der Geschichte etwas Wahres sein könne. Zum einen wird dergleichen auch von des »Dichters Schubart Zechgenosse«, dem Hofschieferdecker Leopold Baur (beerdigt am 4. 3. 1791) erzählt, der in dem katholischen Dorfe Hofen unterhalb Cannstatts beerdigt worden war: Baur hatte u. a. angeordnet, auf dem Gesicht im Sarge zu liegen, »so daß der liebste Teil seines Leibes in die Höhe sehe«. In Wahrheit war Christian Friedrich Daniel Schubart für seine Zeitgenossen der »Lebendigbegrabene schon auf dem Asperg«, der das »Kerkergrab« in Briefen und Gedichten als »häßlicher« und »gräßlicher« denn Not und Tod beschrieben hatte.

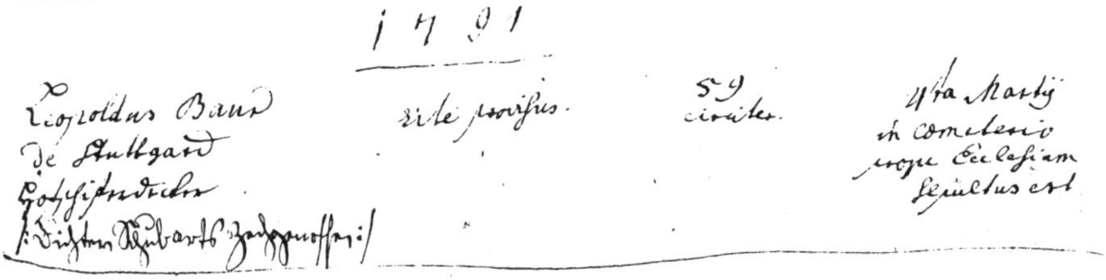
1791
Leopoldus Baur de Stuttgard Hofschieferdecker (Dichters Schubarts Zechgenoss:)
rite provisus
59 circiter
4ta Martij in cometerio prope Ecclesiam sepultus est

Sterbebucheintrag des Katholischen Pfarramts St. Barbara, Stuttgart-Hofen, für den Hofschieferdecker Leopold Baur, des »Dichters Schubart Zechgenosse«. St. Barbara, Stuttgart-Hofen.

Wie Schubart starb, berichtet sein Sohn Ludwig Schubart in einem 1798 »auf Kosten des Verfassers« gedruckten Porträt ›Schubarts Karakter‹. Diese aus siebenjährigem Abstand niedergeschriebenen »Raisonnements«, die – wie auch anders! – »die Flecken, Fehler und Gebrechen« neben dem »Hellen und Idealischen« gleichmäßig zu malen vorgeben, enthalten auch die Krankengeschichte:

* Ich habe keinen Grabstein.

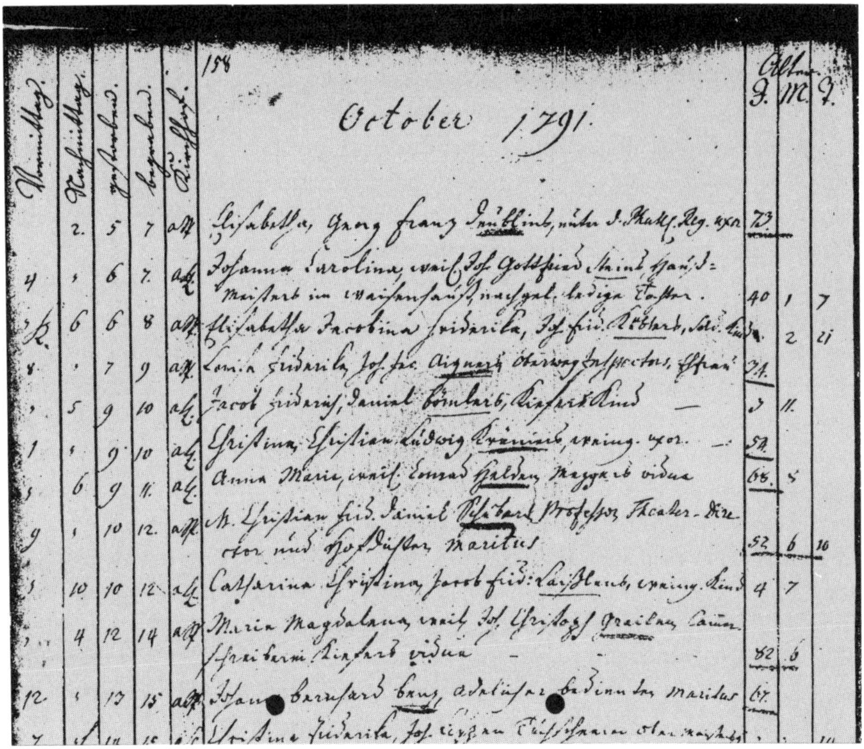
158

October 1791

Aus dem Totenregister der Stiftskirche in Stuttgart: Schubarts Tod und Beerdigung. Landeskirchliches Archiv, Stuttgart.

»Mein Vater war etwas über die mittlere Statur: in jüngern Jahren sehr blaß und schmächtig – doch immer kraftvoll; von starken Waden, auffallend rothen Lippen, und hellen Feuerwerfenden Augen.« Schon in den Geislinger Jahren habe er manchmal Blut ausgeworfen, doch über diese Krankheit obsiegte die Natur; erst die »üppigen Hoflager zu Ludwigsburg«, der »Sittenverderb zu München« und die auf dem Asperg beibehaltene Leidenschaft »für alles Flüssige – ungemischtes Wasser allein ausgenommen«, hätten seinen Körper geschwächt. Der »zu starke Gebrauch geistiger Getränke« habe frühzeitig seine reizbaren Nerven angegriffen; auch sein Magen habe zu Klagen Anlaß gegeben: Empfindlichkeiten der Nerven und des Magens habe der Verewigte gegenüber dem Sohne zu Zeiten als ein nicht abzuwendendes »Familienübel« auszugeben verstanden.

»In Mannheim, wo er etwas zu rasch vom Necker- zum Rheinwein übergieng, bekam er ein paarmal Anwandlungen vom Schlage; seine ganze rechte Seite war wie gelähmt, und er mußte sich mehrere Tage im Bette halten.«
Von der Festungszeit weiß der Sohn zu berichten, daß Schubart dort, verführt durch einen »völlig verdorbenen, aber mit Anlagen begabten Nachbarn«, aber auch aus Kummer über sein Schicksal, dazu gekommen sei, »Brandtwein zu trinken, was zu ›schlagähnlichen Anfällen‹ führte«. Helene Schubart sei es nur durch »Zuziehung des Kommandanten« und die Bestechung eines Fouriers gelungen, der völligen Selbstzerstörung des Körpers, dem die Bewegung mangelte, entgegenzuwirken.
Seinen letzten Geburtstag, 1791, feiert Schubart mit solchen Trinkexzessen, daß einer seiner Freunde mit dem Ausruf zitiert wird, er »würde noch leben und wirken, wenn er auf Asperg geblieben wäre«. Wieder begeht er das Fest als seinen »letzten« Geburtstag, mit der besonderen Hypochondrie, jeden neuen Tag, der ihm gegeben war, im Kalender rot anzustreichen, »und als ein *besonderes* Geschenk des Himmels« zu betrachten.
Im Herbst 1791 erfaßt ihn ein Schleimfieber, das man bald überwunden glaubt, aber ein Rückfall wirft ihn aufs Lager, und bald scheint alle Hilfe vergebens. »Er sprach Abends mit mir oft ganze Stunden über Literatur«, berichtet der Sohn, auch über »Frankreichs große Revolution, in seiner gewöhnlichen starken bildlichen Sprache«. Dann beginnt er zu phantasieren, Unverständliches zu reden. Schubarts Sohn wird am Lager des sterbenden Vaters von seiner Mutter geweckt. Das Lungenödem behindert die Atmung. »Er lag mit halbgeschlossenem Augenliede, matt keuchend da, – ohne alles Bewußtseyn. Das Auge sank immer tiefer, so daß man sich büken mußte, um ihm noch hineinzuschauen ... Plözlich murmelt er noch einige unverständliche Worte; senkt sein Haupt auf einmal tiefer – und stirbt.«

Chronik, Nr. 81 v. 11.10. 1791, S. 670. – Chronik, Nr. 82 v. 14.11. 1791. S. 671 ff. – Klagelied, am Grabe unsers unvergeßlichsten Gönners und Freundes Herrn Hofdichters und Theaterdirektors Christian Friedrich Daniel Schubart, Welcher am 10ten Oktober 1791, im 52sten Jahre Seines Lebens ... an einem Stekfluß sanft entschlief. Gesungen von ... den Brüdern Mäntler. Stuttgart: Mäntler 12. 10. 1791. – Schubarts Karakter von seinem Sohn Ludwig Schubart. Erlangen: Selbstverlag 1798, S. IIIf, 1 ff. – David Friedrich Strauß, Christian Friedrich Daniel Schubart's Leben in seinen Briefen. 2 Bde. Berlin: Duncker 1849, Bd 1, S. 131 f.; Bd 2, S. 327 f. – Wieland – Schubart. Ständige Ausstellung des Schiller-Nationalmuseums ... Ausstellung und Katalog: Dieter Sulzer und Werner Volke in Zusammenarbeit mit Heidi Westhoff. Marbach: Deutsche Schillergesellschaft 1980. – Christian Friedrich Daniel Schubart bis zu seiner Gefangensetzung 1777. Ausstellung aus Anlaß seines 250. Geburtstages. Ausstellung und Katalog: Bernd Breitenbruch. Ulm: Stadtbibliothek 1989. – Auskunft des Katholischen Pfarramts St. Barbara, Stuttgart-Hofen.
Zur Frage der Lage von Schubarts Grab: Totenregister der Stiftskirche, 1700–1799. – Auskunft von Hermann Ziegler, Stuttgart. – Hermann Ziegler, Zur Benennung der Kirchhöfe in den Totenbüchern vom 17. zum 19. Jahrhundert, in: Amtsblatt der Stadt Stuttgart v. 1. 3. 1962.

[Abt 1a/18]

**Christian** Heinrich **Riecke,** geb. 2.7.1802 in Stuttgart; gest. 15.11. 1865 in Stuttgart. – Jurist. Schriftsteller.

Sohn des Arztes Johann *Viktor* Ludwig Riecke [Abt 1a/17] und der Rosine *Friederike* geb. Reuß (1776–1830); Bruder von Adolf Riecke [s. Abt 8/1275]; Freund von Wilhelm Hauff [s. Abt 3b/508] und Moriz Pfaff [s. Abt 3b/511].

Die Grabplatten aus grauem Sandstein von Christian Riecke und seiner Frau rahmen die etwas größere Platte von Viktor Riecke, Christians Vater, ein:

rechts:

**Christian Heinrich**
**Riecke**
**Hofkammerdirektor**
**geb. 2. Juli 1802**
**gest. 15. November 1865.**

links:

**Charlotte Auguste**
**Riecke**
**geborene Reyscher**
**geb. 1. August 1804.**
**gest. 26. Februar 1870.**

in der Mitte:

**Johann Victor Ludwig**
**Riecke.**
**geb: den 10. Nov. 1771.**
**gest: den 1. Dec. 1850.**

Christian Riecke ist schon während des gemeinsamen Schulbesuchs in Tübingen und Stuttgart mit Wilhelm Hauff befreundet, der dem Dreizehnjährigen im September 1815 ins Stammbuch schreibt: »Mensch, sei ein Mensch, / daß, wenn man deinen Leib begräbt, / dein Werk und dein Gedächtnis lebt!« Beim Studium der Rechte in Tübingen, 1820–1824, gründet er mit dem Theologiestudenten Hauff die Burschenschaft der »Feuerreiter« unter dem Symbol der zwei sich umschlingenden Hände und der Schlange als dem Zeichen der Ewigkeit des Bundes. Den »Feuerreitern« gehören an: Adolf Christian; Friedrich Wilhelm Frisch; Karl Göriz; Wilhelm Hauff; Karl Knaus; Friedrich Köhler; Gustav Pfaff; Moriz Pfaff; August Ludwig Reyscher; Riecke I und Riecke II; Friedrich Freiherr von Röder; Max von Seybothen; Gedeon Weizel; Anton Stabel.
Riecke absolviert seine Referendarzeit 1825/26 in Ellwangen; 1827 reist er auf Hauffs Spuren nach Paris und Brüssel. Noch im gleichen Jahr wird er Rechtskonsulent in Stuttgart. 1828 heiratet er Charlotte Auguste Reyscher (1804–1870). Rechtsberater des württembergischen Kriegsministers Ernst Eugen von Hügel [s. Abt 4b/674], in dessen Haus Hauff 1824–1826 Hauslehrer war; Herausgeber und Kommentator der bis dahin erlassenen württembergischen Gesetze.
1835 wird Riecke Berater der württembergischen Eisenbahngesellschaft, in deren Auftrag er im September 1836 die am 7.12. 1835 eröffnete Bahnlinie Nürnberg–Fürth besichtigt. 1837–1842 ist er Universitätsamtmann in Tübingen; er

ediert das württembergische Landrecht von 1610 und avanciert 1842 zum Justitiar, später zum Direktor der Kgl. Hofdomänenkammer.

Wilhelm Hauff, auf den Tod krank, bestellt Riecke am 7. 11. 1827 zum »Kriegsvogt«, d. h. Vermögensverwalter seiner Frau. Riecke unterzieht sich dieser Aufgabe mit ganzer Hingebung, als Hauff am 18. 11. 1827 stirbt. Er ist »in unser aller Namen« Taufzeuge und Pate von Hauffs am 10. 11. 1827 geborener Tochter Wilhelmine, und er veranlaßt, wiederum im Namen der »Kleinen Compagnie«, den Dannecker-Schüler Theodor Wagner, »Hauffs Büste in Gips zu machen«. »Natürlich habe ich auch ein Exemplar für Dich bestellt«, schreibt Christian Riecke an seinen Bruder Adolf am 3. 12. 1827. »Man wird eine Sammlung von Hauffs sämmtlichen Werken veranstalten und herausgeben ... Schade nur, daß der Hauptteil des Nachlasses bloß in einer Sammlung der bereits erschienenen Werke besteht.«

ADB Bd XXVIII, S. 512. – Zur Erinnerung an Dr. Christian Heinrich Riecke. Stuttgart 1865: Kleeblatt. – Karl Riecke, Meine Eltern, ihre Geschwister und ihre Freunde. Stuttgart 1897: Kohlhammer. – Friedrich Pfäfflin, Wilhelm Hauff und der Lichtenstein. Marbach: Deutsche Schillergesellschaft 1981.

[Abt 1a/ neben 16 und 18]

**Gottlob Wilhelm Morff,** getauft 15. 11. 1771 in Stuttgart; gest. 5. 4. 1857 in Stuttgart. – Öl- und Miniaturmaler.

Bei Pfeiffer (1912) unmittelbar neben den Gräbern von Riecke [16–18] nachgewiesen:
»Morff, Gottlieb[!] Wilhelm, Hofmaler, geschätzter Porträtist, 1771–1857.«

Sohn des württembergischen Bau- und Theatermalers Johann Jakob Morff (1738–1802) und der Magdalene Wilhelmine geb. Merck (1730–1791).

Morff ist der Schüler seines Vaters, der ihn 1788–1794 zur weiteren Ausbildung als Oppidaner in der Carlsschule bei Philipp Friedrich Hetsch studieren läßt. Studienaufenthalte in Wien, München und Paris schließen sich an. Morff lebt und arbeitet als Hofmaler in Stuttgart.
»Seine Portraite überraschen jeden Beschauer«, stellt Nagler 1840 fest, der im übrigen mitteilt, über den jetzt lebenden Maler sei wenig in Erfahrung zu bringen. Berühmt und tausendfach in Stichen, Lichtdrucken oder einfacheren Reproduktionen verbreitet ist sein 1817/18 entstandenes Uhland-Porträt, das sogar dem ansonsten porträtfeindlichen Dichter konveniert: »Auch ich bin neuerlich vom Hofmaler Morf gemahlt worden«, meldet er seinen Eltern am 16. 1. 1818, »Ich soll sehr gut getroffen seyn«.
Kerner überläßt Thorvaldsen 1819 einen der zeitgenössischen Nachstiche dieses Bildes, »zur Entwerfung einer Büste«, wie der Weinsberger Freund hofft. Sie kommt nicht zustande. – Als der Königsberger Germanist Eberhard Gottlob Hauff in der ›Urania‹ (1830) dem Nachstich des Morffschen Porträts begegnet, überdeckt er »das Bild des herrlichsten, redlichsten Mannes ... mit Küssen«.
Als Miniaturmaler ist Morff vom württembergischen König Friedrich unzählige Male aufgefordert worden, Tabatieren mit seinem Porträt zu schmücken. Berühmt sind Morffs Ölbildnisse von Schillers Lehrer Balthasar Haug, dem Botaniker Gärtner oder dem Politiker Albert Schott. Morff stirbt 84jährig an Entkräftung und wird am 7. April beigesetzt.

Totenregister der Hospitalkirche, 1851–1857. – Familienregister Stuttgart, 1808–1875, Bd 3, S. 1056. ADB, Bd XXIII, S. 227. – Thieme-Becker, Bd 25, S. 145. – G. K. Nagler, Neues allgemeines Künstler-Lexikon. München: E. A. Fleischmann 1841, Bd 9, S. 466. – Uhlands Briefwechsel. Hrsg. von Julius Hartmann. Stuttgart, Berlin: J. G. Cotta 1911–1916, Bd 2, S. 55 f., 321. – Die Hohe Carlsschule. Stuttgart: Turmhaus-Druckerei 1960, S. 204.

[Abt 1 b/71]

**Johann Friedrich Steinkopf,** geb. 17. 5. 1771 in Ludwigsburg; gest. 4. 4. 1852 in Stuttgart; beerdigt am 7. 4. 1852. – Antiquar, Sortiments- und Verlagsbuchhändler.

Gußeisernes durchbrochenes Kreuz über einem Postament aus grauem Sandstein (1853) für Steinkopf und seine zweite Frau Julie Magdalene geb. Wallot (1778–1857):

**Hier ruht in Frieden**

**Johann Friedrich Steinkopf**

..................

..................

Ältester Sohn unter 14 Kindern des Hofmalers Johann Friedrich Steinkopf (1737–1825) und der Katharina Barbara geb. Betulius (1754–1816); sie ist die Tante der Eberhardine Friederike Rapp [s. Abt 5 a/833].

Aufgewachsen im Hause des Antiquars Johann Christoph Betulius (1728–1791), seines Großvaters mütterlicherseits, in der Holzstraße 16 in Stuttgart, arbeitet Johann Friedrich Steinkopf seit 1785 gelegentlich, seit 1791 ständig in Antiquariat und Buchhandlung seines Großvaters mit. Nachdem er volljährig geworden ist (1792), übernimmt er die Firma, zahlt seine Miterben aus und erweitert die florierende Buchhandlung 1796 durch einen Verlag; 1806 erwirbt er die Druckerei von Karl Jakob Klett hinzu. Louis Hänel [s. Abt 1 b/110] wird in den vierziger Jahren Steinkopfs Nachfolger. Der Verlag produziert Württembergica; er verlegt das später berühmte Löfflersche Kochbuch. Einen besonderen Schwerpunkt bilden Erzeugnisse zur »religiösen und sittlichen Hebung und Veredelung der Jugend- und Volksbildung«: Johann Albrecht Bengel, Sixt Carl Kapff oder Philipp Friedrich Hiller sind als Autoren zu nennen. Später kommt der erfolgreiche Prediger der Stuttgarter Leonhardskirche, Ludwig Hofacker, hinzu. 1831 beginnt das Sonntagsblatt ›Der Christen-Bote‹, herausgegeben von Johann Christian Friedrich Burk, zu erscheinen, das bis 1941, bis zum Verbot durch die Nationalsozialisten, herauskommt. Christian Gottlob Barth, der Gründer der Calwer Vereinsbuchhandlung, verlegt seit 1836 die ›Jugendblätter‹ bei Steinkopf.
Einmal – durch Vermittlung von Hölderlins Jugendfreund, Christian Ludwig Neuffer – greift Steinkopf nach den Sternen des Literaturhimmels, als er auf Hölderlins Angebot einer poetischen Monatsschrift unter dem Titel ›Iduna‹ (1799) die, wie der Verleger sich ausdrückt, »in jeder Hinsicht wünschenswerthe« Mitarbeit von »Herder, Schiller, Göthe, v. Humbold, Thümmel, Fichte, Schelling« fordert. Doch Schiller macht gegenüber Hölderlin Zeitmangel geltend und rät diesem als erfahrener Herausgeber dringend von dem Plan ab. Er habe schließlich, schreibt er an Hölderlin, »nicht weniger als 5 verschie-

dene Fahrzeuge auf das klippenvolle Meer der Literatur geführt«. So scheitert das schöne Vorhaben. Neuffer wird Steinkopfs Autor, aber seine für Casualien aller Art angelegte Sammlung von Leichengesängen (›Auf den Tod eines Säuglings‹, ›Auf den Tod eines Kindes‹, usw.) mit dem Titel ›Der Christ an den Gräbern seiner Vollendeten‹ – ein Gegenstück zu der Grabliedersammlung des Kirchdorfer Pfarrherrn Michael von Jung (1835) – erscheint 1837 bei Hallberger in Stuttgart.

Johann Friedrich Steinkopf ist in erster Ehe mit Charlotte Dorothea Morstatt (1772–1800) verheiratet, in zweiter, über fünfzig Jahre lang, mit Julie Magdalene Wallot (1778–1857). Dann trennt sich »sein Geist von dieser irdischen Hülle. Sein Ende war ruhig und schmerzlos«.

Rede bei der Beerdigung des Herrn Johann Friedrich v. Steinkopf ... von Diakonus Burk. Stuttgart: J. F. Steinkopf 1852 . – NNekrD, Jg 30 v. 1852. – Hölderlin, StA, Bd 6,1. – Harald Schukraft, 200 Jahre J. F. Steinkopf in Stuttgart, in: Antiquariats-Katalog Nr. 88. 1792. 1992. 200 Jahre J. F. Steinkopf. Stuttgart: Steinkopf 1992.

[Abt 1b/77]

**Johann** Simon **Kerner,** geb. 25.2. 1755 in Kirchheim/Teck; gest. 13.6. 1830 in Stuttgart. – Botaniker; Schriftsteller.

Sohn des Gärtners Johann Michael Kerner (1730?–1798) und der Salome geb. Kettenacker (1726?–1796).

Denkmal in grauem Sandstein mit Urnennischen und Reliefverzierung auf dem Sockel unter einer Satteldachabdeckung (1831) für Kerner und seine Frau:

**IOH. SIMON v. KERNER**
**HOFRATH UND PROFESSOR**
**GEB. D. XXV. FEBRUAR**
**MDCCLV**
**GEST. D. XIII IUNI**
**MDCCCXXX.**

links:

**KINDLICHE**
**DANKBARKEIT**
**UND LIEBE**
**ERRICHTETEN**
**DIESES**
**DENKMAL.**

rechts:

**LIEBE KANN**
**NICHT**
**UNTERGEHEN**
**WAS VERWEST**
**MUSS**
**AUFERSTEHEN.**

auf der Rückseite:

**HOFRAETHIN.**
**H: KERNER**
**GB: WALZ**
**G: D. 17. DECMB. 1760.**
**G: D. 1. MAI. 1841.**

Auf der ersten »National- und Conduit-Liste von denen Herzogl. Gärttners und Stuccatorsknaben« vom 1.6. 1770, die bei der Gründung der Militair-Pflanzschule, der späteren Carlsschule, angelegt wird, figuriert Johann Kerner aus Kirchheim. In den Jahren 1770 bis 1780 ist er zunächst Zögling der Gärtnerei, dann Eleve der naturwissenschaftlichen Richtung auf der Solitude und in Stuttgart. 1780 wird er Lehrer an der Carlsschule, 1781 bis zur Auflösung der Akademie (1794) Professor für Naturgeschichte, Botanik und das Zeichnen von Pflanzen und Tieren. 1795 wird er Aufseher des Pflanzenkabinetts und des botanischen Gartens.

Johann Kerner, Mitglied zahlreicher naturwissenschaftlicher Gesellschaften des In- und Auslandes lehnt den Ruf an die Universität Jena ab und widmet sich ganz der Verzeichnung der Erscheinungsformen der Natur. 1779 legt Kerner eine Übersetzung und Bearbeitung des berühmten Reiseberichts von Vater und Sohn Forster, ›Beschreibung der Gattungen von Pflanzen, auf einer Reise nach den Inseln der Südsee gesammelt ... 1772–1775‹, bei J. B. Metzler in Stuttgart vor; er liefert eine ›Beschreibung und Abbildung der Bäume und Gesträuche, welche in dem Herzogthum Würtemb. wild wachsen‹, 1785–1792; eine ›Flora Stuttgardiensis oder Verzeichniß der um Stuttgart wild wachsenden Pflanzen‹, 1786; in sieben Folgen erscheint ›Hortus sempervirens, oder Samm-

lung der schönsten und seltensten ausländischen Pflanzen‹, 1796. Schließlich sei unter seinen zahlreichen Werken das vielbändige Katalogwerk ›Genera plantarum selectar. specierum iconibus illustrata‹ genannt, das zwischen 1811 und 1829 erscheint. Über seine Zeichnungen sagt er in einer Lieferung (1783) des Katalogs der hierorts wachsenden Bäume: »Wenn ich sage, daß ich alles nach der Natur bei ununterbrochenen Beobachtungen aufs genaueste gezeichnet, und nur an sie allein mich gehalten habe, so verlange ich doch in so lang keinen Glauben, als biß ein jeder die pünktlichste Untersuchung angestellt, und meine Zeichnungen mit der Natur (aber ganz unbefangen) verglichen haben wird.«
Georges Cuvier (1769–1832), neben Schiller der berühmteste Absolvent der Carlsschule, der Naturforscher und Begründer der wissenschaftlichen Paläontologie, benennt am Pariser Jardin des Plantes später eine Pflanze mit dem Namen seines verehrten Lehrers Johann Kerner.

Johann Jacob Gradmann, Das gelehrte Schwaben. Ravensburg: Gradmann 1802, S. 286 f. – Jöcher, Allgemeines Gelehrten-Lexicon. Fortsetzungen und Ergänzungen von Adelung, Bd 7, 1897. – Rede nach der Beerdigung des Hofraths und Professors Johann v. Kerner … gehalten von Herrn Stifts-Helfer Gerok. Stuttgart: Heinrich Mäntler jun. 1830.

Stuttgart. Von dem, gestern Nachmittag an einer Lungenlähmung erfolgten, sanften Hinscheiden unsers lieben Gatten und Vaters, des Hofraths und mehrerer Societäten Mitglieds, Professors Joh. Simeon v. Kerner, Ritters des K. CivilverdienstOrdens, benachrichtigen wir hiemit tieftrauernd unsere und die vielen in- und auswärtigen Gönner, Freunde und Bekannte des Verewigten, und bitten um stille Theilnahme. Den 14 Juni 1830. Die Hinterbliebenen.

Schwäbische Chronik v. 16.6. 1830, S. 624.

[Abt 1 b/ zwischen 77 und 89]

**Karl Jakob Theodor Leybold,** geb. 19. 3. 1786 in Stuttgart; gest. 20. 7. 1844 in Stuttgart. – Maler, Illustrator.

Schon Pfeiffer (1912) vermerkt zwischen den Nummern 77 (Kerner) und 89 (Sautter): »Grabmal fehlt«.

Sohn des Malers und Kupferstechers Johann Friedrich Leybold (1755–1838) und der Maria Friderika geb. Baumann (1765?–1822).

Leybold, der Schüler seines Vaters an der Wiener Akademie, steht als Maler besonders unter dem Eindruck Eberhard Wächters [s. Abt 5 b/ 1051]. Zwischen 1807 und 1814 weilt er mit einem Stipendium des Grafen Fries in Rom, zusammen mit Gottlob Friedrich Steinkopf, seinem nachmaligen Schwager. Dann kehrt er nach Wien und, 1821, nach Stuttgart zurück, wo er als geschätzter Porträtist arbeitet: Johann Friedrich Cotta (1824), Gustav Schwab (1825), Johann Heinrich Dannecker (1822), Friederike Dannecker (1827), Wilhelm Hauff (1825) werden von Leybold porträtiert.

Schon als Heranwachsender war Leybold in seinem Elternhaus Goethe während dessen Stuttgartaufenthalt begegnet (1797). Als er 1825 das von Goethe ausgeschriebene Preisausschreiben einer Darstellung des Charon gewinnt, sucht Goethe seinen Verleger Cotta zu veranlassen, das »auf braunen Grund getuschte« Blatt lithographieren zu lassen: »Sie verbreiten auch Ihre unermüdliche Thätigkeit über München. Sollte es nicht möglich seyn nunmehr daselbst die vortreffliche Zeichnung des Leupoldischen *Charons* lithographiren zu lassen; dieses, in der neuern Zeit vielleicht einzige, Kunsterzeugniß verdanken wir Ihrer liberalen Aufforderung. Sollte ein höchst glücklicher Erfolg des würdigen Unternehmens so ganz im Verborgenen bleiben? ...« (26. 7. 1827).

Leybold unterrichtet seit 1829 an der neuerrichteten Danneckerschen Kunstschule in Stuttgart und ist, für die letzten beiden Jahre seines Lebens, Inspektor der Staatlichen Gemäldegalerie. Er stirbt an der Wassersucht und wird am 22. Juli beigesetzt.

Totenregister der Hospitalkirche, 1834–1844. – Familienregister Stuttgart, 1808–1875, Bd 3, S. 702. – Goethe und Cotta, Briefwechsel 1797–1832. Hrsg. von Dorothea Kuhn. Stuttgart: J. G. Cotta'sche Buchhandlung Nachfolger 1979, Bd 2, S. 214. – Vollmer, Allgemeines Lexikon der bildenden Künstler. Leipzig: Seemann 1929. Bd 23, S. 166.

[Abt 1b/110]

Rudely Carl **Louis Hänel** (Haenel), geb. 15. 8. 1808 in Suhl/Thüringen; gest. 29. 5. 1847 in Stuttgart; beerdigt am 1. 6. 1847. – Buchhändler und Drukkereibesitzer.

In der liegenden Grabplatte aus rotem Sandstein fehlt 1991 die Schrifteinlage in Marmor.

Fünftes Kind des 1814 verstorbenen Kaufmanns Hänel und der Friderika geb. Morstatt aus Stuttgart, einer Schwester von Johann Friedrich Steinkopfs erster Frau [s. Abt 1b/71].

Steinkopf bringt seinen Neffen, den 13jährigen Hänel, 1821 bei der Rückkehr von der Leipziger Messe vom thüringischen Suhl nach Stuttgart und läßt ihn zunächst in Schorndorf, später in Stuttgart die Schule besuchen. 1825–1829 wird Hänel in der Buchhandlung J. F. Steinkopf ausgebildet; Gehilfe ist er in den Jahren 1829–1831 bei der Buchhandlung F. C. W. Vogel in Leipzig. Nach einer Reise durch Norddeutschland und Holland tritt Hänel 1834 als »Geschäftsgenosse und Associé« in die Buchhandlung J. F. Steinkopf ein, heiratet Marie Steinkopf (1806–1863), seine Base, die Schwester J. F. Steinkopfs; 2 Kinder. 1840 wird Hänel alleiniger Eigentümer von J. F. Steinkopf (Buchhandlung und Druckerei). Im Juli 1845 erwirbt er die Eßlinger Buchhandlung Dannheimer hinzu. 1846 wird er Buchhändlervorstand in Stuttgart, doch schon im 39. Lebensjahr, im Frühsommer 1847 bei der Rückkehr von der Leipziger Messe, ereilt ihn der Tod. Sein Nachfolger wird 1848 Friedrich August Steinkopf, der Sohn des Antiquars Ferdinand Steinkopf.
Christian Gottlob Barth, der Gründer des Calwer Verlagsvereins und Herausgeber der erfolgreichen ›Jugend-Blätter‹, beklagt, »daß der erste Begründer, Mitherausgeber und Verleger dieser Zeitschrift, Louis Hänel ... seinem schönen Berufe und seinen zahlreichen Freunden entrissen worden« sei. Stadtpfarrer Albert Knapp beschreibt am Grabe Hänels verlegerisches Credo: »Es wäre ihm eine sittliche Unmöglichkeit gewesen, sich in seiner Lectüre oder in seinem Verlag mit einer zweideutigen Romanenliteratur, oder mit den Geburten einer christusfeindlichen Neologie, oder einer ungöttlichen Politik zu befassen.«

Zum Gedächtnis des Herrn Rudely Carl Louis Hänel. Stuttgart: J. F. Steinkopf 1847. – Aus der Chronik der Familie Steinkopf. Stuttgart: J. F. Steinkopf 1898.

[Abt 1b/121]

**Carl** Wilhelm **Wolff,** geb. 4. 5. 1803 in Stuttgart; gest. 11. 5. 1869 in Stuttgart. – Pfarrer. Rektor des Stuttgarter Katharinenstifts.

Sohn des Karl Ludwig Wolff (1773 bis 1834), Verwalter des Alten Schlosses in Stuttgart, und der Johanne Christiane geb. Schmidlin (1777–1850); Schwiegersohn von Carl Friedrich Kielmeyer [s. Abt 8/1303]. Wolff ist in seiner zweiten Ehe der Stiefvater der Scherenschneiderin Luise von Breitschwert, später verh. von Walther.

Liegende Grabplatte aus grauem Sandstein für Wolff, seine Mutter und seinen mit 13 Jahren verstorbenen Sohn aus erster Ehe. Nach Pfeiffer (1912) war hier auch Wolffs Vater beerdigt worden.

**Johañe Christiane Wolff**
**geb. Schmid**
**geb. den 7. Novbr. 1777.**
**gest. den 16. August 1850**
**Der Enkel**
**Carl Ludwig Wolff**
**geb. den 25. Juni 1835**
**gest. den 26. Mai 1848**
**Dessen Vater**
**Carl Wolff**
**Rector am Katharinenstift**
**geb. den 4. Mai 1803**
**gest. den 11. Mai 1869.**

Wolff verlebt seine Kindheit in Stuttgart, im Alten Schloß, wo sein Vater eine Dienstwohnung hat. Vorbereitet durch das Obere Gymnasium, kommt er 1818 bis 1821 ins Seminar Blaubeuren; er schließt sich besonders den Mitschülern Karl August Hocheisen, Karl Adolf Schmid und Ludwig Bauer [s. Abt 6b/1086] an; Bauer macht ihn wohl am Anfang des gemeinsamen Theologiestudiums in Tübingen (1821 bis 1825) mit Eduard Mörike bekannt. Nach einem Vikariat in Winterbach, 1825, ist Wolff Hofmeister im Waadtland über dem Genfer See, 1826/27; er begegnet Viktor von Bonstetten und unternimmt 1827 eine Italienreise. Auf einer Reise nach Berlin zu Friedrich Schleiermacher, Neander und Hengstenberg begegnet er dort dem Ludwigsburger Friedrich Notter, einem Mediziner, mit dem zusammen er im Frühjahr 1829 die Rückreise nach Süden und die Weiterreise nach Wien antritt. In Weimar werden beide von Goethe empfangen, dem sie »ein Bekenntnis zur Einigung Deutschlands« entlokken. Goethe vermerkt beider Besuch unter dem 4. Mai: »Gleichfalls zweckmäßiges Lesen und Aufschlagen. Besuch von zwey Stuttgartern: Dr. Notter und Wolf.« Nach der Heimkehr erwarten Wolff ein Vikariat in Hedelfingen und sein erstes Pfarramt in Beinstein (1833–1843). Am 1. 5. 1834 heiratet er Julie Schmidlin (1813–1844), 2 Kinder, die Tochter des früheren württembergischen Innenministers Christoph Friedrich Schmidlin.

Doch – wie es im Nekrolog der ›Schwäbischen Kronik‹ heißt –: »Das Lebenswasser, das seinen Durst auf ewig stillen sollte, quoll anderswo.« Mit einer

**Todes-Anzeige.** Heute Früh 1½ Uhr starb mein lieber Mann [4921]

**Carl Wolff.**

Wenige Tage nachdem ihm vergönnt war die wohlverdiente Ruhe nach 25jähriger Amtsführung als Rector am kgl. Katharinenstift anzutreten, überfiel ihn ein Herzleiden, welches nach Verlauf von fünf Wochen seinem Leben nach eben zurückgelegtem 66. Jahr ein Ziel setzte. Diese Nachricht widmet Verwandten und Freunden sowie den zahlreichen Schülerinnen der Anstalt im Namen der Hinterbliebenen

Stuttgart, 11 Mai 1869. die Wittwe: **Marie Wolff**, geb. **Kielmeyer.**

Allgemeine Zeitung, Nr. 134 v. 14. 5. 1869, S. 2064.

Untersuchung ›Über die Zukunft der Protestantischen Kirche in Deutschland‹ (1840) und der Gesangbuch-Revision empfiehlt sich Wolff zu anderen Aufgaben als jenen, eine Landpfarre zu versehen: 1843 wird er zum Rektor des Stuttgarter Katharinen-Stifts bestellt, dem er 25 Jahre vorsteht. Hier findet dann durch Wolff der Freund und Dichter Eduard Mörike 1851 eine Anstellung, die seinen Lebensunterhalt einigermaßen sichert.
Mörike spielt auf Wolffs vielseitige Tätigkeit in einem großen Rollengedicht ›Hermippus‹ an, das 1860 entsteht und mit den kunstvollen Distichen beginnt:

Seltsames wird von Hermippus, dem römischen Weisen, dem Pfleger
  Weiblicher Jugend erzählt, Glaubliches doch, wie mir däucht.
Hundert und fünfzehn Jahre, so liest man, von stärkendem Athem
  Kindlicher Lippen genährt lebte der treffliche Greis.

Wolff hat am 17. 4. 1845 zum zweiten Mal geheiratet: Marie Charlotte verw. von Breitschwert geb. Kielmeyer (1810–1873), 1 Kind; die Tochter Carl Friedrich Kielmeyers. 1847 gibt er im Namen der Freunde Bauers ›Schriften‹ heraus, 1851 Karl Schmidlins ›Gedichte‹; 1867 erscheint ›Das alte und neue Testament. Zum Schulgebrauch‹.

Sigel, Das evangelische Württemberg, Nr. 80, 27. Nekrolog, in: Schwäbische Kronik, Nr. 125 v. 29. 5. 1869, S. 1549 f. – Goethes Werke, WA, III, 12. Bd, S. 62. – Friedrich Notter. Eduard Mörike und andere Essays. Hrsg. von Walter Hagen. Marbach: Schiller-Nationalmuseum 1966, S. 118 ff. – Eduard Mörike. 1804 · 1875 · 1975. Marbach: Deutsche Schillergesellschaft [2]1990, S. 458 ff.

[Abt 1 b/128]

Tobias **Heinrich Lotter,** geb. 14. 9. 1772 in Stuttgart; gest. 20. 2. 1834 in Stuttgart. – Tuchhändler, »Schriftsteller im Erbauungsfache«.

Sohn des Kaufmanns Tobias Ludwig Lotter (1743–1814) und der Elisabetha Dorothea geb. Keller (1750 bis 1817).

Große liegende Grabplatte aus grauem Sandstein, verwittert und abgeschlagen, für Lotter, seine Frau, seinen Bruder und dessen Frau, Archivrat Christoph Ludwig Friedrich v. Lotter (1774–1850) und dessen Frau, Franziska Wilhelmine geb. von Seeger (1776–1858), die Tochter des Carlsschulintendanten Christoph Dionysius von Seeger (1740–1808):

**....ried. v. Lotter**
**..74 †1850**
**Franziska geb. v. Seeger**
**geb. 1776 †1858.**

Aufgewachsen in dem von Heinrich Schickhardt 1614 am Stuttgarter Marktplatz Nr. 5 errichteten »Kaufhaus«, der väterlichen Tuchhandlung, die Eduard Mörike im ›Stuttgarter Hutzelmännlein‹ (1852) beschreibt: »Am Markt, gegen dem ›Adler‹ über, sieht man dermalen noch ein merkwürdiges altes Haus, vornher versehen mit drei Erkern, davon ein paar auf den Ecken gar heiter wie Türmlein stehn, mit Knöpfen und Windfahnen; hüben und drüben unterhalb der Eckvorsprünge zwei Heiligenbilder aus Stein gehauen, je mit einem kleinen Baldachin von durchbrochener Arbeit gedeckt: Maria mit dem Kind samt dem jungen Johannes einerseits und St. Christoph der Riese andererseits, wie er den Knaben Jesus auf seiner Schulter über das Wasser trägt, einen Baumstamm in der Faust zum Stab. Dies Haus – in seinen Grundfesten samt dem Warengewölb vermutlich noch dasselbige – gehörte von Voreltern her dem Grafen ...«

Die Brüder Heinrich, Friedrich und Carl Georg Lotter erhalten zunächst Privatunterricht bei einem Herrn Wolff, dann bei dem Publizisten und Landeshistoriker Philipp Wilhelm Hausleutner, Professor für Klassische Philologie, Italienisch und Erdbeschreibung an der Carlsschule. Heinrich Lotter beginnt 1786 eine Kaufmannslehre in Stuttgart. Auf seiner Bildungsreise, 1794/95, in die Schweiz, nach Sachsen und Preußen, besucht er Lavater, lernt Schiller und Jung-Stilling kennen. 1796 übernimmt er mit seinem jüngeren Bruder Carl Georg Lotter die Leitung der väterlichen Tuchhandlung und heiratet Justine Friederike *Louise* Glocker (1778–1834).

Seine Ehe bleibt kinderlos. Die ihm zur Verfügung stehenden Mittel wendet der wohlhabende Kaufmann nun an zahlreiche soziale Einrichtungen, die sich mit seinem Namen in Verbindung bringen lassen: 1805 beteiligt er sich an der Gründung der »Privatgesellschaft freiwilliger Armenfreunde«, die eine »Suppenanstalt«, eine Beschäftigungsanstalt für Kinder – die spätere »Katharinenpflege«

– aufbauen; er wirkt mit an der Einrichtung der »Marienpflege« (1813), der »Katharinenschule« (1817) und der »Paulinenpflege« zur Beköstigung der Armen. Seit 1816 überläßt er seinem Bruder die Leitung des väterlichen Geschäfts, um sich ganz seinen sozialen Aufgaben zu widmen. Wie Cotta [s. Abt 2a/170], August Hartmann [s. Abt 3b/451] und Gottlob Heinrich Rapp [s. Abt 5a/829] gehört er zu den Ratgebern der Königin Katharina von Württemberg.
Im September 1812 wird im Hause Lotter am Markt die von dem Pfarrer Carl Friedrich Adolf Steinkopf – einem Bruder Johann Friedrich Steinkopfs [s. Abt 1b/71] – initiierte »Privilegierte Württembergische Bibelanstalt« gegründet, an der sich u. a. Ludwig Gundert [s. Abt 8/1212] maßgeblich beteiligt.
Lotters Bibliographie zählt fast ein halbes Hundert von Titeln. Er beginnt 1802, noch unter der Anleitung Hausleutners, mit Arbeiten zur Erdbeschreibung und wendet dann alle Kraft darauf, »das Christenthum in der Anwendung zu fördern«, was ihm vor allem mit der erfolgreichen Reihe ›Beyspiele des Guten; eine Gallerie edler Handlungen und Charakterzüge aus der Geschichte aller Zeiten und Völker‹ zu gelingen scheint. Trostbüchlein und Sittenlehren, Beispielsammlungen für das rechte Leben, Gebete und Kinderlieder entfließen seiner rastlosen Feder – und Johann Friedrich Steinkopf in Stuttgart verlegt Auflagen über Auflagen dieser christlichen Lebenshilfen.

Familienregister Stuttgart, 1808–1875, Bd 3, S. 836. – NNekrD, Jg. 12, 1834. – Ute Liebert, Tobias Heinrich Lotter (1772–1834) Kaufmann, Wohltäter und Schriftsteller, ein Zeitgenosse Johann Friedrich Steinkopfs (1771–1852), in: Antiquariats-Katalog Nr. 88. Stuttgart: J. F. Steinkopf 1992. – Eduard Mörike, Sämtliche Werke. Hrsg. von Herbert G. Göpfert. München: Hanser ³1964, S. 1010f.

[Abt 1 b/143]

**Georg** Friedrich **Jäger,** geb. 25. 12. 1785 in Stuttgart; gest. 10. 9. 1866 in Stuttgart. – Arzt. Geologe und Paläontologe, Schriftsteller.

Sohn des Professors für Medizin und späteren kgl. Leibarztes Christian Friedrich Jäger (1739–1808) und der Luise Friederike geb. Sonntag (1743 bis 1823). Schwager von Gustav Schwab [s. Abt 7a/1141].

Stele auf Sockel aus rotem Sandstein mit dem Porträtrelief Jägers von R. Dietelbach (1866):

**GEORG FRIEDRICH**
**JAEGER**
**Dr. Med.**
**GEB. 25. DEC. 1785**
**GEST. 10. SEPT. 1866**
**CHARLOTTE**
**GEB.**
**SCHWAB**
**GEB. 11. OCT. 1794**
**GEST. 17. MAERZ 1874**

Einen »Liebling der Natur« nennt Justinus Kerner in einem Widmungsgedicht den Stuttgarter Obermedizinalrat Jäger, der ihm beim gemeinsamen Studium der Medizin in Tübingen begegnet. Georg Jäger studiert 1803 bis 1807 u. a. bei Kielmeyer Medizin und promoviert 1808 mit einer arzneikundlichen Arbeit, ›De effectu arsenici albi in varios organismos‹. Er unternimmt dann eine ausgedehnte Bildungsreise, die ihn nach Göttingen und Paris führt, wo er, empfohlen an Cuvier, in den naturwissenschaftlichen Sammlungen ausgedehnte Studien treibt. Über Südfrankreich und die Schweiz kehrt er nach Stuttgart zurück, um sich ganz der ärztlichen Praxis zu widmen. 1812 heiratet Jäger Charlotte Auguste Hoffmann (1793–1818); 4 Kinder.

Neben seiner ärztlichen Praxis beschäftigt sich Jäger angelegentlich mit geognostischen und paläontologischen Fragen, so daß ihm 1817, in der Nachfolge seines älteren Bruders und seines Vaters, das Amt eines Inspektors am Kgl. Naturalienkabinett angetragen wird. Bereits 1811 hatte er durch eine in der Folge mehrfach nachgedruckte ›Anleitung zur Gebirgskunde‹ auf sich aufmerksam gemacht; nun gelten seine Untersuchungen fossilen Knochen- und Pflanzenfunden, ihren Mißbildungen, Fragen der Fortpflanzungsweise des Ichthyosauriers, aber auch Gegenständen der Medizin und der pathologischen Anatomie. Seine wissenschaftlichen Arbeiten bringen ihm ein Lehramt am Oberen Gymnasium in Stuttgart ein, wo er zwischen 1822 und 1842 als Professor für Chemie und Naturwissenschaften unterrichtet. 1842 wird er zum Obermedizinalrat befördert. 1819 heiratet er, nach dem Tod seiner ersten Frau, Charlotte Wilhelmine Schwab (1794–1874), die jüngere Schwester Gustav Schwabs; 8 Kinder.

»Seine vielfachen Verdienste um die Paläontologie wurden dadurch anerkannt,

Grabmal Georg Friedrich Jäger [Abt. 1b/143]. Photographie aus dem Stadtarchiv Stuttgart, undatiert.

[5973]

**Todes-Anzeige.** Den vielen auswärtigen Freunden geben wir die schmerzliche Kunde daß unser geliebter Gatte, Vater, Groß- und Urgroßvater,

**Dr. Georg Friedrich v. Jäger,**

Ritter des Ordens der württemb. Krone und des königl. bayerischen Verdienstordens vom hl. Michael, Inhaber der großen goldenen Medaille von Frankreich, Obermedicinalrath, Professor der Chemie und der Naturgeschichte am obern Gymnasium und erster Aufseher des königl. Naturaliencabinets zu Stuttgart a. D., Adjunct der kaiserl. Leopold. Carol. deutschen Akademie der Naturforscher, ordentliches auswärtiges Mitglied der königl. bayer. Akademie der Wissenschaften, der „Geological Society" in London, der „American Philosophical Society" in Philadelphia, Ehrenmitglied der kais. Gesellschaft der Naturforscher zu Moskau, sowie vieler anderer wissenschaftlichen Gesellschaften und Vereine des In- und Auslandes, heute nach längerem Krankseyn im 81. Jahr seines Lebens entschlafen ist.

Stuttgart, den 10 September 1866.

Im Namen der Hinterbliebenen
die Wittwe: **Charlotte Jäger,** geb. Schwab.

Allgemeine Zeitung, Beilage, Nr. 261 v. 16. 9. 1866, S. 4292.

daß zahlreiche Arten von Versteinerungen ihm zu Ehren genannt wurden; eine südamerikanische Pflanzengattung aus der Gruppe der Synanthaceen wurde von Kunth mit der Bezeichnung Jaegeria beehrt …«

ADB, Bd XIII, S. 648. – Nekrolog, in: Württembergische naturwissenschaftliche Jahreshefte, Bd 23, 1867, S. 31 ff. – Justinus Kerners sämtliche poetische Werke. Hrsg. von Josef Gaismaier. Leipzig: Max Hesse o. J., Bd 2, S. 139 f.

[Abt 2a/165]

Ernst **Friedrich Kauffmann,** geb. 27. 11. 1803 in Ludwigsburg; gest. 11. 2. 1856 in Stuttgart (Sterbehaus: Militärstraße 10). – Lehrer und Komponist.

Sohn des Ludwigsburger Tollmeisters Johannes Kauffmann und der Wilhelmine geb. Braun.

Liegende Grabplatte mit Lyra (1856):

**E. F. Kauffmann**
**Professor am Gymnasium zu Stuttgart**
**geb. 27. Nov. 1803 – gest. 11. Febr. 1856**
**und seine Gattin**
**Marie Kauffmañ geb. Lohbauer**
**geb. 26. Apr. 1805 – gest. 29. Janr. 1861**

Als Achtjähriger begegnet Kauffmann dem ein Jahr jüngeren Eduard Mörike in der Ludwigsburger Lateinschule zum ersten Mal. Beide bleiben ein Leben lang miteinander befreundet. Mörike bekennt ihm am 30. 10. 1828: In Deiner »Atmosphäre ist etwas, das eine natürliche und unzerstörbare Verwandtschaft mit meinem Wesen hat«.
Kauffmann, der früh Waise ist, muß seine Ausbildung seit 1817 selbst in die Hand nehmen. Er arbeitet als Provisor am Ludwigsburger Waisenhaus und immatrikuliert sich im April 1826 zum Studium der Mathematik an der Universität Tübingen; finanziert werden diese Jahre durch Musikunterricht. Schon 1827 lebt er als Reallehrer in Ludwigsburg. Ein Jahr später heiratet er die Schwester Rudolf Lohbauers, Marie (1805–1861), 5 Söhne. Mörike schreibt dazu das Gedicht ›Lied eines Mädchens‹. Kauffmann ist mit David Friedrich Strauß befreundet.
1832 beteiligt sich Kauffmann am Vertrieb demokratischer Flugschriften, was am 9. 2. 1833 zu seiner Verhaftung führt, während der Mitbeteiligte Lohbauer nach Straßburg flieht. Kauffmann wird von seinem Amt suspendiert, gegen Kaution aber freigelassen, 1835 erneut verhaftet und wieder auf freien Fuß gesetzt, nachdem eine höhere Kaution hinterlegt worden ist. 1838 endlich wird er amtsenthoben und zu 4½ Jahren Festung verurteilt. Das 25jährige Regierungsjubiläum Wilhelms I. von Württemberg, zu dem politische Gefangene amnestiert werden, bringt ihm die Freiheit.
Schon in seiner Festungszeit arbeitet der tätige Mann »vom frühen Morgen bis Nachmittags vier Uhr ... ums liebe Brot ... Von vier bis neun Uhr abends studiere ich Mathematik.« Er schreibt einen ›Orbis pictus‹ (Stuttgart: Balz 1841), entwirft ein Panorama ›Die Neckarfahrt von Heilbronn bis Heidelberg‹ (Heilbronn: Drechsel 1842) und veröffentlicht verschiedene Lehrbücher der Geometrie und Stereometrie, die dem Heilbronner Reallehrer (1842–1851) ein besseres Auskommen sichern. Seine letzten Lebensjahre verbringt Kauffmann als Mathematiklehrer am Oberen Gymnasium in Stuttgart.

Die seit 1838 erscheinenden Vertonungen von Gedichten Eduard Mörikes, von denen der Dichter sagt: »Der Sand, den ich streute, er blinket wie Gold«, werden 1856, von Mörike revidiert, in vier Heften gesammelt und herausgegeben. Friedrich Kauffmann hat auch die über Generationen zusammengetragene Mörike-Sammlung Dr. Fritz Kauffmann begründet, die 1991 vom Deutschen Literaturarchiv Marbach erworben werden konnte.

Philipp Jacob Zilling, 78tes Denkmal der göttlichen Vorsehung über die Evangelische Kirche ... Ludwigsburg. Ludwigsburg 1804. – Familienregister Stuttgart, 1808–1875, Bd 11, S. 662. – Totenregister der Hospitalkirche, 1851–1857. – ADB, Bd XV, S. 473. – Eduard Mörike und seine Freunde. Stuttgart: Stadtgeschichtliche Sammlungen im Wilhelms-Palais 1965. – Hans-Ulrich Simon, Mörike-Chronik. Stuttgart: J. B. Metzler 1981.

[Abt 2a/170]

Christiane **Henriette Cotta,** geb. 19.11.1783 in Stuttgart; gest. 4.4. 1868 in Stuttgart.

Postament mit abgeschlagenem Kreuz (1992):

*
**Henriette**
**v. Cotta**
**geb: 19. Novbr. 1783.**
**gest: 4. April 1868.**
**–•–**

Das 15. Kind des Hof- und Kanzleibuchdruckers Christoph Friedrich Cotta (1724–1807) und der Rosalie Marianne Cajetane Pircker (Pyrker von Fesoe Eoer; 1737–1812), der Tochter des Konzertmeisters Franz Josef Pyrker und der von Herzog Carl Eugen auf dem Asperg inhaftierten Konzertsängerin Anna Maria Pyrker (d. i. Marianne Pirker; 1717–1782). Henriette Cotta, die jüngste Schwester des Verlegers Johann Friedrich Cotta und des Hofbuchdruckers Johann Georg Cotta stirbt ledig.

Bei Pfeiffer (1912) wird unter der Grabnummer 170 noch die Grabstätte von **Johann Georg Cotta** nachgewiesen; deren Spuren fehlen 1992. Geb. 22.3. 1761 in Stuttgart; gest. 14.7. 1836 in Stuttgart; verheiratet mit Johanne Friederike Meißner; geb. 8.3. 1773 in Leonberg; gest. 23.1. 1846 in Frankfurt/Main. Johann Georg Cotta wird 1785, als Vierundzwanzigjähriger, in die Carlsschule aufgenommen, wo er zunächst »Philosoph.« als »Bestimmung« angibt, dann aber zur Militärwissenschaft überwechselt. Er tritt wegen eines unehelich geborenen Kindes in russische Dienste, mustert als »Kaiserlich russischer Stallmeister der Garde« ab und führt nun die Hofbuchdruckerei in Ludwigsburg in der Stuttgarter Straße 22; in diesem Haus hatte die Familie Schillers 1773 bis 1776 Wohnung genommen.

Keinerlei Spuren finden sich von dem Grab des berühmteren Bruders der beiden Vorgenannten:

**Johann Friedrich Cotta,** geb. 28.4. 1764 in Stuttgart; gest. 29.12. 1832 in Stuttgart (Sterbehaus: Königstraße 42); Begräbnis 2.1.1833, vormittags 10 Uhr, auf dem Hoppenlau-Friedhof. – Verleger.

Schwager von Ernst Eugen von Hügel [s. Abt 4b/674], der Freund, der Verleger und Förderer vieler, die auf dem Hoppenlau-Friedhof um ihn versammelt bleiben: mit Rapp [s. Abt 5a/829], Lotter [s. Abt 1b/128] und Zoller [s. Abt 13b/1399] berät er die Königin Katharina bei ihren karitativen Gründungen; Johann Kerner [s. Abt 1b/77], Friedrich Kölle [s. Abt 5a/823], Georg Memminger [s. Abt 6a/1079] sind Autoren seines Verlags, Albrecht Lebret [s. Abt 5b/

Grabmal von Henriette von Cotta [Abt. 2a/170]. Photographie von Mathias Michaelis, März 1987.

995] und Friedrich Lindner [s. Abt 8 / neben 1303] Herausgeber und Übersetzer. Mit Friedrich Haug [s. Abt 2 b / 306], Wilhelm Hauff [s. Abt 3 b / 508], Hermann Hauff [s. Abt 6 a / 1060], mit Gustav Schwab [s. Abt 7 a / 1141], Wolfgang Menzel [s. Abt 13 b / 1402], aber auch mit Georg Reinbeck [s. Abt 3 b / 450], verbindet ihn die gemeinsame Arbeit an dem von ihm gegründeten ›Morgenblatt‹. Den Künstlern Leybold [s. Abt 1 b / zwischen 77 und 89] – der ihn auch porträtiert –, Wächter [s. Abt 5 b / 1051] und Müller [s. Abt 5 b / 1056] verschafft er Illustrationsaufträge; Luise Duttenhofer [s. Abt 3 b / 485] hält Goethes denkwürdigen Besuch in Stuttgart, bei dem sich die von Schiller gestiftete Verbindung zwischen dem Autor und dem Verleger festigt, in einem Scherenschnitt fest.

Cotta durchläuft das Stuttgarter Gymnasium mit dem Ziel eines Studiums der Theologie in Tübingen; doch als er die Universität bezieht, stimmt sein Vater dem nun gewählten Studium der Mathematik und Geschichte zu; später belegt Cotta auch juristische Vorlesungen. 1786 reist er mit Johann Gotthard Müller zum ersten Mal nach Paris; die Aussicht auf eine Hofmeisterstelle im Hause des Fürsten Lubomirski in Warschau hatte sich zerschlagen; dafür läßt er sich – mit einer Warschauer Abfindung ausgestattet – für kurze Zeit als Hofgerichtsadvokat in Tübingen nieder.

Am 1. 12. 1787 übernimmt Johann Friedrich Cotta in der fünften Generation das seit 1659 in der Familie geführte Verlagshaus in Tübingen, dessen Kredit in der Branche arg gesunken war. Noch im Sommer dieses Jahres hatte er sich des Rats und Beistandes des großen Philipp Erasmus Reich von der Weidemannschen Buchhandlung in Leipzig versichert. »Ob ich nun«, schreibt er an Reich, »wenn ich allen möglichen Fleis und Mühe anwende, wenn ich mich stets als ein ehrlicher Mann betrage, wenn ich nur auf guten Verlag sehe, durch meine Auffürung meine guten Freunde und Credit erhalte, ob ich nach und nach ein großes Capital werde abtragen und mich Schulden frei machen können? ist ein Zweifel, der mich schon oft wankend in meinem Entschluß, die Handlung zu übernemen, gemacht hat.«

Um Mittel flüssig zu machen, nimmt Cotta 1789 Christian Jakob Zahn aus der Familie eines Calwer Compagnieverwandten als Associé in den Verlag auf (bis 1797). Im Januar 1794 heiratet er Ernestine Philippine *Wilhelmine* Haas (1771–1821), 4 Kinder, und wenige Wochen später kommt es durch Vermittlung von Friedrich Haug zu einer Begegnung mit Schiller, der seit August 1793 in Württemberg weilte; sie wird für Cottas Verlegerschicksal entscheidend. Cotta überzeugt Schiller davon, mit ihm zusammen eine europäische Tageszeitung zu

## Todes=Anzeige.

Heute Morgen um 8 Uhr, im 69sten Jahre seines Alters, ist zu einem bessern Leben entschlafen: Johann Friedrich Freiherr v. Cotta, königl. bayerischer Kammerherr, Vize-Präsident der würtembergischen Ständeversammlung, des königl. preußischen rothen Adler-Ordens Ritter zweiter Klasse, Kommenthur des Ordens der würtembergischen Krone, Ritter des königl. bayerischen Civil-Verdienst-Ordens ꝛc. ꝛc. Tieftrauernd über diesen unersezlichen Verlust, den mit den Unterzeichneten so Viele würdigen und empfinden werden, widmen sie diese Nachricht den entfernten Verwandten, Freunden und Bekannten des Entschlafenen.

Stuttgart, den 29 December 1832.

Die Wittwe: Elise Freyfrau von Cotta, geb. Freyin von Gemmmingen-Guttenberg.

Die Kinder: Georg Freyherr von Cotta, königl. bayerischer Kämmerer;
Sophie von Cotta, geb. Freyin von Adlerflycht;
Herrmann Freyherr von Reischach;
Ida von Reischach, geb. Freyin von Cotta.

Allgemeine Zeitung, Außerordentliche Beilage, Nr. 1 v. 1. 1. 1833, S. 3.

begründen, eine ›Allgemeine Europäische Staatenzeitung‹, die den durch die Französische Revolution gewonnenen neuen Bürgerfreiheiten zum Durchbruch verhelfen soll. Schiller willigt in den von Cotta ausgefertigten Vertrag ein, bittet dem Verleger als Gegenleistung die literarische Monatsschrift ab – und verzichtet dann, aus gesundheitlichen Gründen, auf das Amt des Zeitungsredaktors. 1798 gründet Cotta als ›Neueste Weltkunde‹, zunächst mit Ernst Ludwig Posselt als Redakteur, jene überregionale Tageszeitung, die wenig später als ›Allgemeine Zeitung‹ in Stuttgart, dann in Ulm und schließlich in Augsburg fortgeführt wird und bis heute als ›Augsburger Allgemeine‹ erscheint. Cotta nimmt die ›Horen‹ in den Verlag, 1795–1797, und er wird durch dieses Blatt – wie Schiller es schon Göschen beim Angebot seines Vorhabens versprochen hatte – »der erste und bedeutendste Buchhändler in Deutschland«, denn Schiller bringt viele seiner Mitarbeiter als Autoren in den Cotta Verlag ein. Die Zeugnisse der Dankbarkeit des Verlegers gegen seinen Autor suchen ihresgleichen: »Ein Mann wie Göthe, der in Jahrhunderten kaum einmal lebt, ist eine zu kostbare Aquisition, als daß man ihn nicht, um welchen Preiß es auch sey, erkaufen sollte«, heißt es in einem Brief Schillers vom 9. 1. 1795, als das ›Horen‹-Honorar festgesetzt werden soll. Und der Verleger erklärt seinem Autor

Schiller am 27. 10. 1801, und öfters: Er habe es mit einem Mann zu tun, »der neben der Ueberzeugung, daß bei Schriftstellern wie Sie das Honorar nie ein Aequivalent für die Arbeit seyn könne und daß mithin ein Accord nie die Verbindlichkeiten des Buchhändlers in einem solchen Falle erschöpfe, sobald der Erfolg ihm noch mehr zu thun erlaubt, auch Ihre Freundschaft zu schäzen weiß.«

Hier deuten sich die neuen Bedingungen an, nach denen ein Autor nicht nur nach dem Umfang des Geschriebenen honoriert, sondern künftig auch an der Menge des Verkauften beteiligt werden soll. Die technischen Voraussetzungen für die Steigerung von Auflagen, die Senkung der Stückkosten und die breitere Bekanntmachung der Neuerscheinungen werden durch die von Cotta eingeführte Schnellpresse geschaffen, die auch seinem immer differenzierteren Zeitschriftenangebot zugute kommt, zunächst der 1807 begründeten Kultur-Tageszeitung, dem ›Morgenblatt für gebildete Stände‹, das bald durch das ›Literatur-Blatt‹, das ›Kunst-Blatt‹ und das ›Intelligenz-Blatt‹ ergänzt wird.

Johann Friedrich Cotta, über den der Nekrolog der ›Allgemeinen Zeitung‹ sagt, er habe »Vielen das Leben verschönert und erleichtert«, wird von den Zeitgenossen scherzhaft der »Napoleon unter den Buchhändlern« genannt; er steht »mit allem, was sich zur Zeit seines Wirkens geistig hervortat, in ... einflußreicher Verbindung« (David Friedrich Strauß). Und Heine sagt von ihm, ein Wort variierend, das in Goethes ›Egmont‹ auf Karl V. gemünzt ist: »Das war ein Mann, der hatte die Hand über die ganze Welt.«

Allgemeine Zeitung. Beilage, Nr. 1 v. 1. 1. 1833, S. 3.

Deutschland.

In Stuttgart verstarb am 29 Dec. Johann Friedrich Frhr. v. Cotta im 69sten Lebensjahre, umgeben von seiner liebenden Familie — Gattin, Kindern und Enkeln. Bis in seine lezten Stunden die ganze Thätigkeit seines wirkungs- und mühereichen Lebens bewahrend, hinterläßt er Deutschland eines jener seltenen Beispiele, wie Großes und Vielfaches die Kraft des Einzelnen vermag, wenn diese Kraft, durch das eigene Bewußtseyn gestählt gegen alle Entmuthigungen der Wirklichkeit, nur nach Einem ringt — so viel an ihr ist zu schaffen und zu wirken für Geist und Leben des Vaterlandes. Dis hat der Entschlafene redlich gethan, dessen Tod nun diese Blätter verkünden, die er gründete, und die mit so Vielem, was er ins Daseyn gerufen, das Andenken des edlen Mannes nicht reiner erhalten, und kein schöneres Ziel sich steken können, als auch nach seinem Tode dem Sinne seines Wirkens und Strebens getreu zu bleiben.

Cottas Auffassung vom Verlag, die Verantwortlichkeit für die geistigen und wirtschaftlichen Bedingungen seines Berufsstandes, machen ihn zum Politiker: 1815 vertritt er den deutschen Buchhandel auf dem Wiener Kongreß, dem er die Forderung unbedingter Pressefreiheit vorträgt. Im gleichen Jahr wird er Mitglied der württembergischen Ständeversammlung; hier setzt sich der »praktische und besonnene Mann« für eine zeitgemäße und liberale Regierungsform ein, nicht für »das gute, alte Recht« der altwürttembergischen Landschaft, für das sein Freund Uhland streitet. 1819 gehört Cotta zu den Mitunterzeichnern der Verfassungsurkunde. Auch die diffizilen Verhandlungen über einen Zoll- und Handelsvertrag zwischen Bayern / Württemberg und Preußen / Hessen-Kassel, 1829, fordern Cottas geschickte Hand und seinen Weitblick.

Die vielfältigen Aufgaben zehren an seinen Kräften. »Zweimal war ich auch so erschöpft, daß ich wirklich mich dem Tode nahe glaubte und mein Haus bestellte«, bekennt er am 29.12. 1823 Charlotte Schiller, »wobei ich auch Ihrer nicht vergaß – Dabei hatte ich, durch viele Gründe bestimmt, noch in Fräulein Lisette v. Gemmingen eine Lebensgefährtin für meine wenigen Jahre gewählt ...« Elisabeth Sophie von Gemmingen-Guttenberg-Bonfeld (1789 bis 1859), die Cotta vor allem wieder jüngere Autoren vermittelt, geht ihm bei seinen umfangreichen Korrespondenzen nun zur Hand; nach Cottas Tod heiratet sie Ernst Eugen von Hügel [s. Abt 4b/674].

Der Kaufmann Johann Friedrich Cotta ist seit 1818 einer der zwölf Vorsteher der württembergischen Sparkasse. Er treibt Schafzucht auf der Rauhen Alb und auf dem Hippelhof bei Heilbronn. In Baden-Baden gehört ihm – bis 1830 – das Hotel Badischer Hof. 1823 beteiligt er sich als Aktionär an der Pariser Tageszeitung Adolphe Thiers', dem liberalen ›Constitutionel‹. 1824 wird er einer der Hauptaktionäre der Bodensee-Dampfschiffahrt; er hält 20 von 132 Aktien. Je eine Aktie kaufen Dannecker und Hügel. Und wenig später erwirbt er auch Privilegien für die Schiffahrt auf dem Rhein und der bayerischen Donau. Doch die Verluste sind groß und beengen zunehmend die Wirkungsmöglichkeit des »edlen Mannes«, der seinem im gleichen Jahr gestorbenen Autor Goethe drei Jahrzehnte vorher, am 31.10. 1806, angeboten hatte:

»Solten die gegenwärtige Umstände, die in jedem Fall ausserordentliche Geldaufopferungen erheischen, Hochdenselben meine Casse von Nuzen machen, so würde ich es als einen Beweis Hochdero gnädigen Zutrauens ansehen, wenn Sie dieselbige wie die Ihrige betrachteten, und entweder auf mich zögen, oder auf andere Art disponirten. Was der Himmel in den gefahrvollsten Zeiten so schön schüzte, möge und wird er in ruhigen Tagen noch besser erhalten.«

## Stuttgart.

# Verzeichniß

der bei der Beerdigung Sr: Hochwohlgebohren, des Herrn Freiherrn von Cotta
am 2: Jan. 1833. aufgegangenen Kosten.

| | Betrag. fl. | Betrag. kr. | Dessen Empfang bescheinigen: |
|---|---|---|---|
| Dem Armenkasten für den 1ten Trauerwagen | 7. | 36. | Roth |
| Für dessen Bespannung | " | " | |
| Für das ——— Leichentuch mit dem großen weißen Kranz | 8. | " | Roth. |
| Für das Läuten der sogenannten Guldenglocke auf dem Stifts-Kirchenthurme | 5. | " | Stiftungs-Verwaltung Stuttgart |
| Der katholischen Kirchenpflege für das Leichentuch | — | | für den kranken [illegible] Stöckle? |
| Der Leichenfrau Hoppin für ihre Bemühungen überhaupt, auf 5. Tage à 1 fl. | 5. | " | für Hoppin |
| Für das Einschlagen des Leichnams | 1. | " | |
| Anwesenheit bei der Section | 1. | " | |
| Dem Schreiner Stark für den Sarg 8' ausgeschlagen? | 13. | " | |
| für dessen Auspichen | 1. | 12. | |
| für das Heruntertragen des Sargs vom Trauerhause auf die Straße, und das Aufstellen desselben auf den Trauerwagen, nebst 2. Gehülfen à 40. | 2. | — | Bürkle? |
| für das Einlegen | " | 40. | |
| für die Begleitung des Trauerwagens | " | 40. | |
| Den städtischen Leichenvorgänger Roth für Anführung des Leichenzugs für seine Nebenverrichtungen | " | 12. | Roth. |
| Dem Kanzleidiener Rupp für die Anführung des Leichenzugs | 2. | " | Hardt? |
| für den Trauerstab | 1. | " | |
| 2. Mann für das Ansagen der Leiche auf 6. Tage à 1 fl. 30 | 9. | " | |
| Sum. | 57. | 20. | |

| | Betrag. fl. | kr. | Dessen Empfang bescheinigen: |
|---|---|---|---|
| Dem Kutscher —— | | | |
| für — Trauerkutschen . . . . . . . . . | — | . | |
| Den — Begleitern der Trauerkutschen . . . | — | — | |
| Den *10.* städtischen Leichenträgern *à 1 f.* . . | *10.* | *„* | *Volz.* |
| Dem Meßner der *Hospital* Kirche für | | | |
| das Läuten der Glocke . . . . . . . | *„* | *36.* | *Georg* |
| Dem Meßner der katholischen Kirche | | | |
| für die Begleitung der Leiche . . . . . | — | — | |
| für das Läuten der Glocke . . . . . . | — | — | |
| für die Abgabe und Wiederaufbewahrung des Leichentuches der katholischen Kirche . . . | — | — | |
| Die beiden Ministranten für das Tragen des Kreuzes und des Rauchfasses u. s. w. . . . . | — | — | |
| Dem Stadtzinkenisten *Edele* | | | |
| für das Trauerblasen auf dem Stifts-Kirchenthurme | | | |
| vor der Beerdigung auf *5.* Tage *à 1 f.* | *5.* | *„* | *Edele.* |
| während der Beerdigung . . . . . . . . | *2.* | *„* | |
| Dem Seelhausvater *Fricker* | | | |
| für die Abgabe und Wiederaufbewahrung des dem Armenkasten gehörigen Leichentuchs . | *„* | *12.* | *Fricker* |
| Dem zum Ansagen des Läutens bestellten städtischen Offizianten für seine Bemühung . . | *„* | *12.* | *N. A. Rosenhans* |
| Dem Todtengräber *Aldinger* | | | |
| für die Fertigung des Grabes *[illegible]* | *2.* | *„* | *Aldinger.* |
| für das Heruntertragen des Sargs im Trauerhause *[illegible] 2. Gehilfen à 40.* | *2.* | *„* | |
| Dem Stiftungs-Verwalter für seine Bemühung | *„* | *12.* | *Würkhner* |
| Opfer zum Armenkasten . . . . . . . . | *25.* | *„* | *Georg* |
| —:— | *47.* | *12.* | |
| Zusammen —:— | *184.* | *32.* | |

Den Eintrag und die Gesezlichkeit obiger Anrechnung beurkundet: Stiftungs-Verwalter.

*Für denselben*
*Subst. Würkhner*

›Rechnungen über Leichenkosten‹ und ›Quittungen vom Jahr 1833‹ – so sind zwei Einschlagpapiere beschrieben, die das Cotta-Archiv (Stiftung der ›Stuttgarter Zeitung‹) in Marbach verwahrt. Die Blätter umschließen Aufzeichnungen über die Beerdigungskosten des Verlegers Johann Friedrich Cotta vom Januar 1833.
Ein ›Verzeichniß der bei der Beerdigung Sr. Hochwohlgebohren, des Herrn Freiherrn von Cotta am 2. Jan. 1833 aufgegangenen Kosten‹ enthält in Gulden und Kreuzern die Tarife für den 1. Trauerwagen, das Leichentuch, die Bemühungen der Leichenfrau und des Sargschreiners, der Träger und Leichenvorgänger, des Kanzleidieners Rupp »für die Anführung des Leichenzugs«, »2. Mann für das Ansagen der Leiche auf 6. Tage«. Das Läuten der Guldenglocke auf dem Turm der Stiftskirche ist ebenso kostenpflichtig wie das Läuten der Glocke auf dem Turm der Hospitalkirche, zu der der Hoppenlau-Friedhof gehört. Zehn städtische Leichenträger sind zu bezahlen, der Seelhausvater, ein städtischer Offiziant zum Ansagen des Läutens, der Totengräber und der Stiftungs-Verwalter, der die Gesamtabrechnung zu erledigen hat. Der Stadtzinkenist zum Trauerblasen vom Turm, vor und während der Beerdigung kommt hinzu – eine Summe von 104 Gulden und 32 Kreuzern.
Dazu kommen die in dem Konvolut überlieferten Einzelquittungen über 92 Gulden 57 Kreuzer für 13 Wagen mit Bedienten; für den Totengräber, »die Bretter zu legen«, für zwei Polizeidiener und eine Gabe, die offenbar »unterm Büchsenthor« gegeben wird. Rechnet man die Kleidung, den Hutmacher, die Lieferanten von »Brod« oder »Vanille Chocolade« durch Floriano Cordella hinzu, Trinkgelder nach allen Seiten auch, die sorgfältig verzeichnet werden, so ergeben sich Kosten von 282 Gulden und 58 Kreuzern, der Gulden zu 60 Kreuzern gerechnet, ergibt 16970 Kreuzer oder etwa 257 Taler.
Um die Summe in eine Relation setzen zu können, mag erwähnt sein, daß die fünfbändige Ausgabe von Schillers ›Theater‹ (1805–1808) 13 Taler kostete; Goethes Werke in 12 Bänden (1806–1808) mußten mit 23 Taler und 6 Groschen bezahlt werden oder, um ein zeitgenössisches Beispiel zu wählen: 1835 zahlte man für die häufig nachgedruckten ›Gedichte‹ Uhlands 1 Taler und 14 Groschen.

Todten-Register der Stiftskirche, 1828–1832. Johann Friedrich Freiherr von Cotta, in: Außerordentliche Beilage zur Allgemeinen Zeitung Nr. 20 und 21 v. 16. 1. 1833, S. 77 f.; Nr. 22 und 23 v. 17. 1. 1833, S. 85 f.; Nr. 40 und 41 v. 30. 1. 1833, S. 157 f. – Stammtafeln der Nachkommen des Christoph Friedrich Cotta, Hof- und Canzlei-Buchdruckers in Stuttgart. Stuttgart: Stuttgarter Buchdruckerei-Gesellschaft 1899, S. 2 f. – Albert Schäffle, Cotta. Berlin: Hoffmann & Co 1895, S. 12 ff. – Briefwechsel zwischen Schiller und Cotta. Hrsg. von Wilhelm Vollmer. Stuttgart: J. G. Cotta'sche Buchhandlung 1876, S. 437 f., 570. – Goethe und Cotta, Briefwechsel 1797–1832. Hrsg. von Dorothea Kuhn. Stuttgart: J. G. Cotta'sche Buchhandlung Nachfolger 1979, Bd 1, S. 145.

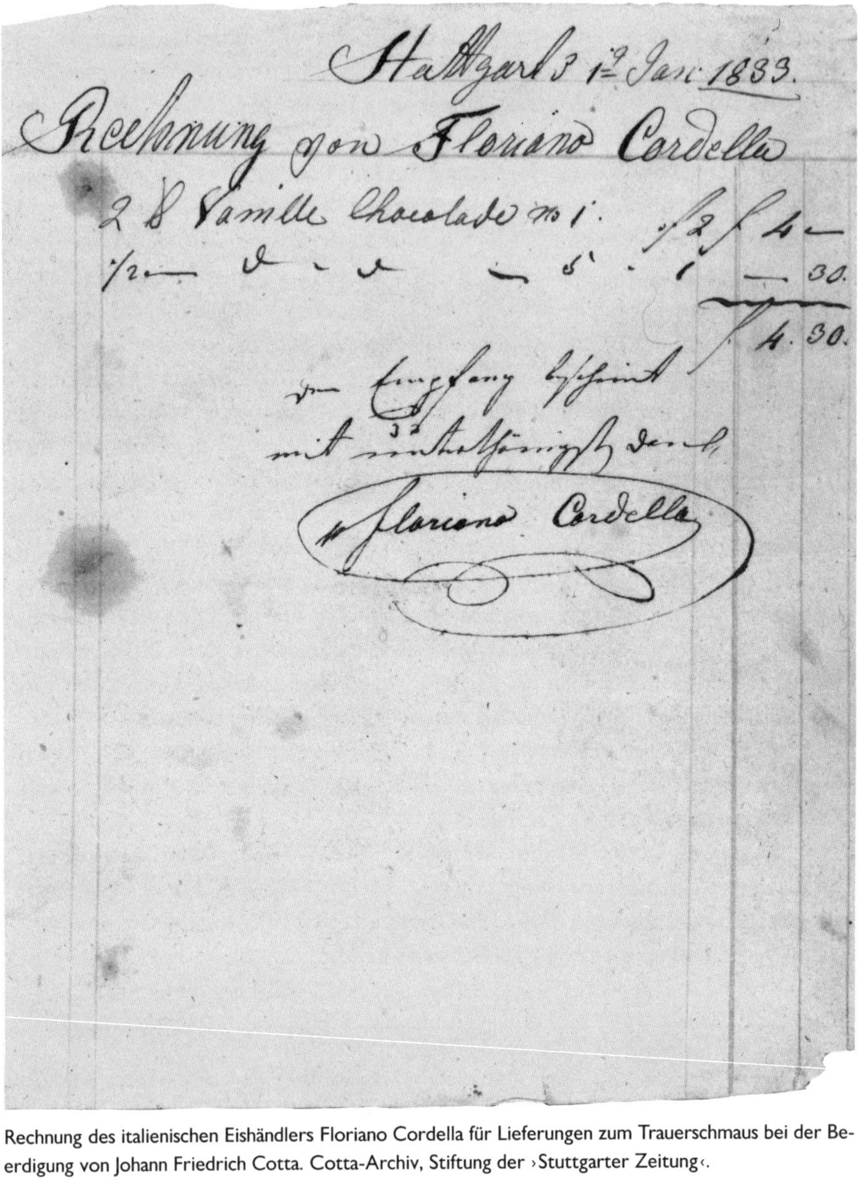

Stuttgart d. 1ᵗᵉ Jan. 1833.

Rechnung von Floriano Cordella

2 ℔ Vanille Chocolade No 1. à f 2 f 4 –

½ — d° d° — 5. 1 — 30.

f 4. 30.

den Empfang bescheint mit unterthänigstem Dank

Floriano Cordella

Rechnung des italienischen Eishändlers Floriano Cordella für Lieferungen zum Trauerschmaus bei der Beerdigung von Johann Friedrich Cotta. Cotta-Archiv, Stiftung der ›Stuttgarter Zeitung‹.

Seite 85/86 und 89/90: Aufstellung der Bestattungskosten für Johann Friedrich Cotta. Cotta-Archiv, Stiftung der ›Stuttgarter Zeitung‹.

| | | |
|---|---|---|
| Cordella | f | 4. 30. |
| Hory Spitzenmacher | " | 4. 36. |
| Reiniger | " | 4. 25. |
| × Starker | | 44. — |
| × Stiftungs Verwaltung f. sämtl. Leichenkosten | | 104. 32. |
| ~~Demari (Trauerblasen)~~ | | 2. — |
| × Freilgeld f. Sterbhemd Sterbkleid, brod | | 5. 3. |
| 1 Karren Neccar Sand | f | 1. 30. |
| | f | 170. 36 |
| An der Rechnung v. d. Stiftungs Verwaltung geschenkt | " | 13. — |
| für den bezahlenden [illegible] | f | 157. 36 |

den 9. Januar bezahlt:

| | | |
|---|---|---|
| An die Stiftungs Verwaltung | f | 91. 32. |
| — Herrn Starker | | 44. — |

den 10. Jan bezahlt

| | | |
|---|---|---|
| a. Dselle Harttle für die [illegible] mit | | 5. 3. |

den 11. Jan.

| | | |
|---|---|---|
| Laut Verzeichniß bezahlt | | 92. 57. |
| — — — | | 33. 21. |
| ~~für den Stiefvater~~ | Sum: f | 266. 53. |

| | |
|---|---|
| Transp. | f 266.53. |
| Für Brod herauf bezahlt . . . . | — 22. |
| An Herrn P. Cordella . . . . . | 4.30. |
| — — C. M. Reiniger . . . . | 4.25. |
| | f 276. 10. |
| Trinkgeld für 2 Frauen fürs Leichentuch u. das Läuten der großen Glocke . . . . . . | — 48. |
| An Herrn Schlosser Rieker | 6.— |
| | f 282.58. |

[Abt 2a/174]

Johann Gottfried **Friedrich Ritter,** geb. 24. 9. 1774 in Stuttgart; gest. 7. 5. 1843 in Stuttgart. – Stadtrat; Gelegenheitsdichter, der Panegyriker des Hauses Württemberg.

Sohn von Gottfried Tobias Ritter (1748–1793) und Johanna Friederike geb. Schnell (1755–1822).

Postament aus rotem Sandstein mit aufgesetztem gußeisernen Kreuz und Lyra:

**Friedrich Ritter**
**geb. 24. Sept. 1774. gest. 7. Mai 1843.**

Auf der Rückseite Variante des auf Schillers Todestag gedichteten ›Frühlingslieds‹ von Ritter:

**Wir wenden nun den Blick vom Grabe**
**Hinauf wohin sein Geist sich hob.**

»Eines dauerhafteren Erfolges als viele, die ihre Leier auf den höchsten Ton gestimmt haben, durfte sich der anspruchslose Friedrich Ritter erfreuen«, bemerkt Rudolf Krauß in seiner ›Schwäbischen Litteraturgeschichte‹. Krauß spielt mit dieser Feststellung nicht auf die zahlreichen Gelegenheitsgedichte an, die von der ›Ode am Sarkophage Karl Eugens‹ (1793) des Neunzehnjährigen den Bogen spannen bis zur ›Jubelfeier des Königs Wilhelm‹ (1841), als Ritter fünfundsechzig wurde. »Seinen Haupttreffer that Ritter mit dem stimmungsvollen Frühlingsliede ›Regst du, o Lenz‹, das, von Lindpaintner trefflich komponiert, zuerst bei der Stuttgarter Schillerfeier des Jahres 1830 vorgetragen worden ist, und seitdem regelmäßig dieses Fest verschönen hilft ...«
Der Berichterstatter von Cottas ›Morgenblatt für gebildete Stände‹ teilt über diese Erstaufführung an ›Schiller's Gedächtnißfeier zu Stuttgart‹ am 8. Mai mit, das ›Frühlingslied‹ habe durch den »gemüthlichen Inhalt des Textes, so wie durch die ungemein liebliche und charakteristische Komposition des Textes ... großen Beifall« gefunden:

Regst du, o Lenz, die jungen Glieder,
Erwacht aus starrer Dunkelheit,
Und kehrst in neuem Glanze wieder,
In aller Deiner Lieblichkeit?

Für Ritter, der am Vorabend von Schillers 38. Todestag stirbt, setzen die Freunde den Anfang der sechsten Strophe auf den Grabstein: In die Apotheose Schillers mischt sich das Bildnis des Dichters Ritter. Der Stuttgarter Kanzleirat Heinrich Wagner gibt bald dem Versprechen, auch des Stadtrats Ritter zu gedenken, wenn von Schiller die Rede ist, poetischen Ausdruck:

An Fr. Ritter
Wie Du beklagtest *Katharinens* Sterben;
Wie, von des Lenzes Grazien durchdrungen,

*Du* unsers *Schillers* Tod besungen; –
Wär's das nur, was wir von Dir erben,
Ein schön Gedächtniß müßt' es Dir erwerben.
Drum soll, so oft wir jene Tage feiern,
Auch Dein Gedächtniß künftig sich erneuern.

Rudolf Krauß, Schwäbische Litteraturgeschichte. Tübingen: J.C.B.Mohr 1899, Bd 2, S.161. – ›Schiller's Gedächtnißfeier zu Stuttgart‹, in: Morgenblatt für gebildete Stände, Nr. 116 v. 15.5. 1830, S.461 ff. – An Fr. Ritter, in: Heinrich Wagner, Rittersporen und Schwertlilien oder jüngste Ergüsse meiner Laune. Stuttgart: Verlag des Verfassers 1849, S.122.

[Abt 2a/175]

**Jakob Friedrich von Märklin,** geb. 12.2.1771 in Stuttgart; gest. 18.6. 1841 in Stuttgart. – Theologe. Schriftsteller.

Liegende Grabplatte aus rotem Sandstein mit eingesetzter Schriftplatte in weißem Marmor (1842):

**J.F. Maerklin**
**Prälat.**
**gest. d. 18. Juni 1841.**
**–·–**
**Eugenie Maerklin**
**geb. Rapp.**
**geb. d. 18. Nov. 1838.**
**gest. d. 20. Mai 1873.**
**–·–**

Sohn des Stuttgarter Kirchenkammerrats Friedrich August Märklin (1739–1800) und Friderika Christina Rosine geb. Rapp (1743? bis 1804). Stiftskompromotionale von Hölderlin, Schelling und Hegel; mit Hegel bleibt Märklin bis zu dessen Tod verbunden.

»Daß ich in der Lokation um die zwei Stutgarder, Hegel u. Märklin hinuntergekommen bin, schmerzt mich eben auch ein wenig«, klagt Hölderlin der »liebsten Mamma« im September 1788, »wie gut habens andre, die ununterbrochen durch solche Schulfüchsereien in ihren Studien fort machen können!« Märklin und Hegel waren im Herbst 1788 vom Oberen Gymnasium in Stuttgart ins Tübinger Stift gekommen, während Hölderlin das Denkendorfer und Maulbronner Seminar durchlaufen hatte; die »Lokation« bezeichnet die Rangordnung, errechnet aus dem Notendurchschnitt innerhalb der Klasse.
Märklin studiert in Tübingen Theologie (1788–1792/93?), wobei er sich besonders mit dem Kritizismus Kants auseinandersetzt. 1793/95 lebt er als Hofmeister in Marburg; ein Jahr später tritt er mit mehreren Erörterungen hervor, die sein Gespür für aktuelle politische Fragen erkennen lassen: ›Gedanken über die Wahl der Abgeordneten zum Wirtembergischen Landtage‹; ›Untersuchungen und Vorschläge über die Umlegung der französischen Contributionen in Wirtemberg‹; ›Versuch einer transzendentalen Erörterung der Idee der Unsterblichkeit‹; dieser letztgenannte Artikel erscheint in Niethammers ›Philosophischem Journal‹, 1796. Auf einer »literarischen Reise« nach Leipzig, Jena, Halle, Göttingen, Marburg und Frankfurt am Main begegnet er seinem Kommilitonen Schelling in Leipzig; in Jena setzt er sich mit Fichtes Wissenschaftslehre auseinander, pflegt Umgang mit Schiller und dem Historiker Woltmann, dem Juristen Mereau und seiner Frau Sophie, den Theologen Döderlein und Paulus.
Für eine theologische Laufbahn scheint alles aufs beste vorbereitet: 1797–1801 Repetent am Tübinger Stift. 1802–1807 Professor an der evang. Klosterschule zu Bebenhausen. 1807–1814 Professor im Seminar zu Maulbronn. 1814–1821

Dekan in Neuenstadt am Kocher. Seit 1821 Prälat in Heilbronn und Vertreter der Ständeversammlung. Superintendent. Nachzutragen sind hier allenfalls biographische Daten: 1802 Heirat mit Friderike Hoffmann (†1834), 2 Kinder, und die ins gleiche Jahr fallende Herausgabe einer ›Monatsschrift für Geistes- und Herzensbildung junger Frauenzimmer‹, gemeinsam mit Christian Ludwig Neuffer (Stuttgart: Steinkopf).

In einer Jakob Friedrich Märklins Sohn Christian geltenden Biographie, die dessen Mitschüler aus der Blaubeurer Geniepromotion, David Friedrich Strauß, 1850 herausbringt, wird – ausdrücklich! – der »hellen Denkart der neuen Zeit« Erwähnung getan, die den Vater ausgezeichnet habe. Strauß schreibt dort über Jakob Friedrich Märklin: »In der Ständeversammlung, wo ihm sein Amt Sitz und Stimme verlieh, hat er nicht allein die Rechte der Kirche, sondern auch die des Volkes bis zu deutlichen Zeichen fürstlicher Ungnade vertreten.« Märklin sei bis zum Eintritt des Prälaten Pahl »lange das einzige Licht der Prälatenbank« gewesen.

Strauß hat sich am 11.11.1831, drei Tage vor Hegels Tod, noch die Zulassungskarte für die Teilnahme an Hegels Vorlesungen zur Geschichte der Philosophie und Rechtsphilosophie testieren lassen. Er erinnert daran in dem Essay über ›Christian Märklin‹: »Noch bis in seine letzten Lebensjahre pflegte sich der berühmt gewordene Philosoph bei Württembergern, die ihn in Berlin besuchten, mit Anhänglichkeit nach seinem Altersgenossen [Jakob Friedrich] Märklin zu erkundigen ...« Christian Märklin ist der Adressat jenes berühmten Briefes vom 15.11.1831, in dem David Friedrich Strauß seinem Freund Märklin den Tod Hegels mitteilt. Walter Benjamin, der diesen Brief nach einem früheren, gekürzten Druck in seiner Sammlung ›Deutsche Menschen‹ aufgenommen hat, sagt darüber: »Er ist ein Treuegelöbnis an seiner Bahre, dessen Folgen die, die es ablegten, damals nicht ahnten.«

Nägele, Familienbuch Stuttgart 1700–1820. – Totenregister der Hospitalkirche, 1834–1844. – Familienregister Stuttgart, 1808–1875, Bd 14, S. 564. – Sigel, Das evangelische Württemberg, Nr. 32, 4. Hölderlin, StA, Bd 6, 1, S. 53. – Johann Jacob Gradmann, Das gelehrte Schwaben. Ravensburg: Gradmann 1802, S. 347. – David Friedrich Strauß, Christian Märklin, in: Gesammelte Schriften. Bonn: Emil Strauß 1878, Bd 10, S. 179 ff. – Walter Benjamin, Deutsche Menschen. Luzern: Vita nova 1936, S. 81. – Der Brief von Strauß an Märklin nach der Handschrift im Deutschen Literaturarchiv Marbach.

## David Friedrich Strauß an Christian Märklin

### Über Hegels Tod und Begräbnis

Berlin den 15 Nov. 1831

An wen, geliebtester Freund! soll ich es schreiben, daß Hegel todt ist als an Dich, dessen ich auch am meisten gedachte, so lang ich den Lebenden hören und sehen konnte? Zwar die Zeitungen melden es Dir wohl ehe Dich mein Brief erreicht; aber auch von mir sollst und mußt Du es hören. Ich hoffte Dir Erfreulicheres von Berlin aus schreiben zu können! Denke Dir wie ich es erfuhr. Ich hatte Schleiermachern nicht treffen können bis diesen Morgen. Da fragte er natürlich, ob mich die Cholera nicht abgeschreckt habe zu kommen, worauf ich erwiderte, daß ja die Nachrichten immer beruhigender geworden, und sie jezt wirklich auch fast zu Ende sey. Ja, sagte er, aber sie hat noch ein großes Opfer gefordert – Professor Hegel ist gestern Abend an der Cholera gestorben. Denke Dir diesen Eindruck! Der große Schleiermacher, er war mir in diesem Augenblick unbedeutend, wenn ich ihn an diesem Verluste maß. Unsre Unterhaltung war zu Ende, und ich entfernte mich eilig. Mein erster Gedanke war: nun reisest du ab, was thust du ohne Hegel in Berlin? Bald aber besann ich mich und bleibe nun. Hergereist bin ich einmal, – auf eine weitere Reise komme ich nicht mehr, und hier ist Hegel zwar gestorben aber nicht ausgestorben. Ich freue mich daß ich den großen Meister noch gehört und gesehen habe vor seinem Ende. Ich hörte beyde Vorlesungen bey ihm, über Geschichte der Philosophie und Rechtsphilosophie. Sein Vortrag gab, wenn man von allen Äusserlichkeiten absieht, den Eindruck des reinen Fürsichseyns, das sich des Seyns für Andre nicht bewußt war, d.h. es war weit mehr ein lautes Sinnen als eine an Zuhörer gerichtete Rede. Daher die nur halblaute Stimme, die unvollendeten Sätze, wie sie so augenblicklich in Gedanken aufsteigen mögen. Zugleich aber war es ein Nachdenken, wie man wohl an einem nicht ganz ungestörten Orte dazu kommen mag, es bewegte sich in den bequemsten, concretesten Formen und Beyspielen, die nur durch die Verbindung und den Zusammenhang in welchem sie standen, höhere Bedeutung erhielten. Am Freytag hatte er beyde Vorlesungen noch gehalten; Samstag u. Sonntag fielen sie ohnehin weg; am Montag war angeschlagen, daß Hegel wegen plözlicher Krankheit seine Vorlesungen aussetzen müsse, aber am Donnerstag ihre Fortsetzung anzeigen zu können hoffe, – aber noch an eben dem Montag war ihm das Ziel gesezt. Vorigen Donnerstag besuchte ich ihn. Wie ich ihm Namen und GeburtsOrt nannte, sagte er gleich: ah, ein Würtemberger! und bezeugte eine herzliche Freude. Er fragte mich nach allerley Würtembergischen Verhältnissen, in welchen er noch mit ehrlicher Anhänglichkeit lebte, zB nach Klöstern, nach dem Verhältniß von Alt- und NeuWürtembergern u. dergl. Ueber Tübingen sagte er, er höre, daß dasselbst üble und zum Theil gehässige Vorstellungen über seine Philosophie herrschten, es treffe auch hier zu, sagte er lächelnd, daß ein Profet nichts gilt in seinem Vaterlande. Von dem wissenschaftlichen Geiste in Tübingen hatte er die eigene Vorstellung, es werde das zusammengetragen was dieser und was jener von einer Sache halte, da habe Der Das darüber gesagt, ein Andrer Jenes, auch lasse sich Das noch sagen u. s. f. Es ist dieß wohl für unsre Zeit nicht mehr ganz richtig über Tübingen, – der gesunde Menschenverstand und das orthodoxe System sind positivere Mittelpunkte seiner Theologie und Philosophie. Nach Deinem Vater erkundigte sich Hegel mit vieler Theilnahme, die Erwähnung Maulbronns brachte ihn drauf, er sagte, daß er mit ihm durchs Gymnasium und die Universität gegangen. Er wußte ihn noch in Neuenstadt; als ich sagte, daß er nun Prälat in Heilbronn sey, sagte der alte Würtemberger: so, jetzt ist auch in Heilbronn ein Prälat? Wenn man Hegeln auf dem Katheder sah und hörte, so gab er sich so unendlich alt, gebückt, hustelnd u. s. w., daß ich ihn 10 Jahre jünger fand als ich aufs Zimmer zu ihm kam. Graue Haare allerdings, bedeckt von jener Mütze wie sie das Bild bey Binder zeigte, bleiches aber nicht verfallenes Gesicht, helle blaue Augen und besonders zeigten sich beym Lächeln noch die schönsten weißen Zähne, was einen sehr angenehmen Eindruck machte. Er gab sich ganz als einen guten alten Herrn, wie ich bey ihm war, und sagte am Ende, ich solle öfters bey ihm einsprechen, er wolle mich dann auch mit seiner Frau bekannt machen.

Nun morgen Mittag um 3 Uhr wird er begraben. Die Bestürzung ist ungemein auf der Universität; Henning, Marheineke, selbst Ritter lesen gar nicht, Michelet kam fast weinend auf den Katheder. Mein Stundenplan ist nun ganz zerrissen; ich weiß nicht, ob nicht vielleicht jemand die Hefte der 2 angefangenen Collegien abzulesen unternehmen wird. Sonst höre ich bey Schleiermacher die Encyklopädie, bey Marheineke den Einfluß der neueren Philosophie auf die Theologie, und jezt, da Hegels Vorlesung wegfällt, kann ich auch noch die Geschichte des kirchlichen Dogma bey ihm hören, welche er zu gleicher Stunde mit Hegel las. Bey Henning höre ich Logik, bey Michelet Encyklopädie der philosophischen Wissenschaften. Schleiermachern ist, weil er extemporirt, nicht

ganz leicht nachzuschreiben, – er hat mich überhaupt bis jezt – auch das Predigen miteingeschlossen, noch nicht besonders angezogen, – ich muß ihn zuvor mehr persönlich kennen lernen. Marheinekes Vortrag stellt man falsch dar wenn man ihn stolz und affektirt nennt, er ist sehr würdig und mit unverkennbaren Spuren von Gefühl. Auch beym Besuch hat er mich ganz befriedigt, und ich denke wohl in nähere Verbindung mit ihm zu kommen. Henning ist der aufgelegte Taffel-Taffel, er spricht ebenso hastig und hat auch äusserlich diesselbe überspannte kahle Stirne. Doch versteht er seine »Lochick«, und ist mir besonders auch durch ein Conversatorium schätzenswerth. Michelet spricht äusserst pathetisch und gefühlvoll bis zur Fistel hinauf, ist aber, bis auf ein gewisses poëtisches Bestreben, das wir ihm gerne schenkten, recht wacker. Ich habe auch nicht verfehlt, bey Ritter ein einstündiges Colleg zu hören, über die Geografie des alten Palästina. Sein Vortrag ist, so lang er im Allgemeinen versirt, aus Mangel an Begriffsvermögen etwas verworren; er kann sein System nicht weiter treiben, als zu dem Saz, dass die äussere Natur unter göttlicher Leitung auf den Menschen wirke. Auch sein Deutsch ist incorrect, er sagt z. B.: sie [Textverlust] die Ruhe, die sie während ihres Lebenswandels nicht fanden, im Tode. Bey Neander habe ich auch schon hospitirt, und seiner Darstellung vollen Beyfall schenken müssen.
Diese liebliche concrete Fülle und doch dabey die logische Ordnung und kritische Auffassung sind eine herrliche Mischung. Wie ich ihn aber (vielleicht mit einem UriasBrief vom Oheim) besuchte, war er wie ein Stock. Der freundlichste Mann hier ist aber Hitzig, der mir schon unzählige Gefälligkeiten erwiesen hat. Gestern führte er mich in eine Gesellschaft ein, in welcher namentlich Chamisso zu treffen war. Man liest Fichtes Leben vor, Chamisso ein ältlichter, langer, hagerer Mann mit einem grauen altdeutschen Haar aber kohlschwarzen Augbraunen. Im Gespräch ist er nicht viel, zerstreut, das Gesicht gräulich verziehend, aber freundlich und zuvorkommend. So hätte ich also Alles, – nur Dich mein Bester nicht und keinen der mir Dich irgend ersetzen könnte. Warum bist Du so eigensinnig fortgerannt ohne auf uns zu warten? wirst Du sagen. Um Hegeln noch zu sehen und ihm mit der Leiche zu gehen antworte ich. Sende diesen Brief Bührern, damit er meinen Eltern sagt, worauf sie begierig seyn werden, – was ich jezt nach Hegels Tode zu thun gedenke. Aber kürzer kannst Du ihn an meinen Vater u. durch den an Bührer senden, der ihn in jedem Fall bekommen soll, und bald einen eigenen. Leb wohl! Schreibe bald Deinem treuen Freund D. F. Strauß.

*Den 17ten.* Gestern haben wir ihn begraben. Um 3 Uhr hielt Marheineke als Rector im Univ.Saale eine Rede, einfach und innig, mich ganz befriedigend. Er stellte ihn nicht nur als König im Reich des Gedankens, sondern auch als ächten Jünger Christi im Leben dar. Er sagte auch, was er bey einer kirchlichen Feyer nicht würde gesagt haben, daß er, wie Jesus Christus, durch den leiblichen Tod zur Auferstehung im Geiste, den er den Seinigen gelassen, hindurchgedrungen sey. Hierauf gieng der ziemlich tumultuarische Zug vor's Trauerhaus, u. v. da zum Gottesacker. Dieser war mit Schnee bedeckt, rechts stand die Abendröthe, links der aufgehende Mond. Neben Fichte, wie er gewünscht hatte, wurde Hegel beygesezt. Ein Hofrath Fr. Förster, ein Poët u. Anhänger Hegels, hielt eine Rede voll leerer Phrasen, wie das Gewitter das lange über unsern Häuptern gestanden, u. sich schon verziehen zu wollen schien, noch mit einem zündenden Strahl und hartem Donnerschlag ein hohes Haupt getroffen; und dieß mit einem Tone, wie wenn man dem Kerl einen Sechser gegeben hätte, um das Ding geschwind abzulesen. Nachdem dieß beendigt war, trat man näher zum Grab und eine von Thränen gedämpfte aber hochfeyerliche Stimme sprach: Der Herr segne Dich pp. Es war Marheineke. Dieser Eindruck befriedigte mich wieder ganz. Beym Austritt aus dem Gottesacker sah ich einen jungen Mann weinen u. hörte ihn v. Hegel sprechen. Ich schloß mich ihm an, es war ein Jurist, vieljähriger Schüler Hegels, von dem ich zu meiner großen Freude treffliche Hefte Hegelscher Collegien, namentlich die Logik eroberte. Damit Gott befohlen D. St.

NS. Hegel hat die 2te Auflage seiner objectiven Logik noch vollendet; und diese ist in Kurzem vollends gedruckt. Von der subjectiven ist die 1te Ausgabe noch nicht vergriffen.

Adresse: Herrn Vicar Maerklin Brackenheim Koenigreich Würtemberg Franco Grenze.

[Abt 2a/213]

**Carl** Immanuel Gottlob **Pfizer,** geb. 1.1.1767 in Wildberg; gest. 20.4. 1844 in Stuttgart. – Jurist, Schriftsteller.

Postament mit unleserlicher Inschrift und herausgebrochener Schriftplatte (1992) für Pfizer und seine Frau Charlotte geb. Heyd (†1863).

Sohn des württembergischen Rats und Pflegers in Rottweil, Philipp Christian Friedrich Pfizer und der Regine geb. Daser.

Carl Pfizer, »der durch gründliche Schriften bekannte Rechtsgelehrte«, ist zunächst Amtmann, seit 1800 Obertribunalrat in Tübingen. Er publiziert über das Erbrecht, veröffentlicht die ›Beyträge zum Behuf einer neuen Criminalgesetzgebung‹ (Tübingen 1810) und stellt vergleichende Untersuchungen über das Lehensrecht in der Geschichte an (Ulm 1818). Im gleichen Jahr wird Pfizer Direktor des Appellationsgerichtshofes in Ulm, später Obertribunaldirektor in Stuttgart. Seit 1797 ist er mit Charlotte Friederike Heyd (1778–1863), 5 Kinder, verheiratet.

Berühmt geworden sind seine beiden Söhne: *Paul* Achatius *Pfizer* (1801–1867), gleichfalls Jurist, tritt mit seinem anonym erschienenen ›Briefwechsel zweier Deutschen‹, dem seine Korrespondenz mit Friedrich Notter zugrunde liegt, »für den Anschluß an Preußen als einzige Hoffnung deutscher Nationalität«, also die kleindeutsche Lösung, ein (Stuttgart: Cotta 1831) und wird in der Folge Vertreter der Stadt Tübingen im württembergischen Landtag.

*Gustav Pfizer* (1807–1890), ursprünglich zum Theologen bestimmt, übernimmt 1836 die Redaktion der ›Blätter zur Kunde der Literatur des Auslandes‹, ein Beiblatt zu Cottas Zeitung ›Ausland‹, und 1838 die Leitung des »poetischen Teils« vom ›Morgenblatt‹. 1831 kommen seine ›Gedichte‹ heraus. Er übersetzt Byron (1835/39) und in Gemeinschaft mit Friedrich Notter die englischen Romanciers Bulwer Lytton (1838/43) und George F. R. James (1838/44). 1847 wird er Professor für Literatur am Oberen Gymnasium in Stuttgart.

Familienregister Stuttgart, 1808–1875, Bd 4, S. 208. – Totenregister der Hospitalkirche, 1834–1844. – NNekrD, Jg 7, 1829. – ADB, Bd 4, 1887. – Franz Brümmer, Lexikon der deutschen Dichter und Prosaisten ... Leipzig: Philipp Reclam jun. o. J., Bd 3, S. 215.

[Abt 2a/216]

**Emilie** Zitella **Erbe, geb. Wallis verw. Schick;** geb. 19.3.1790 in Neapel; gest. 3.8.1841 in Stuttgart.

Liegender Grabstein

**Hier ruhet**
**EMILIE ERBE.**
**geb. Wallis aus Neapel**
**früher verehelichte Schick**

**geb. d. 19. März 1790**
**gest. d. 3. Aug. 1841.**

Tochter des englischen Landschaftsmalers Georg August Wallis (1768 bis 1847) und der Schottin Maria Magdalena Boyick (1765–1804); seit 1806 Frau des Malers Gottlieb Schick (1776 bis 1812), der, auf den Tod krank, an ihrer Seite 1811 von Rom nach Stuttgart reist. Wohnung: Königstraße 3 bei ihrem Schwager, dem Gastwirt, Weinhändler und Senator Heinrich Erbe (1771–1825) und seiner Frau Christiane geb. Schick (1766–1824).

Gottlieb Schick ist u.a. der Porträtist Danneckers (1798); er malt Heinrike Dannecker (1802), Wilhelmine von Cotta (1802) sowie Caroline von Humboldt und ihre Kinder (1803/04). »Ach warum kann ich Ihnen die Bilder nicht zeigen die ich so glücklich bin von ihm zu besitzen«, beklagt Caroline von Humboldt in einem Brief vom 21.1.1812 an Goethe aus Rom vorausschauend: »Dann würden Sie erst ganz wißen was die Welt an ihm verliert«. Gottlieb Schick stirbt am 7.5.1812 in Stuttgart. Seine Witwe heiratet 1825 ihren nun ebenfalls verwitweten Schwager Heinrich Erbe.

Ulrike Gauß / Christian von Holst, Gottlieb Schick. Ein Maler des Klassizismus. Stuttgart: Staatsgalerie 1976, S. 136. – Goethe und Cotta. Briefwechsel 1797–1832. Hrsg. von Dorothea Kuhn. Stuttgart: J. G. Cotta'sche Buchhandlung 1983, Bd 3/1, S. 308.

[Abt 2b/294]

**Karl** Friedrich **Kerner,** geb. 7. 3. 1775 in Ludwigsburg; gest. 12. 4. 1840 in Stuttgart. – Offizier.

An der Stelle des im Zweiten Weltkrieg zerstörten Grabmals liegt heute eine Grabplatte.

**KARL FREIHERR VON KERNER**
**MINISTER DES INNERN**
**PRÄSIDENT DES BERGRATS**
**1775 – 1840**

Sohn des Oberamtmanns und Regierungsrates Christoph *Ludwig* Kerner (1744–1799) und der *Friederike* Luise geb. Stockmayer (1750–1817); Bruder von Georg (1770–1812) und Justinus Kerner (1786–1862).

»Mein Bruder Karl«, schreibt Justinus Kerner in seinem ›Bilderbuch aus meiner Knabenzeit‹, »kam in seinem zwölften Jahr in die Carlsakademie und war zum Studium der Militairwissenschaften bestimmt, bei welchem er fest und treu verblieb. Er war von großem schlankem Körperbau mit einem schönen Ebenmaß im Gesichte und einer Würde ohne Steifheit in seinem ganzen Betragen. Sein fleißiges Studium der Militairwissenschaften, besonders aber der Mathematik, gab ihm mehr Ruhe, Ernst und Besonnenheit. Wie bei den meisten Schülern der Carlsakademie, bemerkte man auch an ihm vielseitige Bildung.«
1793 geht Kerner von der Akademie ab und dient fortan als Artillerieoffizier im württembergischen Heer. Sein Bruder Georg, der – wie Justinus Kerner schreibt – »den Sturm der Revolution in Paris mitgemacht, Wunden erhalten und der Guillotine getrotzt« hatte, gibt aus französischer Sicht dem jüngeren Bruder Ratschläge, die Schmach zu rächen, die seinem württembergischen Vaterland durch den frechen Österreicher zugefügt worden sei, während dieser gegen die Franzosen am Kniebis steht: »Charles trouvera un jour occassion de venger l'outrage fait à sa patrie par l'insolent Autrichien qui, s'il était possible qu'il reprît le dessus, sacrifierait le Wurtemberg aux fureurs de sa vengeance ...«
1803 veröffentlicht Karl Kerner eine Studie, ›Betrachtungen über die Reitende Artillerie, deren Organisation, Gebrauch und Taktik‹, mit der sich der Offizier für seine künftige militärische Laufbahn nachdrücklich empfiehlt. Die »vielseitige Bildung«, von der Justinus Kerner gesprochen hatte, gilt nun ganz dem Militärischen. »Meine poetischen Versuche verbarg ich vor ihm, da er keine anderen Gedichte als von Schiller und Seume, so verschieden diese auch von einander sind, gelten ließ«, erzählt Justinus Kerner. Karl Kerner heiratet 1810 in Niederhofen Eberhardine *Christiane* Volz, geb. Wekherlin (1766–1846), die Witwe des Amtsnachfolgers seines Vaters [Abt 2b/293] und Schwester von Schillers früh verstorbenem Mitschüler Johann Christian Wekherlin (1759 bis 1781); 1 Tochter.

Generalmajor Kerner ist 1810–1812 Unter-Intendant des Straßen-, Brücken- und Wasserbauwesens und Initiator der Kgl. Gewehrfabrik im ehemaligen Augustinerkloster von Oberndorf; der Rußland-Feldzug Napoleons wird vorbereitet, an dem er als Chef des Generalstabs und Generalquartiermeister des württembergischen Corps teilnimmt und von dem er, verwundet bei Borodino, als einer der wenigen Überlebenden zurückkehrt. Sogleich nimmt er seinen Abschied und legt – wie es von Marcus Agrippa erzählt wird – »die Werkzeuge des Kriegs ... bei Seite ..., um mit denjenigen des Friedens um so unausgesetzter seinem König und seinem Vaterlande zu dienen«.
Seine ganze Arbeitskraft wendet er nun den Verbesserungen des württembergischen Berg- und Hüttenwesens in Wasseralfingen zu. 1813 läßt er sich in Schnaitberg bei Essingen nieder, das er zu einem Mustergut ausbaut. Die Mitgliedschaft im Geheimen Rat und die kurze Zeit seiner Verwendung als Provisorischer Chef des Departement des Inneren, 1817, bleiben Episoden seines Lebens: die »technische und ökonomische Vollkommenheit« der staatlichen Eisenhüttenwerke sind seine Lebensleistung. Damals gelingt es der Wasseralfinger Gießerei, die württembergischen Wappentiere, Hirsch und Löwe, aus einer Form für den Hof des Neuen Schlosses in Stuttgart zu gießen.

NNekrD, Jg 18, 1840. – Beilage zur ›Allgemeinen Zeitung‹, Nr. 107 v. 16.4. 1840, S. 854. S. 103, 251, 368. – Justinus Kerner, Bilderbuch aus meiner Knabenzeit. Braunschweig, Vieweg 1849, Georg Kerner, Jakobiner und Armenarzt. Reisebriefe, Berichte, Lebenszeugnisse. Hrsg. von Hedwig Voegt. Berlin: Rütten & Loening 1978, S. 464. – Eugen Reinert, Freiherr Karl v. Kerner. Generalmajor, Präsident des Bergrats, 1775–1840, in: Schwäbische Lebensbilder. Stuttgart: W. Kohlhammer 1940, Bd 1, S. 303 ff.

[Abt 2b/295]

**Rudolph Moser,** geb. 23.4.1803 in Stuttgart; gest. 17.5.1862 in Stuttgart. – Finanzrat, Lokalhistoriker.

Postament aus grauem Sandstein mit eingesetzter Schriftplatte in weißem Marmor; gußeisernes Kreuz fehlt (1992):

**Hier ruht**
**unser geliebter Gatte u. Vater**
**Finanzrath**
**Dr. Rudolph Moser**
**Geheimer Secretär**
**I. M. der Königin**
**geb. d. 23.[5?] April 1803**
**gest. d. 17. Mai 1862.**

Als »Mitarbeiter des statistisch-topographischen Bureaus« führt Rudolf Krauß in seiner ›Schwäbischen Litteraturgeschichte‹ den Finanzrat Moser an, der als Geheimsekretär der Königin Pauline von Württemberg tätig ist, aber, wie Krauß schreibt, »auch auf eigene Faust ein emsiger Publizist« gewesen sei. 1842 ›Beschreibung des Oberamts Kirchheim‹; 1844 ›Beschreibung des Oberamts Göppingen‹; 1847 ›Beschreibung des Oberamts Hall‹ (sämtlich bei Cotta in Stuttgart und Tübingen).

Rudolf Krauß, Schwäbische Litteraturgeschichte. Tübingen: J. C. B. Mohr 1899, Bd 2, S. 465.

[Abt 2b/297]

**Gottliebin** Maria (Marie) **Schelling geb. Cleß;** geb. 21. 1. 1746 in Stuttgart; gest. 8. 7. 1818 in Stuttgart.

Große Grabstele aus grauem Sandstein mit Abdekkung und antikisierenden Symbolen:

**G. M. SCHELLING GEB. KLESS**
**WITTWE DES PRAELATEN SCHELLING**
**IN MAULBRONN**
**GEB. D. 21. JAN. 1746.**
**GEST. D. 8. JUL. 1818.**

— —

**IHR ENCKEL**
**KARL. AUG. FRIED. SCHELLING**
**GEB. D. 1. NOV. 1822.**
**GEST. D. 8. MAI. 1824.**

— —

**IHRE SCHWIEGERTOCHTER**
**FRIEDERICKE SCHELLING,**
**GEB. VELLNAGEL**
**GEB. DEN 19. IAN. 1793.**
**GEST. DEN 4. MERZ 1850.**

— —

**IHR SOHN**
**MED. DR. U. OBERMEDICINALRATH**
**CARL EBERHARD v. SCHELLING**
**GEB. D. 10. JANUAR 1783.**
**GEST. D. 9. MAI 1854.**

— —

Tochter des Stuttgarter Stadtpfarrers Wilhelm Jeremias Jacob Cleß (1710 bis 1757) und der Regine Dorothea geb. Rieger (1720–1757), einer Schwester des nachmals berühmten Asperg-Kommandanten, Philipp Friedrich Rieger (1722–1782), des »Peinigers Schubarts«, der 1759 bei Schiller und 1775 bei Schelling Pate stand. Tante von Nathanael Friedrich [Abt 3b/517] und Heinrich Köstlin [s. Abt 8/1236]. Frau des Magisters der Philosophie, des Orientalisten, Prälaten des Kloster Murrhardt und des Kloster Maulbronn und hzgl. württembergischen Rats, Joseph Friedrich Schelling (1737–1812); Mutter des Philosophen *Friedrich* Wilhelm Joseph Schelling (1775–1854) und des Arztes *Karl* Eberhard Schelling (1783–1854). Der Obermedizinalrat Schelling, ein Schüler Kielmeyers, war der Hausarzt der Familien Hegel, Mörike, Reinbeck u. a. 1844 diagnostizierte er Lenaus »erstes Delirium« im Hause Reinbeck. ›Zum fünfzigjährigen Doktorjubiläum des Obermedizinalrat von Schelling‹ dankt Justinus Kerner dem Arzt, der seine zunehmende Altersblindheit behandelte.

G. L. Plitt, Schellings Biograph und der Herausgeber seiner Briefe, schildert »Schelling's Mutter« als »eine Frau von bürgerlich einfachen einnehmenden Sitten, ihre Figur war klein, ihr Gesicht von weißer Farbe und regelmäßigen Zügen. Der kleine Fritz war ihr Erstgeborener und glich ihr am meisten; er hatte die blauen Augen der Mutter ...« Von ihrer Hand stammt die erste Nachricht vom Tod der Caroline Schelling, die am 7. September 1809, während eines Besuchs in Maulbronn bei Schellings Eltern, an einem mit Ruhr verbundenen Nervenfieber im Alter von 46 Jahren völlig unerwartet gestorben ist: Sie überbringe die »trauriche Nachricht, welche uns alle in den tiefsten Schmerz versezt hat, mein l. Sohn ist außer Stande die Feder zu führen, und ich seine alte Mutter muß das schmerzliche Geschäft auf mich nehmen Sie zu benachrichtigen, daß seine liebe Frau, die gute Carolina nicht mehr ist ... Sie ist gekommen, um sich hier mit uns zu freuen, und sich von den Beschwerden dieses Sommers zu erhollen, und hat ihr Grab bei uns gefunden ... « (an Meta Liebeskind, September 1809).

Als Karl Eberhard Schelling, in dessen Haus die Mutter lebte, seinem Bruder die Nachricht vom Tod der Mutter durch einen Schlaganfall mitteilt, antwortet Schelling aus München am 13.7. 1818: »Der Gedanke an sie war der aufrichtendste, den es für mich in der Welt gab.« Und dann erwähnt er eine Merkwürdigkeit, die von eng miteinander verbundenen Menschen öfters berichtet wird: »Ich hatte keine Ahnung als die allgemeine einer mir bevorstehenden Trauer, und daß ich seit acht Tagen in meinen Träumen nur mit Abgeschiednen umgieng, selbst gestern, da ich nach einer großen Ermüdung am Tage schlief; – sie freilich erinnere ich mich nicht gesehen zu haben ... Grüße alle die Unsrigen aufs Zärtlichste. Dein treuer Bruder Fritz.«

Sigel, Das evangelische Württemberg Nr. 28, 26 und Nr. 683, 6. – Totenregister der Hospitalkirche, 1812–1823. – Aus Schellings Leben. In Briefen. Hrsg. von G. L. Pitt. 3 Bde. Leipzig: S. Hirzel 1869/70. – Hamberger/Meusel, Das gelehrte Teutschland. 5. Aufl. 1798, Bd 7, S. 99f.; 5. Aufl. 1811, Bd 15, S. 286. – Caroline. Briefe aus der Frühromantik. Nach Georg Waitz vermehrt hrsg. von Erich Schmidt. 2 Bde. Leipzig: Insel 1913. – Justinus Kerners sämtliche poetische Werke in vier Bänden. Hrsg. von Josef Gaismaier. Leipzig: Hesse o. J., Bd 2, S. 137ff.

Grabmal Friedrich Haug [Abt. 2b/306]. Photographie Mathias Michaelis, 1991.

[Abt 2b/306]

Johann Christoph **Friedrich Haug,** geb. 9. 3. 1761 in Niederstotzingen bei Ulm; gest. 30. 1. 1829 in Stuttgart (Sterbehaus: Calwer Straße 19); Trauerfeier am 3. 2. 1829 in der Hospitalkirche. – Dichter, Bibliothekar.

Niedere Grabstele aus grauem Sandstein (1829); Kreuz (?) verloren (1992). Pfeiffer (1912) verzeichnet das Grab von Haug, dessen Gattin – Luise Haug geb. Stäudlin (1765–1823) – und beider Tochter, Amalie Haug (1798–1822).

**FRIEDERICH**
**HAUG**
**GEB. 9. MERZ 1761**
**GEST. 30. JAN. 1829**

Der älteste der fünf Söhne von Balthasar Haug (1731–1792), dem Lehrer und Mentor Schillers an der Carlsschule, und der Karolina Friederika geb. Elsässer (1737?–1798); Friedrich Haugs Mutter ist die Base des Großvaters von Wilhelm und Hermann Hauff [s. Abt 3b/508 und Abt 6a/1060].

Friedrich Haug besucht 1773 bis 1775 das Obere Gymnasium in Stuttgart, wo sein Vater, der »poeta laureatus«, unterrichtet, bevor er 1775 bis 1792 als Professor für Logik und Philosophiegeschichte, für deutschen Stil, Mythologie und Kunstaltertümer an die Carlsschule berufen wird. 1775 bis 1783 kommt auch der zum Theologen bestimmte Friedrich Haug als Schüler an die Carlsschule: der Student der Rechtswissenschaft ist mit Schiller befreundet, der 1773–1775 das nämliche Studienfach belegt; Dannecker, Friedrich Wilhelm von Hoven, Johann Wilhelm Petersen und Johann Rudolf Zumsteeg gehören zum Freundeskreis. 1779 empfängt Haug unter den Augen des anonym in Stuttgart weilenden Goethe eine Belobigung und die Auszeichnung durch den Titel eines »Chevalier« für außergewöhnliche Leistungen: drei Jahre später trägt er als Mitautor der ›Anthologie auf das Jahr 1782‹ zu Schillers Federkrieg gegen Gotthold Friedrich Stäudlins ›Schwäbischen Musenalmanach‹ bei, mit der bewiesen werden sollte, daß die angeblich in »Sibirien« erscheinende Literatur noch interessanter sei als die schwäbische.
Der Jurist verläßt die Carlsakademie und wird 1783 Kabinettssekretär; 1787 heiratet er Luise Henriette Stäudlin (1765–1823), eine Base jenes vorher bekriegten Almanach-Herausgebers. Die im Laufe der Zeit an diese Muse adressierten Gedichte fallen, ihrer Zahl nach, so ins Gewicht, daß sich ihr Verfasser entschließt, seinen gesammelten ›Epigrammen und vermischten Gedichten‹ (1805) eine eigene Abteilung anzuhängen: ›Gedichte an meine Gattin‹.
1792 zeichnen die Fürsten von Fürstenberg Haug mit dem Titel eines »Hof- und Pfalzgrafen« aus; ein Jahr später wird er Sekretär des Geheimen Rats von Herzog Ludwig Eugen von Württemberg und, zusammen mit Johann Christoph Schwab, Privatsekretär für dessen deutsche Korrespondenz.

Eine entscheidende Rolle gewinnt Friedrich Haug als Mitbegründer und Mitberater von Johann Friedrich Cottas ›Morgenblatt für gebildete Stände‹, 1807. Ein Jahrzehnt lang nimmt der strenge Klassizist, der witzige Epigrammatiker und geistreiche Improvisator auf die Redaktion dieser kulturellen Tageszeitung Einfluß, die sich als Bollwerk gegen die romantische Bewegung versteht. Haug zieht sich 1816 bis zu seinem Tod als Hofrat in die Öffentliche Bibliothek zurück; er ist als deren Leiter der Nachfolger seines Carlsschulfreundes Petersen.

Friedrich Haug, der unter den Pseudonymen »Frauenlob d. J.« oder »Friedrich Hophthalmos« (›Hundert Hyperbeln auf Herrn Wahls große Nase ...‹, 1804) in Zeitschriften und Almanachen veröffentlicht, bald aber auch selbständig Epigramme, Sinnsprüche, Charaden und Logogryphen, schließlich auch Fabeln zum Druck befördert, wird von Christian Friedrich Daniel Schubart 1783 – vom Asperg aus – wegen seiner »großen komischen Anlagen und eines innigen Dichtergefühls« gerühmt. Haug rechnet sich unter »Schillers wahre Verehrer und Freunde«, doch das Geständnis gegen Schiller, er »erwerbe nebenher incognito durch Scribeleien ein artiges Taschengeld« auf sein Jahresgehalt von 1400 fl. (17. 7. 1793), verdeutlicht auch die Grenzen des Gelegenheitsdichters, der heute ein Festgedicht zum Einzug des Königs in Stuttgart liefert und morgen einen »Gesellschaftssang« zur Eröffnung des Cannstatter Wasen. Jean Paul nennt Haug wohl deshalb 1819 »unter der Menge der gelehrten Menschen durch seine Gutmüthigkeit« den schätzenswertesten.

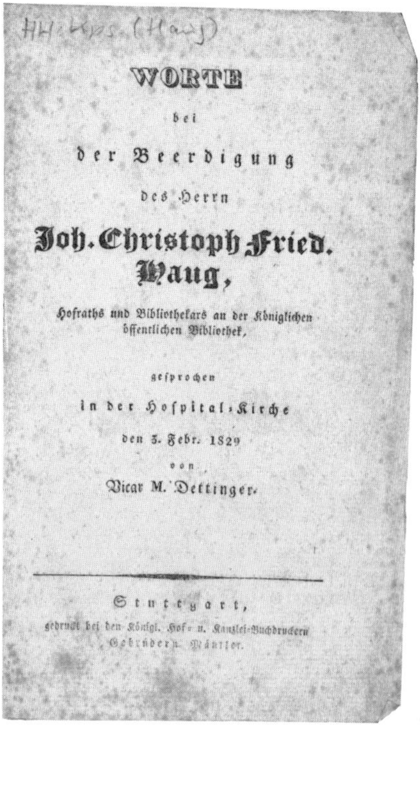
WORTE

bei

der Beerdigung

des Herrn

Joh. Christoph Fried. Haug,

Hofraths und Bibliothekars an der Königlichen öffentlichen Bibliothek,

gesprochen

in der Hospital-Kirche

den 3. Febr. 1829

von

Vicar M. Oettinger.

Stuttgart,

gedruckt bei den Königl. Hof- u. Kanzlei-Buchdruckern Gebrüdern Mäntler.

Alle geselligen Kreise Stuttgarts ziehen den witzigen, zuweilen sarkastischen Haug an: das Hartmann-Reinbecksche Haus, Georgiis Kegelgesellschaft oder das Landauersche Haus stehen ihm offen. Er ist mit Rapp befreundet, ein geschätzter Berater Cottas und gehört zu den Mitbegründern des Stuttgarter Liederkranzes, einem »Stuttgarter Verein für vierstimmigen Gesang«, wie er zunächst heißt.

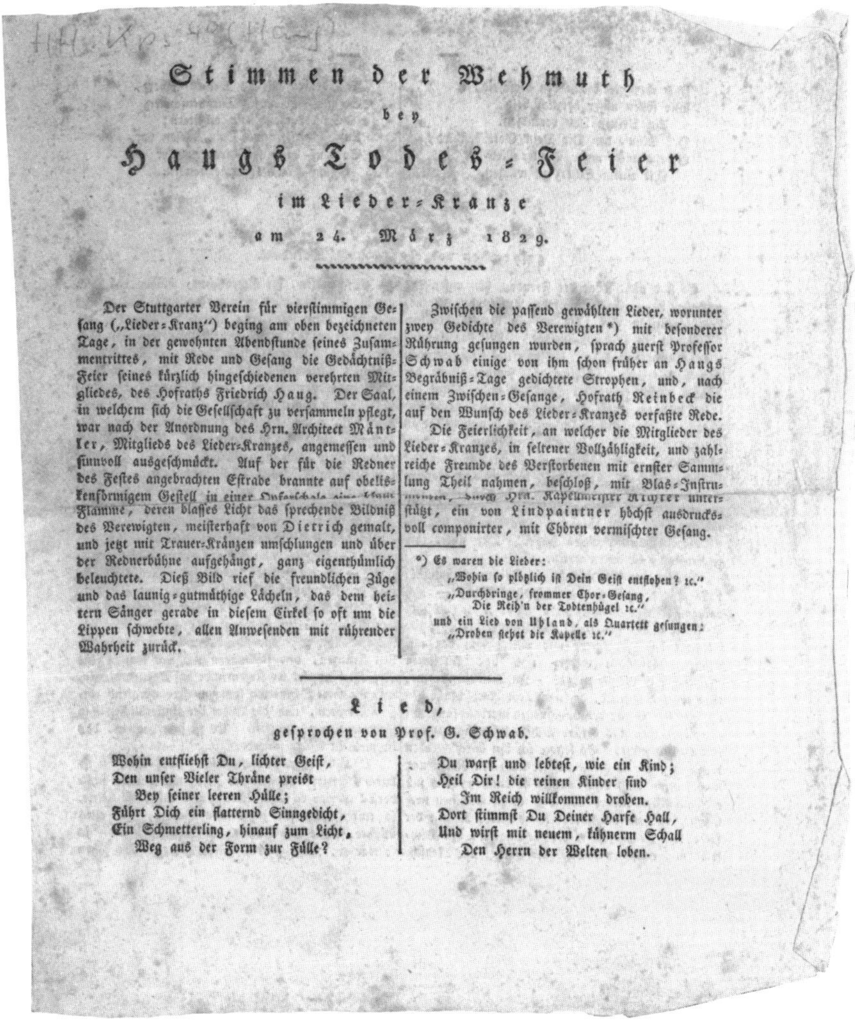

# Stimmen der Wehmuth bey Haugs Todes-Feier im Lieder-Kranze am 24. März 1829.

Der Stuttgarter Verein für vierstimmigen Gesang („Lieder-Kranz“) beging am oben bezeichneten Tage, in der gewohnten Abendstunde seines Zusammentrittes, mit Rede und Gesang die Gedächtniß-Feier seines kürzlich hingeschiedenen verehrten Mitgliedes, des Hofraths Friedrich Haug. Der Saal, in welchem sich die Gesellschaft zu versammeln pflegt, war nach der Anordnung des Hrn. Architect Mäntler, Mitglieds des Lieder-Kranzes, angemessen und sinnvoll ausgeschmückt. Auf der für die Redner des Festes angebrachten Estrade brannte auf obeliskenförmigem Gestell in einer Opferschale eine blaue Flamme, deren blasses Licht das sprechende Bildniß des Verewigten, meisterhaft von Dietrich gemalt, und jetzt mit Trauer-Kränzen umschlungen und über der Rednerbühne aufgehängt, ganz eigenthümlich beleuchtete. Dieß Bild rief die freundlichen Züge und das launig-gutmüthige Lächeln, das dem heitern Sänger gerade in diesem Cirkel so oft um die Lippen schwebte, allen Anwesenden mit rührender Wahrheit zurück.

Zwischen die passend gewählten Lieder, worunter zwey Gedichte des Verewigten *) mit besonderer Rührung gesungen wurden, sprach zuerst Professor Schwab einige von ihm schon früher an Haugs Begräbniß-Tage gedichtete Strophen, und, nach einem Zwischen-Gesange, Hofrath Reinbeck die auf den Wunsch des Lieder-Kranzes verfaßte Rede.

Die Feierlichkeit, an welcher die Mitglieder des Lieder-Kranzes, in seltener Vollzähligkeit, und zahlreiche Freunde des Verstorbenen mit ernster Sammlung Theil nahmen, beschloß, mit Blas-Instrumenten, durch Hrn. Kapellmeister Richter unterstützt, ein von Lindpaintner höchst ausdrucksvoll componirter, mit Chören vermischter Gesang.

*) Es waren die Lieder:
„Wohin so plötzlich ist Dein Geist entflohen? rc.“
„Durchdringe, frommer Chor-Gesang,
Die Reih'n der Todtenhügel rc.“
und ein Lied von Uhland, als Quartett gesungen:
„Droben stehet die Kapelle rc.“

## Lied,

gesprochen von Prof. G. Schwab.

Wohin entfliehst Du, lichter Geist,
Den unser Vieler Thräne preist
Bey seiner leeren Hülle;
Führt Dich ein flatternd Sinngedicht,
Ein Schmetterling, hinauf zum Licht,
Weg aus der Form zur Fülle?

Du warst und lebtest, wie ein Kind;
Heil Dir! die reinen Kinder sind
Im Reich willkommen droben.
Dort stimmst Du Deiner Harfe Hall,
Und wirst mit neuem, kühnerm Schall
Den Herrn der Welten loben.

Friedrich Haugs Totenfeier im Stuttgarter Liederkranz, 24.3.1829. Vollständige Wiedergabe. Deutsches Literaturarchiv Marbach.

Linke Seite: Titelblatt.

Uns aber giebst Du den Bescheid,
Wir sollen unser herzlich Leid
Um Deinen Tod verkürzen.
Der Sinn, den Dir Dein Gott beschied,
Gebeut uns, unser Trauer=Lied
Mit einem Scherz zu würzen.

Ja, denken wir an Deinen Scherz;
So muß sich unser Thränenschmerz
Zum Lächeln bald erheitern;
Und stellt sich uns Dein Wesen vor,
So muß das enge Grabes=Thor
Zum Himmel sich erweitern.

## Rede,

gesprochen von Hofrath G. Reinbeck.

Es sind nicht Töne der Freude, die unser Ohr umhallen! — Es ist nicht der Aufschwung der höheren geistigen Lust, die uns in den melodischen Rhythmen des Dichters ergreift! Mit der Cypressen=umwundenen Lyra, die von tief erschütternden Accorden erbebt, schreitet das Zwillingspaar der Musen ernsten feierlichen Schrittes einher, und geleitet uns zu einem Grabeshügel, dem noch kein Blümchen, kein Grashalm entsproß, und hängt an ihn mit wehmüthigem Lächeln den Kranz der Erinnerung auf. — Es ist das Grab eines Geweihten! O wehet milder, ihr Lüfte! Kein Sturm zerreiße diese Kränze! Halcyonische Ruhe müsse diesen Hügel umschweben! Drängt euch üppig hervor ihr keimenden Halme und Blumen, und schmückt mit unsterblichen Blüthen diesen Hügel! Der unter ihm schlummert, ist dessen werth.

Aber woher dieß Lächeln in Deinem wehmuthsvollen Blicke, o Muse des Dichtergesanges? — Ich vernehme Deine Antwort; Du sagst: „Ich hab' ihm an seiner Wiege gelächelt, und hauchte den Kuß der Weihe auf seine Lippen, und führte ihm den unschuldig lächelnden Scherz und den kindlichen Frohsinn als Gespielen zu. In meinen Harmonien reifte der Geist, der nach dem Rathschlusse des Ewigen nur in der geheimnißvollen Verknüpfung mit einer sinnlichen und veränderlichen Hülle sich zu entwickeln vermochte. So leitete ich ihn durch's Leben hienieden, und lächelnd griff er nach den Rosen und nach jedem, auch dem kleinsten Blümchen, das sich ihm am Wege darbot und das er zu erreichen vermochte, und wand sich der Kränze viele: Kränze der Liebe, der Freundschaft, der Geselligkeit, des Dichterruhms, auch der Achtung als Bürger und Mensch. — Eure Rosen, ihr Sterblichen, blühen auf Dornen! Ich vermochte nicht zu hindern, daß er an manchem Dorn sich ritzte, ja daß mancher tief in's Herz ihm drang; denn ohne Herzblut reift kein irdischer Geist! Manches liebe Auge, das ihm Wonne gelächelt hatte, sah er brechen; Freunde schieden, die ihm theuer waren; auch griff wohl der Neid tückisch nach seinen Kränzen: — er fühlte es tief; doch bald traten seine Gespielen herbey, und der Schmerz löste sich in Gesang auf. Eurem Blicke, der nicht die Hülle vom Geiste zu scheiden, ja nur den Geist in der Hülle zu schauen vermag, alterte er mit dem Fluge der Jahre; meinem Blicke blühte er in voller Jugend der höhern Reife entgegen, welche sich oft durch eine rührende Sehnsucht, die ihn durchdrang und in seinen Liedern ertönte, ihm verkündete. Und als nun — für Euern Blick zu frühe noch — der in heiliges Dunkel sich hüllende Augenblick der Verwandlung erschien, da standen ihm noch die treuen Gespielen — von keiner Schuld und keiner Gewissens=Unruhe verscheucht — zur Seite und lächelten ihm zu, und schmückten ihn mit allen seinen Kränzen, und schwangen sich mit ihm in jene Regionen empor, wo Rosen nicht auf Dornen blühen, und alle seine Schmerzen ihm nun freudestralend entgegen traten, und die Chöre der Unsterblichen ihm Willkommen zujauchzten. Es ist sein Lächeln, das in meinem Blicke schwebt."

O habe Dank, Unsterbliche! die Du ihn so durch's Pilgerleben geleitet. Ja, wie Du ihn schilderst, so war er Dein Liebling! so ruhig, so heiter, so empfänglich für jedes edle Gefühl, für alles Wahre, Gute und Schöne, so kindlich rein, — ja so war er, unser guter, guter Haug. So sahen wir ihn stets und überall, so erblickten wir ihn auch in dem Kreise, der in diesem Augenblicke, ergriffen von tiefer Rührung, ihm durch Euch, Ihr Unsterblichen, den Kranz der Erinnerung weiht: hier weiht an dieser Stätte, in die er mit seinen holden Gespielen, dem unschuldig lächelnden Scherz und dem kindlichen Frohsinn, oft eintrat und stets alle Herzen erheiterte. Es bedurfte dieser sprechenden Züge von Meister-Hand *) nicht, um sein Bild uns vorzuzaubern: Er steht vor uns mit der wohlwollenden, freundlichen, gutmüthigen Miene, mit dem feinen charakteristischen Lächeln im Blicke, wenn der stets glühende Funken dem Geist entsprühte und hell durch Kopf und Seele leuchtete, und traf, doch nie schmerzhaft verwundete.

Gewiß, es war ein ausgezeichneter Mann, der aus unserer Mitte geschieden ist, und dessen Erinnerung wir in diesem Augenblicke feiern. Ein sich selbst klarer Geist, früh gebildet durch den Genius des großen Alterthums, nicht in abstractem Wissen und Denken, im Anschauen und Fühlen; — Phantasie und Verstand im vollkommensten Gleichgewicht, keine von beiden Kräften thätig ohne die andere — leicht erregbar, ja in oft üppiger Fülle sprudelnd; — ein kindlicher Sinn für das dem gemeinen Blick Alltägliche, dem sein [illegible] irgend eine neue Seite, eine neue überraschende Form, ja oft selbst wahre Poesie abzugewinnen wußte, und dabey Blick und Schwungkraft für das Höhere; — frey von vorgefaßter Meinung; — vertraut mit dem Dichtergenius aller neuern gebildeten Nationen, denen seine Muse wohl tändelnd zuweilen selbst ihre Sprachklänge entlieh; — das Gute und Schöne willig anerkennend, wo es sich ihm auch darbieten mochte; aber feind jeder Uebertreibung, jeder hochmüthigen Einseitigkeit, jeder Mode-Thorheit im Gebiete des Geistes, die bald seinen giftlosen, doch spitzigen und scharfen Stachel fühlen mußte; — Dichter im weitern Sinne des Wortes, dem das Leben selbst, und was auch darin ihn freudig oder schmerzlich berührte, zum Gesang wurde; — begabt mit dem Zauber, der Klänge in Gedanken umwandelt, doch nicht bloß mit den Klängen spielt, sondern auch wie ein Blitzstrahl das Innerste dem überraschten Blicke enthüllt, und dieß oft mit einem einzigen glücklichen Worte; — nie verlegen um Ausdruck und Form, und in Gedanken, Ausdruck und Form um so glücklicher, je weniger vorbereitet; — und dabey Geist und Gemüth im seltensten Einklange, und daher, wie dieß dem gefährlichen Talent des Witzes sonst so leicht begegnet, niemals verletzend; — ausgezeichnet in der Gabe der Geselligkeit; — gegen Jedermann gleich freundlich; Jedem gern gefällig, Jeden zu erheitern bemüht; — gern bereit, seine Lyra auch fremden Leiden, noch lieber fremden Freuden zu leihen; — einfach und schlicht in seinem Aeußern; bei'm Bewußtseyn inneren Werthes höchst bescheiden. — Und einfach wie er selbst war auch der Gang seines äußern Lebens, doch gleichfalls nicht ohne Bedeutung. Von gebildeten Eltern im Schooße einer blühenden Natur geboren, sah er sich frühe in die herrliche Pflanzschule versetzt, die damals ein ächt fürstlicher Geist der Bildung zu Wissenschaft und Kunst in hoher Vollkommenheit hervorzauberte, und kam hier in jugendlich-innige Berührung mit Genien, nicht bloß seines Volkes, sondern aller Nationen, unter denen Mancher seinem Namen Unsterblichkeit gewann, wie ein Schiller, der schon damals seine Adlerschwingen entfaltete, und auch in unserem Freunde den Dichtergenius erkannte und ermunterte. Den bürgerlichen Beruf eröffnete ihm ehrenvoll die Gnade seines fürstlichen Wohlthäters, dessen Blick Haugs lebhafter Geist und Streben auf sich gezogen hatte, und bald sah er sich in Verhältnissen, die ihn über die gemeinen Sorgen des Lebens erhoben. Weltlicher Ehrgeiz war seine Schwäche nicht. Seine höhern Vorgesetzten wie seine Collegen waren größerntheils Zöglinge der nämlichen Anstalt und seine Jugendfreunde, und dieß trauliche Verhältniß erhielt sich für ihn, weil er nie andere als bescheidene Ansprüche darauf gründete, und so fühlte er sich behaglich in seiner Lage. Sein Beruf gewährte ihm die glückliche Muße, nach seiner Neigung der Dichtkunst sich zu weihen, der er sich im Innern ganz zu eigen gab. Auch entstand ihm der bescheidene Kranz nicht, der seinen edlern Ehrgeiz reizte; sein Name wurde mit Auszeichnung in Deutschland genannt, und welcher Ge-

*) In dem von Dietrich gemalten Bildnisse.

bildete aus der Fremde Stuttgart berührte, der brachte seinem Genius gern den ihm gebührenden Zoll, und gewann bald nicht den Genius bloß, sondern auch den Menschen lieb. — So durfte er sich eines großen ausgedehnten Kreises ferner Bekannter und Freunde unter den Ausgezeichnetern des gesammten deutschen Vaterlandes rühmen, und dieß erweckte, als ihm in den spätern Jahren eine noch ungebundenere Lage gewährt war, den Wunsch, mit diesen sich noch einmal zu erfreuen, und ihren Kreis durch die Berühmtern und Ausgezeichnetern der Gelehrten und Dichter, die er noch nicht persönlich kannte, zu erweitern. Er unternahm, nach einigen kürzern Reisen in den nähern Umgebungen Würtembergs, bey schon vorgerücktem Alter mit Jugendmuth eine weitere Reise nach Norddeutschland, und überall sah er sich mit Beweisen von Liebe und Anerkennung aufgenommen. — So kehrte er mit befriedigtem Herzen in unsere Mitte zurück, und hier wurde ihm die Freude, thätig mitzuwirken zu der seltenen und herzerhebenden Feier, welche die noch lebenden Lehrer und Zöglinge jener Pflanzschule, die seine Jugend gebildet hatte, dem Andenken ihres gemeinschaftlichen erhabenen Wohlthäters weihten: eine Huldigung gebildeter Männer und Greise für das Höchste, das der Mensch dem Menschen zu geben vermag — für ächte Bildung des Geistes und Herzens. Er sahe sich auf's lebhafteste in die glückliche Zeit der goldenen Träume versetzt, die für ihn, den Genügsamen, mehr als Träume gewesen, erblickte mehrere der Genossen dieser Zeit um sich, — und so fügte sich das letzte Glied der goldenen Kette, die nie ein Sturm gerüttelt, die kein trübender Hauch berührt hatte, an das erste Glied. Der Kreis seines Lebens war vollendet — der Todesengel nahte — er hörte das Rauschen seines Flügels von Ferne, und sang:

Oft hört' ich schon ob Sarkophagen
  Schrecklos der Schollen dumpf Geroll.
Bald ist von meines Lebens Tagen
  Vielleicht die kleine Summe voll.
Doch kämst du heut' mir's anzusagen,
  O Tod! ich hegte keinen Groll.
Wohl mir! Ich darf es ruhig wagen,
  Mit des gerührten Dankes Zoll
Zu Dem das Auge aufzuschlagen,
  Von wo mir Licht und Athem quoll.
Warum denn, Vater, sollt' ich klagen,
  Wenn Deines Engels Ruf mir scholl?
Warum vor einem Ende zagen,
  Das endlos mich beglücken soll! *)

Aber als uns nun die Kunde von seinem Hinscheiden erscholl, da überraschte sie uns Alle erschütternd; — so nahe hatten wir uns sein Scheiden nicht gedacht, und Jedem war es, als habe er in diesem Manne ein persönliches Gut verloren.

Auf einer solchen Persönlichkeit und auf solch' einem Leben weilt der Blick, wenn sie hingeschieden sind, zwar ernst, aber nicht trübe: der reine Spiegel stralt der heitern Erinnerungen so viele zurück. — Mit diesen Erinnerungen wirst Du, theurer Vollendeter! in dem Kreise Deiner Mitbürger, und vor Allem in unserm Kreise fortleben. — Nimm hin den bescheidenen Kranz, den unsre Liebe und unser Dank Dir geweiht. — Der Kranz, den Deine Muse Dir gewunden, der wird, so lange deutsche Zunge noch spricht und deutscher Geist noch denkt und deutsches Herz noch fühlt, Deinen Namen unverwelklich, — ja vielleicht selbst in erhöhter Farbenglut noch, — umblühen.

*) Gedicht von Haug im Oktober 1828.

Dieser Verein tritt auch »mit Rede und Gesang« bei Haugs Gedächtnisfeier am 24. 3. 1829 an die Öffentlichkeit. Gustav Schwab spricht ein Gedicht, Georg Reinbeck hält »die auf den Wunsch des Lieder-Kranzes verfaßte Rede«.
Haug war an Lungenlähmung gestorben.
Unter den ›Hundert Hyperbeln auf Herrn Wahls große Nase‹ (1804) heißt die neunundneunzigste:

Wahls Epithaphium

Schildert mich in keinem Trauerliede!
Weder Denkmal mir, noch Leichenstein!
Mein Verewiger, mein Nasenbein,
Rag' aus meiner Gruft, als Pyramide.

Familienregister Stuttgart, 1808–1875, Bd 2, S. 1200. – Totenregister der Hospitalkirche, 1824–1834. – Nägele, Familienbuch Stuttgart 1700–1820. – ADB, Bd XI, S. 51 f. – Herbert Meyer, Friedrich Haug, Dichter, Bibliothekar. 1761–1829, in: Schwäbische Lebensbilder, Stuttgart: W. Kohlhammer 1940, Bd I, S. 258 ff.

[Abt 2b/316]

Albrecht **Karl** Willibald **Elben,** geb. 31.7.1790 in Stuttgart; gest. 18.12.1854 in Stuttgart. – Redakteur des ›Schwäbischen Merkur‹.

Hohe, neugotische Grabstele in rotem Sandstein (1854) für Elben und seine Frau:

**Karl Elben**

**REDAKTEUR DES SCHWÄBISCHEN MERKURS. GEB. DEN 31 IULI 1790. GEST. DEN 18 DEC. 1854.**

**Wilhelmine Elben GEB. Süskind.**

**GEB. DEN 30 OCT. 1800. GEST. [den 22. April 18]40.**

Ältester Sohn unter zehn Kindern des Professors der Geographie und Gründers des ›Schwäbischen Merkur‹, Christian Gottfried Elben (1754 bis 1829) [s. Abt 2b/317], und der Sophie geb. Feuerlein (1772–1847); Neffe der Emilie Pistorius [s. Abt 4b/614].

Karl Elben wird von seinem Vater auf seinen künftigen Beruf vorbereitet, indem er ihn ein Handwerk erlernen läßt: 1804 tritt der Vierzehnjährige eine Lehre in dem Farbwarengeschäft Karl Feuerlein in Stuttgart an. Danach bereist er Deutschland, die Schweiz und Italien und übernimmt 1815 die Leitung einer Cannstatter Lederfabrik, die aber zwei Jahre später der Erweiterung des kgl. Rosensteinparkes weichen muß.
Erst jetzt kommt Karl Elben als »Geschäftsführer« zur Zeitung. 1819 hat er Wilhelmine Süskind (1800–1840), die Tochter des Oberhofpredigers Friedrich Gottlieb v. Süskind geheiratet; 3 Kinder. Mit seinem jüngeren Bruder Emil Elben (1795–1873) trennt er die »äußeren« Angelegenheiten, die jener wahrnimmt, vom Ressort der Regionalberichterstattung mit der ›Schwäbischen Kronik‹: dafür ist Karl Elben zuständig. Seit 1818 gehört eine Druckerei zum Zeitungsunternehmen.
Elben tritt publizistisch ein für den Griechenhülfsverein (1820) und den Polenverein (1830); er beteiligt sich an der Bürgergesellschaft (1823 ff.) und an der Gründung des Stuttgarter Liederkranzes (1825), der die Schillerfeiern ausrichtet; so ist Elben im »Comité für Schillers Denkmal« natürlich ebenso vertreten wie in dem Festausschuß für die Stuttgarter Gutenbergfeier (1840). Politisch setzt er sich für den Zollverein (1833 ff.) und die Ideen Friedrich Lists zum Ausbau der Eisenbahn ein.
Von einer gewiß nebensächlichen Funktion des ›Schwäbischen Merkur‹, der einflußreichsten württembergischen Tageszeitung der Zeit, berichtet Eduard Mörike seinem Freunde Hartlaub im September 1841 aus Cleversulzbach: Er sei vor ein paar Tagen »im wärmsten Sonnenschein über die Felder« gegangen,

bei sich den »SitzDeckel, verschiedene Scripturen«, den ›Schwäbischen Merkur‹, in den er Brot und Obst eingewickelt habe. Wieso auch nicht, denn: »Andere Zeitungen habe ich nicht«, bemerkte der Cleversulzbacher Pfarrherr.

Zum Andenken an Karl Elben. Stuttgart 1855. – Hermann Werner, Karl, Emil und Eduard Elben. Schriftleiter und Mitbesitzer am Schwäbischen Merkur, in: Schwäbische Lebensbilder. Stuttgart: W. Kohlhammer 1942, S. 135 ff. – Eduard Mörike, Werke und Briefe. Bd 13. Briefe 1839–1841. Hrsg. von Hans-Ulrich Simon, Stuttgart: Klett-Cotta 1988, S. 202 ff.

[Abt 2b/317]

**Christian** Gottfried **Elben,** geb. 4. 5. 1754 in Zuffenhausen; gest. 4. 2. 1829 in Stuttgart. – Historiker, Gründer und Herausgeber des ›Schwäbischen Merkur‹.

Postament aus grauem Sandstein mit aufgesetztem eisernen Kreuz (1829):

**Christian Gottfried Elben,**
**geboren den 4. Mai 1754. gestorben den 4. Febr: 1829.**

Sohn des Schulmeisters, Umgelters und Amtmanns Johann Caspar Elben (1716–1773) und der Susanne geb. Zaiser; Vater von Karl Elben [s. Abt 2b/316]; Schwager der Emilie Pistorius [s. Abt 4b/614].

»Ich hatte nach und nach allen Muth, allen LebensLust verloren«, erinnert sich Christian Elben an sein in Tübingen aufgenommenes Studium der Theologie (1771–1774), das er als Stadtstudent betrieb und wegen Geldmangels mehrmals unterbrechen mußte. Schon der Schulbesuch in Cannstatt und die Vorbereitung auf das Studium in der Lateinschule Güglingen bei Brackenheim wurden unter großen Entbehrungen überstanden (1763–1771).
Doch nun trifft den 20jährigen ein großes Unglück: 1774 wird er zwischen Zuffenhausen und Güglingen von preußischen Werbern gegriffen und zum Regiment Möllendorf nach Königsberg in der Altmark verschleppt. Als Hauslehrer macht er sich seinen dortigen Hausleuten nützlich, so daß er, 1778 bei der Heimkehr nach Württemberg, im Hause des Stuttgarter Regierungsrats Carl Friedrich Feuerlein (1730–1808) in dessen vielköpfiger Familie sein Auskommen als Hauslehrer und bald auch eine Braut findet.
1779 macht Elben den Magister in Tübingen. 1784 legt er eine ›Einleitung in die Geschichte des teutschen Ordens‹ vor, über deren Wirkung er mitteilt: »Dieß gab mir einen literarischen Namen, aber nicht großen Lohn.« 1785 erscheint: ›Sammlungen für die Geschichte des Hoch- und Teutschmeistertums‹.
So eröffnet Elben am 3. Oktober 1785 unter dem Privileg und in Fortsetzung des bei Mäntler bis 1783 erschienenen ›Stuttgarter Merkurs‹ die politische Zeitung ›Schwäbischer Merkur‹, »verfaßt, gedruckt und verlegt von Elben«. Zwei Jahre später, 1787, erneuert Herzog Carl Eugen das Privilegium für die um die Beilage ›Schwäbische Chronik‹ vermehrte Zeitung gegen die Zusicherung, Zeitung und Beilage in der Akademie, d. h. in der herzoglichen Druckerei, herstellen zu lassen. Zensurfreiheit wird mit der Bemerkung eingeräumt, »daß es bei Elben mit geringerer Gefahr als bei dem Hofdichter Schubart geschehen könne«. Zur bestimmteren Befestigung des Zeitungsmachers in der Hierarchie des Herzogtums erhält Elben 1788 eine Professur für Geographie an

der Carlsschule, die er – bis 1794 – mit einem vielbesuchten collegium novellissimum, einer Vorlesung über die neuesten Weltereignisse, wahrnimmt. Am 1. 10. 1789 heiratet Elben *Sophie* Karolina Auguste Magdalena *Feuerlein* (1772 bis 1847); 10 Kinder.

Die Elbensche Gründung, die bis 1941 besteht, wird bald die einflußreichste Zeitung in Württemberg; ihr Herausgeber ist zunächst ihr einziger Mitarbeiter. Doch dann kommen Gustav Schwab, Albert Schott, Georg Memminger, Theodor Plieninger, Hermann Hauff u. a. als Beiträger hinzu. Schon die erste Ausgabe von 1785 enthält einen Nekrolog. Er gilt einem berühmten Rechtslehrer und Häftling Carl Eugens, an dessen »Schicksale« erinnert wird:

»Zu Stuttgart starb den 30. September Nachts um halb zwölf Uhr an einem Schlagfluß, ohne vorher krank zu seyn, der berühmte Johann Jakob von Moser, Königlich Danischer Etats-Rath; ein Mann, der in Allem ausserordentlich war, ausserordentliche Gesundheit und Geistes-Kräften besas, ausserordentliche Schicksale erlebte, ausserordentlich Vieles arbeitete, dessen Fähigkeiten sich früher entwickelten als bei Andern ...« Mosers Bibliographie umfaßt 600 selbständige Veröffentlichungen.

Im Tübinger Stift findet der ›Schwäbische Merkur‹ kritische Leser; Hölderlin schreibt im Juni 1792 an seine Schwester Heinrike: »Nun wird's bald sich entscheiden zwischen Frankreich und den Oestreichern. In der Elbischen Zeitung heißt es zwar schon, die Franzosen seien total geschlagen – aber wohlgemerkt!! die Nachricht ist von Koblenz aus, dem man nie ganz glauben darf, sobald die Nachricht vorteilhaft lautet für die Oestreicher ...«

Über Schillers Tod meldet das Blatt unter dem 17. Mai 1805: »In Weimar ist der berühmte Schriftsteller Hofrat Schiller, ein Württemberger, gestorben; ein heftiges SeitenStechen u. BlutHusten war es, das gestern Abend (9. Mai) Sch. dahinraffte. Er kränkelte schon lange. Unser Hof, unsre Stadt u. besonders Göthe empfingen diesen Verlust mit inniger Theilnahme.«

Familienregister Stuttgart, 1808–1875, Bd I, S. 1089. – NNekrD, Jg 1, 1823. – Gradmann, Das gelehrte Schwaben ... Ravensburg: Gradmann 1802, S. 120 f. – Hölderlin, StA Bd 6, 1, S. 77. – Otto Elben, Geschichte des Schwäbischen Merkurs. 1785–1885. Stuttgart: P. Neff 1885, S. 1 ff. und nach S. 160.

[Abt 3b/418]

**Carl von Martens,** geb. 12.6.1790 auf Gut Miravecchia bei Dolo in Venetien; gest. 25.12. 1861 in Stuttgart. – Generalmajor, Militärschriftsteller.

Sohn des Kgl. dänischen Generalkonsuls in Venedig, Wilhelm Conrad von Martens und der Luise Marianne geb. von Scheler (* 1765).

Stehendes Denkmal auf Sockel aus grauem Sandstein mit Witterungsschäden (1992):

**Hier ruht**
**Carl v. Martens**
**Generalmajor**
**geb: den 12. Juni 1790.**
**gest: den 25. Dec. 1861.**
**.................**
**.................**

Auf derRückseite:

**Dem**
**unvergeßlichen Vater**
**in**
**dankbarer Liebe.**

Der seit 1808 in württembergischen Diensten stehende Martens macht 1812 als Brigadeadjutant beim Infanterieregiment Kronprinz den russischen Feldzug mit, wobei er sich bei Borodino auszeichnet. In der Folge beteiligt er sich an den Feldzügen der Koalitionsarmee gegen Napoleon und »rückt«, wie es in der ›Allgemeinen Zeitung‹ vom 25.12. 1861, Beilage zu Nr. 359, gemeldet wird, »bis zum Rang eines Hauptmanns vor ... Zum Stabsofficier und zum Generalmajor stieg er im Frieden empor, und befehligte nach seinem Ausscheiden aus der Linie das Landjägercorps«. 1859 wird der Veteran noch einmal reaktiviert. Als der württembergische Kriegsminister v. Miller »als Truppencommandant mit ausmarschirte«, wird Martens als dessen Stellvertreter »nochmals auf kurze Zeit in Thätigkeit versetzt«. Gerühmt werden Martens' Arbeiten als Militärtheoretiker: 1824 legt er nach dem in St. Petersburg erschienenen Werk von Cancrin eine ›Lehre der Militärverpflegung und ihre Verbindung mit den Operationen‹ vor. Er schreibt eine ›Allgemeine Geschichte der Türkenkriege in Europa, von 1356 bis 1812‹ (1829), eine Geschichte der Kriegsereignisse in Württemberg vom ausgehenden Mittelalter bis 1815 (1847) und eine aus den Akten gearbeitete ›Geschichte des Hohentwiel‹ (1857).

Familienregister Stuttgart, 1808–1875, Bd 6, S. 50. – ADB, Bd XX, S. 471 f. – Allgemeine Zeitung, Beilage zu Nr. 359 v. 25.12. 1861, S. 5885.

[Abt 3b/423]

**Eduard** Heinrich **Kausler,** geb. 20. 8. 1801 in Winnenden; gest. 27. 8. 1873 in Stuttgart. – Historiker, Literaturwissenschaftler.

Liegende Grabplatte aus rotem Sandstein; der bei Pfeiffer (1912) erwähnte Grabstein für Kauslers Vater ist 1992 nicht mehr vorhanden.

**Dr. Eduard Kausler**
**geb. 20. Aug. 1801.**
**gest. 27. Aug. 1873.**

Sohn des Oberregierungsrats Christian Kausler (1761–1822) und der Friederike Magdalene geb. Reinfelder verw. Consbruch (1776–1837); ihr erster Mann, Georg Friedrich Consbruch, war der Sohn von Schillers medizinischem Lehrer, Johann Friedrich Consbruch (1736–1810); Bruder von Rudolf Kausler [s. Abt 3b/503].

Studium der Jurisprudenz in Tübingen, Göttingen, Berlin; daneben beschäftigt sich Kausler mit dem deutschen und romanischen Mittelalter. Seit 1826 ist er Vizedirektor des Geh. Kgl. Haus- und Staatsarchivs in Stuttgart. Kausler ediert eine Reihe bedeutender Literaturdenkmäler aus verschiedenen europäischen Sprachen und beteiligt sich maßgebend an der Gründung des ›Litterarischen Vereins zu Stuttgart‹ (1839), der sich die Herausgabe älterer Drucke und Handschriften zum Ziel setzt; bis 1891 erscheinen 316 Bände. – 1839 ›Assisses du Royaume de Jérusalem‹; 1840, gemeinsam mit seinem Bruder Rudolf Kausler, Wilhelm von Tyrus' ›Geschichte der Kreuzzüge und des Königreichs Jerusalem‹; 1840–1866 ›Denkmäler altniederländischer Sprache und Literatur‹, 3 Bde; 1846–1852 Garcia de Resende ›Cancioneiro geral. Altportugiesische Liedersammlung‹, 3 Bde; unter seinen »litterarischen Arbeiten« gilt indessen ein historisches Quellenwerk als das bedeutendste, das ›Wirtembergische Urkundenbuch‹, 1849–1871 in drei Bänden erschienen.

ADB, Bd XV, S. 508f. – Auskünfte der Evangelischen Gesamt-Kirchengemeinde Winnenden.

[Abt 3b/443]

**Carl Konrad Freiherr von Thumb-Neuburg;** geb. 28. 1. 1785 in Stuttgart; gest. 28. 11. 1831 in Stuttgart. – Kammerherr, Erbmarschall. Schriftsteller.

Sohn des Oberlieutenant Friedrich Freiherr v. Thumb-Neuburg (†1799) und der Wilhelmine Luise geb. von Woellwarth (1762–1799).

Liegende Platte für Thumb-Neuburg und seine Gemahlin:

**CARL CONRAD von THUMB=**
**NEUBURG**
**–•–**
**geboren d. 28. Januar 1785.**
**gestorben d. 28. Novbre. 1831.**
**–•–**

Ausgebildet an einer Privaterziehungsanstalt in Dessau sowie am dortigen Forstinstitut, dient er dem Kurfürsten Friedrich von Württemberg für kurze Zeit (1803) als Jagdjunker. Zwischen 1805 und 1809 ist er zunächst als Gesandtschaftskavalier des Hauses Württemberg in Regensburg, dann Legationssekretär des Königreichs Württemberg in Wien. Schon der 24jährige kommt um seine Entlassung ein, geschmückt mit den Titeln des württembergischen Kammerherrn und Erbmarschalls; er heiratet 1802 Fanny Freiin Tessin, 5 Kinder, und widmet sich seit 1812 ganz der dramatischen Produktion. Er lebt zunächst in Tübingen, dann in Stuttgart. Die Titel seiner Bühnenwerke sind so unoriginell wie seine meist von anderen entliehenen Stoffe; sie kompensieren deren Mangel durch vielversprechende Überschriften: ›Der Redselige oder die beiden Posten‹ (1816), ›Ehestandsrepressalien‹ (1820), ›Die vergessene Schildwache‹ und ›Sie müssen sich schlagen‹ (beide 1824). Was mag sich unter dem Titel ›Christiane von Wolfenbüttel‹ (1820) verbergen? Sein Federfleiß kennt keine Grenzen.

Familienregister Stuttgart, 1808–1875. Bd 5, S. 556f. – Totenregister der Stiftskirche, 1828–1832. – ADB, Bd XXXVIII, S. 165f. – Rudolf Krauß, Schwäbische Litteraturgeschichte. Tübingen: J. C. B. Mohr 1899, Bd 2, S. 326f.

[Abt 3b/444]

Georg **Conrad Weitbrecht,** geb. 24.5.1796 in Ernsbach a.K. (= Forchtenberg-Ernsbach); gest. 15.7. 1836 in Stuttgart. – Zeichner und Bildhauer.

Sohn des Hutmachers Johann Konrad Weitbrecht (*1756) und der Marie Christine Elisabeth geb. Kubach.

Postament aus grauem Sandstein mit aufgesetztem gußeisernen Kreuz (1836). Gereimte Sockelinschrift nicht mehr zu entziffern (1992).

**Ruhe-**
**stätte**
**des**
**Profeßors Conrad Weitbrecht**

Auf der Rückseite:

**geb: d: 24. Mai 1796.**
**gest: d: 15. Iuli 1836.**

Der Sohn armer Leute wird von Karl Freiherr von Üxkyll-Gyllenbrand in Stuttgart erzogen und nach dem Besuch der Danneckerschen Kunstschule, 1813/14, auf Vorschlag Eberhard Wächters [s. Abt 5b/1051] an die Kunstakademien von Mailand (1815) und Florenz (1816) geschickt. Nach der Rückkehr aus Italien arbeitet Weitbrecht als Medailleur in der Heilbronner Silberwarenfabrik von Peter Bruckmann, dem Freund Justinus Kerners. In Eschenau bei Heilbronn heiratet er 1821 Anna Maria Zimmermann (1796–1871). 1823 holt ihn Karl Kerner [s. Abt 2b/294] als Modelleur an die Kgl. Hüttenwerke Wasseralfingen, wo er ab 1825 als Formereiinspektor tätig ist.
König Wilhelm I. gibt Weitbrecht den Auftrag, die Vier Jahreszeiten für den Speisesaal des Schlosses Rosenstein in Stuttgart als Relief zu gestalten; die Umrißzeichnungen verlegt Johann Friedrich Cotta, während dessen Vorschlag, Illustrationen zu Goethes Helena (Faust II, 3) zu schaffen, vom Künstler abgewiesen wird. Der König bedankt Weitbrechts Jahreszeiten mit einem Reisestipendium, das den Künstler nun noch einmal nach Italien führt: In Rom arbeitet er mit Thorvaldsen zusammen. Nach der Rückkehr, 1830, wird er Lehrer an Danneckers neugegründeter Kunstakademie, wechselt aber schon 1832 als Zeichenlehrer an die Stuttgarter Gewerbeschule.

ADB, Bd XL, S. 620. – Adolf Schahl, Konrad Weitbrecht, ein Bildhauer des Spätklassizismus. 1796–1836, in: Lebensbilder aus Franken und Schwaben, Bd XV. Stuttgart: Kohlhammer 1983, S. 224ff.

[Abt 3 b/450]

**Georg** Gottlieb Sigismund **Reinbeck,** geb. 11. 10. 1766 [1767?] in Berlin; gest. 1. 1. 1849 in Stuttgart. – Lehrer; Schriftsteller.

Postament aus grauem Sandstein mit aufgesetztem Kreuz (1849); rahmt zusammen mit dem Grab seiner Frau [s. Abt 3b/452] die Grabstele seines Schwiegervaters [s. Abt 3b/451]:

**Hier ruht**
**DR. GEORG v. REINBECK**
**HOFRATH u. PROFESSOR**
**1766–1849**

Sohn des Berliner Archidiakonus Otto Sigismund Reinbeck und der Louise geb. von Heldorf. In erster Ehe verheiratet mit Anna Maria Helena von Pallandt (1762–1816), [s. Abt 5 a/865]; in zweiter Ehe, seit 1817, mit Emilie Hartmann (1794–1846), [s. Abt 3 b/452]; Schwiegersohn von August Hartmann (1746–1849), [s. Abt 3 b/451].

Georg Reinbeck studiert in seiner Vaterstadt Berlin und verbringt dann dreizehn Jahre, zwischen 1792 und 1805, als Lehrer der deutschen und englischen Sprache und der Aesthetik in St. Petersburg, zuletzt an dem von Friedrich Maximilian Klinger geleiteten Pageninstitut. In diesen Jahren produziert Reinbeck fleißig Dramatisches, das in der Literaturgeschichte keine Erwähnung mehr findet. 1805 kehrt er nach Deutschland zurück, offenbar mit der Absicht, als Schriftsteller zu leben. Ein Aufenthalt in Weimar – im Oktober 1806 – scheint diesem Vorhaben förderlich: Er begegnet Bertuch, Riemer, Falk, Fernow, Adele Schopenhauer, Madame Becker und protokolliert sorgfältig die ihm geltenden Urteile, die er dann selbst veröffentlicht. Wieland zu Reinbeck: »Ich freue mich in Ihnen einen unsrer ausgezeichnetsten Köpfe kennen gelernt zu haben.« Goethe über die Lektüre von Reinbecks ›Flüchtigen Bemerkungen‹, das sind Reisefeuilletons aus Rußland: Goethe »bückte sich feierlich und sagte: Er habe mir seinen Dank abzustatten. Ich fragte, wodurch ich so glücklich gewesen sey, mir diesen zu erwerben? ›Ich hatte immer den Vorsatz, Rußland einmal zu besuchen‹, antwortete er, ›Sie haben mich aber vollkommen davon geheilt.‹ ...«
1807/08 lebt Reinbeck in Heidelberg im Umgang mit Johann Heinrich Voß; dann läßt er sich in Stuttgart nieder, redigiert zusammen mit Friedrich Haug [s. Abt 2 b/306] das ›Morgenblatt für gebildete Stände‹ und wird 1811 für drei Jahrzehnte Professor für Aesthetik am Oberen Gymnasium. 1818 bis 1827 unterrichtet er gleichzeitig am Katharinen-Stift in Stuttgart.
Über den lebenslang berlinernden Professor Reinbeck werden in Stuttgart manche Anekdoten kolportiert, so etwa aus dem Literaturunterricht der Merksatz: »Deutschland hat nur drei große Dichter. Goethe, Schiller und – den dritten verbietet mir die Bescheidenheit zu nennen.«

Wolfgang Menzel überliefert auch die Geschichte von Reinbecks »stark gerötheter Nase«, die zu Rätseln unter den Schülern Anlaß gibt. »Was ist ein Floh auf Reinbecks Nase?« Antwort: »Ein Kupferstecher.«
Nach dem Tod seiner ersten Frau, einer als wohlhabend geltenden russischen Baronin [s. Abt 5a/865], heiratet Reinbeck Emilie Hartmann. Ihr Haus in der Friedrichstraße 14 wird zu einem berühmten Sammelpunkt literarischer Notabilitäten. »Bei Reinbeck's und Hartmann's bin ich täglich«, heißt es in einem Brief Nikolaus Lenaus an Justinus Kerner; Goethe hatte sich 1779 fast mit denselben Worten über seinen Umgang im Hartmannschen Hause geäußert.
Reinbeck hat neben Dramatischem (gesammelt in sechs Bänden, 1818–1822) auch Erzählendes veröffentlicht, darunter die Novelle ›Schwärmerei‹, der Wilhelm Hauff stoffliche Anregungen für seine Novelle ›Die Bettlerin vom Pont des Arts‹ verdankt. Er schreibt Reisebücher und ist für die zeitgenössischen Verleger ein gesuchter Autor umfangreicher Unterrichtsanleitungen, so etwa mit dem ›Handbuch der Sprachwissenschaft‹ in vier Bänden (1813–1828), einer ›Prosaischen Beispielsammlung zu Vorlesungen über Rhetorik und zur Declamation‹ (1828), einem ›Abriß der Dichtkunst‹ (1829) u.a. – Reinbeck ist Mitbegründer des Stuttgarter Lesevereins (1822), einer der Moderatoren der Stuttgarter Schillerverehrung und maßgeblich daran beteiligt, Thorvaldsen für den Entwurf des Stuttgarter Denkmals zu gewinnen.

Familienregister Stuttgart, 1808–1875, Bd 4, S. 349. – NNekrD, Jg 27, 1849. – ADB, Bd XXVIII, S. I ff. – Georg Reinbeck, Reise-Plaudereien. Stuttgart: Fr. Brodhag 1837, Bd 2, S. 106, 114. – Emma Niendorf, Lenau in Schwaben. Leipzig: Herbig 1853. – Wolfgang Menzel's Denkwürdigkeiten. Bielefeld, Leipzig: Velhagen & Klasing 1877, S. 251 f.

[Abt 3b/451]

Johann Georg **August Hartmann,** geb. 5. 10. 1764 in Stuttgart; gest. 4. 4. 1849 in Stuttgart. – Jurist.

Sohn des Hippologen und Gestütsverwalters Johann Georg Hartmann (1731–1811) und der Juliane Friedrike geb. Spitteler (1736–1779); unter den sieben Kindern die Tochter Emilie verh. Reinbeck [s. Abt 3b/452].

August Hartmann verbringt Kindheit und Jugend »im elterlichen Haus« in Stuttgart, »durch dessen Berührungen mit ausgezeichneten Männern des In- und Auslandes, verbunden mit seiner seltenen Gastfreundschaft, sich seinem jungen Geiste nicht unbedeutende Erinnerungen einprägten«. So ist Goethe 1779 »täglicher Gast im Hartmannschen Hause, und brachte besonders gern seine Abende in demselben zu«.

Grabstele aus grauem Sandstein (1832/49), umrahmt von den kleineren gesockelten Kreuzdenkmalen für seine Tochter und deren Mann [s. Abt 3b/450 und 452]:

**AUGUST HARTMANN**
**K. GEHEIMERRATH**
**geb: ..... gest: 4 Apr. 1849**
**MARIETTE HARTMANN**
**geb: DANNENBERGER**
**geb: 9 Juni [17]66 gest: 22 Mai 1832**
**IHR GEDÄCHTNISS**
**BLEIBT IM SEEGEN**
**HIER RUHT NEBEN IHREN ELTERN**
**JULIE HARTMANN**
**..............**

Schulbesuch im Oberen Gymnasium in Stuttgart; 1784/85 Studium der Rechtswissenschaften in Tübingen und, 1786/87, der Kameralwissenschaften in Heidelberg, wo er Haus- und Tischgenosse Jung-Stillings ist und sich mit Matthisson anfreundet; 1788–1793 Professor der Kameralwissenschaften an der Hohen Carlsschule; heiratet 1792 Anna Mariette Dannenberger (1766–1832); 7 Kinder. Im gleichen Jahr erscheint sein ›Versuch einer geordneten Anleitung zur Hauswirtschaft‹. Wilhelm I. ernennt ihn 1816 zum Wirklichen Geheimrat seines »volksthümlichen Ministeriums«, womit die demokratischen Bestrebungen der württembergischen Verfassung umschrieben werden; 1817 wird Hartmann Präsident der Ober-Rechnungskammer, doch »Opposition gegen die Finanzmaßregeln des neuen Departementschefs, Präsidenten von Malchus«, läßt ihn demissionieren. Königin Katharina von Württemberg bestellt ihn 1819 zum Verwalter ihrer Wohltätigkeitseinrichtungen und Erziehungsanstalten, des Katharinen-Stifts (1819–1827), der Landwirtschaftlichen Anstalt Hohenheim, des Landwirtschaftlichen Vereins und der Württembergischen Sparkasse, denen er bis ins hohe Alter vorsteht.
Schillers Vater, Johann Caspar Schiller, nennt Hartmann seinen »wahren Freund«; im Hartmannschen Hause verkehren Lavater und Schubart, Haug, Conz, Peterson, Matthisson, Therese Huber, Christian Friedrich und Luise

Duttenhofer, Justinus und Georg Kerner und dessen Witwe, Jean Paul und Johanne Schopenhauer, Bonstetten, Tieck, Oehlenschläger und Baggesen, Heinrich Voß und Wilhelm Hauff, Emma von Niendorf, Gustav Pfizer und Lenau. ›An einen Baum‹ überschreibt Nikolaus Lenau das »Reiseblatt«, das während seiner Amerikareise entsteht und in dem er Hartmanns gedenkt: »O Baum, du mahnst mein Herz so schwer / An einen lieben alten Mann; Gott gebe, kehr' ich über's Meer, / Daß ich ihn noch umarmen kann! ...«
Die nach Mitteilungen seiner Familie zusammengetragenen Erinnerungen halten aus den Revolutionsjahren fest: »Die Wirren der Zeit tosten, dem feinen Gehör seines Geistes unleidlich, um Hartmanns Haupt ... Endlich schied er lebenssatt und nur durch die Liebe der Seinigen am Irdischen bis zum Ende noch festgehalten, von ihnen und vielen Freunden am 4. April 1849.«

Erinnerungen an Joh. Georg August v. Hartmann ... aus den Mittheilungen seiner Familie zusammengestellt. Mit der Grabrede von G. Schwab. Stuttgart: J. B. Metzler 1849. – ADB, Bd X, S. 687f. – Nikolaus Lenau, Sämtliche Werke und Briefe. Hrsg. von Walter Dietze, Frankfurt/Main: Insel 1971, Bd I, S. 257.

Titelblatt. Das Heft enthält neben Gustav Schwabs Grabrede vom 7.4.1849 auch Lenaus »Reisebild«, das Gedicht ›An einen Baum‹.

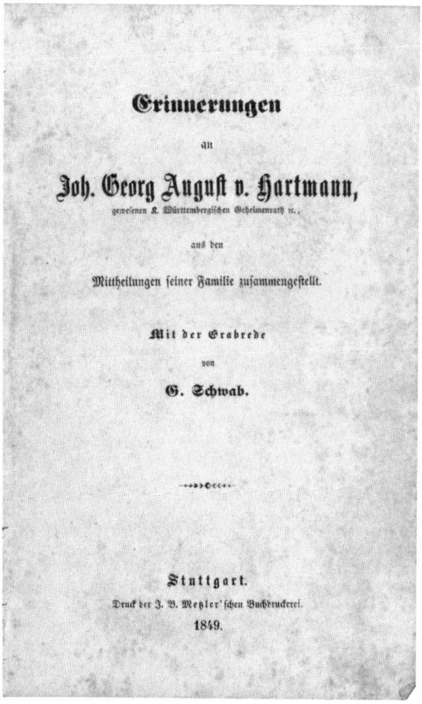
Erinnerungen

an

Joh. Georg August v. Hartmann,

gewesenen K. Württembergischen Geheimenrath rc.,

aus den

Mittheilungen seiner Familie zusammengestellt.

Mit der Grabrede

von

G. Schwab.

Stuttgart.

Druck der J. B. Metzler'schen Buchdruckerei.

1849.

[Abt 3b/452]

**Emilie Reinbeck, geb. Hartmann,** geb. 20.[22.?]1.1794 in Stuttgart; gest. 15.8.1846 in Stuttgart. – Schülerin des Malers und Kupferstechers Gottlob Friedrich Steinkopf (1779 bis 1861).

Postament aus grauem Sandstein mit aufgesetztem Kreuz (1846); rahmt zusammen mit dem Grab ihres Mannes [s. Abt 3b/450] die Grabstele des Vaters [s. Abt 3b/451]:

**Hier ruht**
**EMILIE REINBECK**
**geb. HARTMANN**
**1794–1846**

Tochter des Juristen und Geheimrats Johann Georg *August* Hartmann (1764 bis 1849), [s. Abt 3b/451], und der Anna Mariette geb. Dannenberger (1766 bis 1832); Gattin von Georg Reinbeck [s. Abt 3b/450].

»Die vierte Tochter, eigentlich die erste, als die älteste«, berichtet Nikolaus Lenau am 19.5.1832 seinem Schwager und Freund Anton Schurz bald nach dem Eintreffen im Hartmann-Reinbeckschen Hause in Stuttgart, »Das ist eine köstliche Frau ... Ein ganzes Zimmer hat die Frau mit herrlichen Landschaften (Ölgemälden) behängt, alles ist ihre Arbeit ... Alle Schöngeister, die nach Stuttgart gekommen, haben sich in diesem Hause eingefunden, ... waren oder sind noch intime Hausfreunde. Ich bringe täglich mehrere Stunden zu mit den geistreichen Frauenzimmern.«
Emilie Reinbeck wird Lenaus verständnisvolle Freundin, deren Verläßlichkeit sich bewährt, als sein Wahnsinn ausbricht. Einmal, in einem Brief vom 8.6.1832 aus Heidelberg an die in Stuttgart Zurückgebliebene, schreibt er von einem »wunderschönen Schmetterling«, der dem Reisewagen lange gefolgt sei. »War es nicht ein mich begleitender Gedanke meiner Emilie, der die schöne Hülle angenommen hatte? Mir wurde ordentlich schwer ums Herz, als diese liebe Begleitung verschwand, denn ich hatte mir fest eingebildet, der Schmetterling sei ein Emiliengedanke, der nun von mir scheide.«
Als Lenau 1831 – kurz nach seinem Aufzug in Stuttgart – Charlotte Gmelin (1812–1889), der Nichte Sophie Schwabs, den Kopf verdreht, stellt ihn Emilie Reinbeck zur Rede: Nach einem Spaziergang auf das Schloß Solitude mit der Hartmann-Reinbeckschen Familie wird Lenau dazu bewegt, auf eine Verbindung mit dem jungen Mädchen, seinem »Schilf«-Lottchen, zu verzichten. »N. Niembsch Edler von Strehlenau« schreibt ein Gedicht ›In das Stammbuch einer Künstlerin. Erinnerung an einen Spaziergang‹ im September 1831 in Emilie Reinbecks Album, in dem es u.a. heißt:

»...

Und wie wir uns aus den hellen heißenTriften,
Wo mühend sich der Mensch dem Leben weiht,
Ins Waldgeheimniß weiter uns vertieften
Und in den Schatten Gottes Einsamkeit;
So flohen deine heiteren Gespräche
Fort von des *Lebens* wüstem, steilem Hang,
Waldein und wanden sich als klare Bäche
Durch's Labyrinth der *Kunst* mit leisem Klang.
Auf ihren Wellen bebten die Gestalten ...«

Nikolaus Lenau, Sämtliche Werke und Briefe. Hrsg. v. Walter Dietze, Frankfurt/Main: Insel 1971 Bd I, S. 119; Bd 2, S. 174, 177. – Lenau in Schwaben. Eine Dokumentation in Bildern. Bearbeitet von Walter Scheffler. Marbach: Deutsche Schillergesellschaft 1977, S. 12.

---

[4864]

**Todes-Anzeige.**

Den theuern Verwandten und Freunden in der Nähe und Ferne habe ich die schmerzliche Trauerkunde mitzutheilen, daß am August Abends 5 Uhr meine unvergeßliche Gattin

**E m i l i e,**

älteste Tochter des königl. württemb. Geheimenraths Hrn. v. Hartmann, in dem 53sten Jahre ihres Lebens und im 29sten unserer ehelichen Verbindung nach einem längern schmerzhaften Krankenlager mit frommer Ergebung entschlafen ist. Ich beuge mein greises achtzigjähriges Haupt in Demuth unter dem heiligen Willen, der über Leben und Tod waltet, und bitte um stille Theilnahme an unserm Schmerz in meinem und im Namen der tiefgebeugten Hinterbliebenen.

Stuttgart, den 18 August 1846. Hofrath Dr. **Georg v. Reinbeck.**

---

Allgemeine Zeitung, Beilage, Nr. 239 v. 27.8. 1846, S. 1911.

## Emilie Reinbeck
## Aus den Aufzeichnungen ›Lenaus Erkranken 1844‹
im Hartmann-Reinbeckschen Hause in Stuttgart, Friedrichstraße 14

In der Nacht auf den 13ten Oct. erstes Delirium.
Die Leute vom Vater [August Hartmann], die gerade unter ihm schliefen, machten eine schreckliche Beschreibung von dem unausgesetzten Rumor, den er gemacht mit Laufen u. Herum werfen der Möbel, Bücher u s. w. Er erzählte mir am Morgen, daß er in einem furchtbaren Zustand der Verzweiflung gewesen, mit Selbstmords Gedanken umgegangen sei, u endlich eine Menge Papiere zerrissen u verbrannt habe. Er hatte diese wie es schien, meist aus der Kiste genommen, aus versiegelten und überschriebenen Umschlägen, die halb zerrissen im Zimmer umher lagen, das in größter Unordnung war, die Waschschüssel zersprengt, unzählige abgebrannte Zündhölzer u. s. w. Er schauderte oft zusammen bei der Erinnerung an diese Nacht, fieng aber an, eine Schilderung davon nieder zu schreiben, wobei er sehr aufgeregt war, mich versicherte, es würde mir ohnmächtig, wenn er mirs erzählte, erst in einigen Jahren könne er mir vielleicht die Geschichte dieser Nacht ganz mittheilen. Eine Probe davon m ü s s e er mir indeß doch geben. Und er las mir einige Seiten vor. Das war furchtbar! ich fing an zu zittern, bat ihn einzuhalten, die Papiere zu vernichten. Später theilte er auch dem Arzt einiges davon mit, u dieser bestand auf der Vernichtung des schauerlichen Documents, was auch geschah. Er äußerte große Angst vor der Wiederholung dieses Zustandes, worauf ihn [Obermedizinalrat Karl Eberhard] Schel[ling] mit der Bemerkung tröstete, es könne dieß eine Crisis gewesen sein, nach der sich die Krankheit breche, u vielleicht in wenig Tagen Genesung eintreten. Er müsse sich nur recht ruhig verhalten und jede Aufregung vermeiden. Das gab ihm wieder Muth und Hoffnung, u er war bei Tisch beim Vater unten in ziemlich heitrer Stimmung. Nach Tisch verlangte er einen Wagen zum Spazierenfahren, wobei ich ihn begleiten mußte. Da war ihm aber alles ärgerlich, der Weg, den wir fuhren, der Kutscher, ich, er sprach seinen Unmuth in heftigen Worten aus, drohte den Kutscher zu prügeln, und ich dankte Gott, als ich ihn nur wieder zu Haus hatte. Den Abend war er sehr liebenswürdig für unsere Unterhaltung besorgt u las uns aus Heines neu erschienenen, u seinen eigenen Gedichten gar schön vor. Die Nacht auf den 14ten ziemlich ruhig. Vormittags aber brachte ein Brief aus Wien wieder neue Aufregung. […]

[15. Oktober 1844] Beim Thee war er ganz liebenswürdig, erzählte von seinen Gebirgsreisen, von Steyermark und las mehrere seiner Gedichte vor, auch einen Brief von der Braut [Marie Behrends], der den Abend angekommen war und ihm große Freude machte. Er ergoß sich mit Begeisterung in ihrem Lob, u sprach mit Zuversicht von dem Glück, das er in dieser Verbindung finden werde. [...]
In der Nacht auf den 16ten wurden wir gegen 2 Uhr durch einen furchtbaren Lärm an unserer von Außen verschlossenen Thüre geweckt. Er drang mit Gewalt herein; ließ mir keine Zeit, nur Strümpfe anzuziehen, packte mich fest am Arm u nöthigte mich zu ihm aufs Sopha zu sitzen, wo er dann anfieng mit ganz verstörten Zügen und entstellter Stimme: »Ich weiß, Ihr habt mich verklagt beim Criminalamt als Mörder, daß ich festgenommen u gerichtet werde. Ihr habt mein Geheimniß durchschaut, kennt jezt mein Verhältniß zu dieser Frau, so mögt Ihr auch alles wissen u meine Rechtfertigung anhören. Sie schrieb nemlich in einem ihrer Briefe, wenn ich einmal einen ganz heitern Brief von ihr erhielte, sei dieß ein ganz sicheres Zeichen, daß ihr Tod ganz nahe. Dann kam ein solcher heitrer Brief, u dann kam nach dem gewohnten Zeitraum – keiner. Ich mußte glauben, sie sei Tod, man werde mich für ihren Mörder halten. Sie schrieb auch, wenn ich sterbe würde sie sogleich Gift nehmen, welches sie schon bereit hätte u nun erhielt ich wieder einen Brief von ihr, einen ganz gleichgültigen.« [Georg] Reinb. kam indessen auch herein und N[iembsch] rief ihm gleich entgegen: »Ich bin verurtheilt worden, ihr habt mich beim Criminalamt als Mörder verklagt«, us. w. – Wir entgegneten ihm mit der innigsten Theilnahme: wie er doch so etwas von uns denken könne! Er möchte sich doch nur beruhigen u besinnen, es sei ja dieß alles nur ein böser Traum gewesen. Da sah er uns ganz bestürzt an, kam ganz zu sich, fiel uns um den Hals, weinte, sprach mit Schauder das Wort »Wahnsinn« aus u ließ sich dann in sein Zimmer führen, wo er sich nach u nach etwas beruhigte, eine Tasse Bald[rian]-Thee trank u sich eben so bereitwillig Senfteig von mir auf die Waden legen ließ. Er hatte sich zwar ins Bett gelegt, konnte aber nicht mehr schlafen, u ich mußte bei ihm bleiben. [...]
Zum Frühstück kam er zu uns herüber, war aber etwas aufgeregt, hastig, u sagte, nachdem er mit Appetit gefrühstückt, er müsse nun auch einmal wieder seine Violine vornehmen, die in der lezten Zeit ganz geruht hatte, gieng in sein Zimmer u fing an zu spielen. Erst ein Adagio, voll Ausdruck, vortrefflich wie imer, dann kam es an die Ländler u Ungarischen, da wurde er immer aufgereg-

ter, fieng an zu Tanzen, kam Tanzend und springend zu mir herüber u versicherte mich, die Geige habe ihn vollkommen gesund gemacht, er fühle sich durchaus frisch, kräftig heiter u genesen. [...]
Freitag d 18. Oct. [den kgl. Leibarzt, Staatsrat Dr. Wilhelm Friedrich] Ludwig berufen, der mit Schelling, abführende, niederschlagende Pulver verordnete. N[iembsch] verlangte wieder herauf in sein altes Zimmer, behauptend, die neuen Umgebungen machten ihn ganz verwirrt u haben ihm auch die unruhige Nacht bereitet. Oben stöberte er wieder in seinen Papieren u zerriß sehr viele. Darauf legte er sich nieder u sagte: er fühle jezt seinen Tod herannahen, faltete die Hände u schloß die Augen, dann fiel ihm ein, er wolle noch ein Testament machen, u er schrieb seinen lezten Willen auf, änderte fast nach jeder Linie daran, hieß mich unterschreiben, siegeln u zerriß wohl 10mal was er geschrieben hatte, u wartete dazwischen immer auf den Tod. Endlich wurde ihm die Zeit lang, u er bat mich aufs Dringendste, ihm Gift zu geben, seine Qualen abzukürzen. Ich hatte ihm vergebens seine Todesgedanken auszureden gesucht, Arznei u Erfrischungen geboten, er hatte nichts genommen, nur da er Gift von mir verlangte, u ich sah wie ihm eine kleine Stärkung Noth that, brachte ich ihm erst Arznei, dann einen Teller voll kräftiger Suppe, die er mit Begierde aß. Er fragte mich dann: »wird es bald wirken?« u ich antwortete: »es wird wohl thun u auf Ihre Genesung wirken.« »Nein, nein, ich muß sterben,« sagte er. [... unbeobachtet, versucht N. sich mit seinem Halstuch zu erwürgen.] Später kam der treue Freund Gust. Pfitzer, um die Nacht bei ihm zu wachen. N[iembsch] empfieng ihn als einen guten tröstenden Engel, mit herzlicher Liebe, erinnerte ihn an die Zeit ihrer ersten Begegnung u obgleich mir seine Stimme wieder etwas aufgeregt schien, hoffte ich doch als ich ihm eine gute Nacht wünschte, daß der Himmel sie ihm schenken würde. Es war noch ein Wächter angestellt, u ich legte mich unsäglich müd zu Bette, konnte aber vor Angst u Sorge um den theuern Freund nicht schlafen.
Gegen 4 Uhr Morg. wars so unruhig, daß ich aufstund, nachzusehen. Da trat Pfitzer in großer Bestürzung aus N[iembsch]'s Zimmer u sagte mir: er müsse den [mit Lenau befreundeten badischen Gesandten] H. v. Porb[eck] holen, N[iembsch] verlange mit solchem Ungestüm nach ihm, daß er selber habe fort wollen u Pf. ihn nicht anders zufrieden zu stellen wisse, als indem er seinen Willen thue. Er rieth mir nicht zu ihm hinein zu gehen.
Da ich indeß bald hörte, wie der Wärter in Noth und Angst sich nicht mehr zu helfen wußte mit dem höchst aufgeregten Kranken, glaubte ich ihm zu Hülfe

kommen zu müssen, u trat mit dem sichern Vertrauen, ihm doch unter Allen, die in dieser Krankheit thätigen Anteil an ihm nahmen, am nächsten unentbehrlichsten zu sein, ihn auch am besten beruhigen zu können in sein Zimmer. – Dießmal hatte ich mich gewaltig verrechnet, u wäre mir mein gut gemeinter Freundeseifer fast gar übel bekommen.
Wüthend fiel er über mich her mit geballten Fäusten u dem Ausruf: »Mörderin Giftmischerin, deine lezte Stunde ist gekommen!« [...]
[19. Oktober. Ludwig und Schelling lassen Lenau zur Ader.] Das Aderlassen machte ihm Freude, ich mußte auch dabei sein. Der Chirurg [Medizinalrat Heinrich Köstlin] versicherte ihn, daß sein Blut ganz schön und gesund sei, aber wie von einem gehetzten Hirsch. Das gefiel ihm sehr, er verglich es dann auch mit einem raschen Gebirgsbach, fühlte sich vollkommen wohl und leicht, wiederholte oft, daß ihm gar nichts fehle, trug mir auf, der Braut und ihrer Mutter diesen Aderlaß genau zu beschreiben, und versicherte, daß er dadurch ganz über seine Heiratsfähigkeit beruhigt worden sei. Dann machte er die heitersten Pläne für seine Zukunft. [...]
Die Nacht auf den 20ten war sehr unruhig. Er blieb keine halbe Stunde im Bett, wollte immer hinausstürmen, schrie u sprach unaufhörlich, oft so ergreifend im Ausdruck, daß die Wärter voll Bewunderung zuhörten, obgleich sie gar wenig davon verstanden. Die Macht des Geistes bewährte sich noch in diesem Zustand höchster Aufregung u Verwirrung.
Morgens nach 5 Uhr begehrten die erschöpften Wärter nach Ruhe u da er gleich heftig fort tobte, dabei immer nach Hrn v Porb[eck] verlangte, schickte ich zu diesem u zu Schelling sie her zu bitten u lief selbst zu Ludwig um Rath u Hilfe in meiner Angst. Indeß schien er etwas erschöpft und ließ sich ohne Wiederstreben vom Bedient[en] ins Bett bringen. Dann verlangte er allein zu sein u zu schlafen, der Bed. wollte ihn nicht verlassen, da verlangte er ein Glas Wasser, u während dieses im Nebenzimmer eingeschenkt wurde, sprang er mit Blitzesschnelle aus dem Bette zum Fenster hinaus, wo er einem Vorübergehenden am Rücken herabglitt im nächsten Augenblick aber aufgehalten u hereingebracht wurde.
Schelling, Porb[eck], meine Schwester [Luise Mariette von Zöppritz] u ich waren in einem andern Nebenzimmer u mußten das Entsetzliche mit ansehen; wie er an dem naßkalten Morgen im bloßen Hemd mit sträubendem Haar u furchtbar rollenden blutigen Augen, von den 2 Männern halb getragen, halb geführt wurde, sich anfangs sträubte, u wie dann gleich die Schwelle unseres Hauses mit neugierigen und Theilnehmenden Menschen besetzt war! –

Wir hatten schon Tags vorher auf den Wunsch der Aerzte eine Stafette nach Winnenthal geschickt, Hofr. [Dr. Albert] Zeller, den bekannten trefflichen Seelenarzt u Vorsteher der dortigen Heilanstalt für Geisteskranke, her zu bitten, und erwarteten mit großer Spannung des erfahrenen Mannes Rath u Ausspruch. [...]

[21. Oktober. Marie Behrends war in Stuttgart eingetroffen, ohne Lenau sehen zu können.] Zeller war nun auch gekommen, fand seine Schwäche bedenklich u meinte: wir sollten erst die Nacht entscheiden lassen, ob der Kranke in die Heilanstalt gebracht werden könne.

Nachmittags hielten die drei Aerzte in meinem Zimmer eine Conferenz darüber, u dieser traurige Schritt vor dem wir erst Alle mit Schauder zurückgebebt hatten, wurde einstimmig von ihnen als dringend Nothwendig erachtet.

Doch sollte erst nach dem Verlauf der Nacht die Zeit dafür bestimmt werden.

Ich war heute nicht so viel bei ihm wie gewöhnlich, die Aerzte hatten mirs verboten, ob aus Sorge für meine Gesundheit, ober ob sie fürchteten das reden mit mir rege den Kranken mehr auf, als wenn er nur mit sich selbst oder den Wächtern rede? weiß ich nicht. – Es that mir aber weh, denn ich hatte ja doch keine Ruhe u glaubte, zu ihm zu gehören wie eine Mutter zu ihrem Kind.

Gegen Abend hatte er wieder großes Verlangen nach mir gezeigt. Er war auf, u wie ich zu ihm eintrat, fiel er mir um den Hals u begrüßte mich aufs herzlichste. Dann sagte er mir: »Emilie! glaube mir, diese Krankheit war zu meinem Heil, sie hat mich geläutert, u war mir ein reinigendes Seelenbad. Ich habe gekämpft, schwer gekämpft, aber ich habe gesiegt. Alles ist jezt klar geordnet in meinem Geist. Ich habe einen Gedankenbau aufgerichtet, groß u hoch wie ein mächtiger Thurm u oben auf seiner Spitze, hell strahlend steht das †. Es ist wahr ich habe die Albigenser geschrieben u sonst manches gottlose Gedicht, aber, glaube mir, nie, nie hat sich doch mein Herz vom Kreutz abgewendet, ich habe es geliebt in tiefster Seele, immer.

Ja, u ich fühle auch jezt, wie Gott mich liebt, wie er mich an sein Herz zieht, daß ich Eins mit ihm werde.« –

Dann steigerte sich seine Rede in unzusammenhängenden Worten zu höchster Ekstase. Ich bat ihn sich nieder zu legen u auszuruhen, wozu er sich gleich bereit zeigte. Darauf umarmte er mich u sagte mit ganz natürlicher Wärme: Leb wohl liebe Em[ilie]. Grüße die Unsern. Nicht wahr ihr werdet mich doch noch achten, u werdet mein Andenken ehren? – ihr wart ja immer so gut gegen mich! Ich wiederholte ihm aus tiefstem Gemüthe die Versicherung unserer treuen

Liebe u Verehrung, worauf er mir heiter, beruhigt die Hand drückte u sich auf die Seite legte um zu Schlafen.
Diese Worte fühlte ich wie einen lezten Abschied in meine Seele schneiden mit der schmerzlichsten Schärfe! Es waren auch die lezten, die der geliebte unglückliche Freund zu mir sprach.
Nach einer halben Stunde verfiel er wieder in eine tobende Unruhe, rannte im Zimmer herum, wollte Thür u Fenster einschlagen, zerschlug u zerriß, was er unter die Hände bekommen konnte, so daß die Wärter sich fast nicht mehr zu helfen wußten. [...]
Mit Tagesanbruch sandte ich zu den Aerzten; Er war nicht mehr zu bändigen, packte den Staatsr[ath] Ludwig so heftig an der Brust daß er ihm das Hemd zerriß, u nun blieb nichts mehr übrig, als dem armen Rasenden eine Zwangsjacke anzulegen u ihn so schnell als möglich nach Winnenthal zu bringen.
Wie er dann in den Wagen gebracht wurde! – so im höchsten Aufruhr gegen Alles, u wie sehr er auch vorher fort verlangte, nun doch nicht gehen wollte. – Ach, das war eine so furchtbare Szene, daß ihr Eindruck, mit all den erschütternden Auftritten, die ich in dieser Zeit erlebte, einen schwarzen Schleier auf den Rest meines Lebens geworfen hat, den nur der Tod weg nehmen kann.
Ein Wundarzt und 2 Wärter setzten sich zu ihm in den Wagen. G. Pfitzer, der Treue aufopfernde Freund, der uns in diesen SchreckensTagen ein Tröstender Engel war, saß beim Kutscher u so brachten sie den edeln Dichter fort in die HeilAnstalt. Es war den 22 October...

Im Mai 1847 wird Lenau auf Wunsch seiner Familie von seinem Schwager in die Krankenanstalt Oberdöbling bei Wien überführt, wo er am 22. August 1850 seinen »sechsjährigen Todeskampf ausgerungen hat«.

Ausgewählt aus der Handschrift der Württembergischen Landesbibliothek Stuttgart. Cod. hist. 8° 911.

Nach dem Seri

che n. von Goethe.

[Abt 3b/485]

Christiane **Luise** (Louise) **Duttenhofer geb. Hummel;** geb. 5.4.1776 in Waiblingen; gest. 16.5.1829 in Stuttgart. – Scherenschneiderin.

Tochter des Diakons Georg Bernhard Hummel (1741?–1779) und der Louisa Hedwig geb. Spittler (1747 bis 1824), deren Grab neben dem Luisens liegt [Abt 3b/486].

Nach dem frühen Tod des Vaters, 1779, kehrt Luises Mutter mit der Dreijährigen ins Elternhaus nach Stuttgart zurück; Großeltern: Stiftsprediger und Konsistorialrat Jakob Friedrich Spittler und Johanna Christiana geb. Bilfinger. Möglicherweise erwirbt Luise Hummel ihre Fertigkeit im Scherenschnitt autodidaktisch, jedenfalls ist nichts über eine Ausbildung bekannt. 1804 Heirat mit dem Kupferstecher Christian Traugott Friedrich Duttenhofer (1778–1846), einem Vetter; 7 Kinder. Ein längerer Romaufenthalt mit ihrem Mann, 1804/05, und der gesellige Umgang in Stuttgart – etwa im Hartmann-Reinbeckschen Haus – macht sie mit den Themen und Vorlagen ihrer »geistreichen Papierschnitte« (G. Reinbeck) bekannt; – sie lernt Arnim und Brentano kennen, auch Sulpiz Boisserée und Johann Friedrich Cotta, Dannecker, Goethe, Friedrich Haug und Therese Huber, Jean Paul und Matthisson, Schelling, Tieck und Uhland. Für 1812 und 1824 sind öffentliche Ausstellungen ihrer Silhouettenkunst in Stuttgart verbürgt: 1828/29 Aufenthalt in München.

---

Nach 1978 erneuerte Grabstele aus grauem Sandstein auf älterem Sockel. Lorbeerkranz (1836):

**KARL FRIEDRICH**
**VON DUTTENHOFER**
**OBERBAURATH**
**GEB. 29. JUNI 1801**
**GEST. 2. JUNI 1871**
**AUGUST**
**DUTTENHOFER**
**HAUPTMANN**
**GEB. 5. MÄRZ 1793**
**GEST. 22. JUNI 1867**
**OBRISTIN DUTTENHOFER**
**GEBORENE KLETT**
**GEB. 25. JAN. 1771**
**GEST. 21. JUNI 1822**

Auf der Rückseite:

**LUISE**
**DUTTENHOFER**
**GEB HUMMEL**
**SCHERENSCHNEIDERIN**
**GEB. 5. APRIL 1776**
**GEST. 16. MAI 1829**
**KARL FRIEDRICH**
**VON DUTTENHOFER**
**OBERST UND**
**OBERWASSERBAUDIREKTOR**
**GEB. 3. DEZ. 1758**
**GEST. 16. DEZ. 1836**

---

Auf den vorangehenden Seiten: Luise Duttenhofer, Scherenschnitt zu dem Gedicht ›Charon‹, das Goethe aus dem Neugriechischen übersetzt und Johann Friedrich Cotta in einem Wettbewerb zur Illustration ausgeschrieben hat, 1824. Deutsches Literaturarchiv Marbach.

Friedrich Haug widmet »Madame Duttenhofer« das Epigramm:

»Ich fürchte die Schere der Parzen sehr;
Doch, weiblicher Hogarth, die Deine mehr.

Zusatz.
Allein – ich sag's mit Offenheit –
Trotz heimlicher Betroffenheit
Bewundr' ich die Getroffenheit.«

Ein anderes lautet:

»Satiren schneidet Sie mit lobenswerthem Eifer;
Doch unter uns: Ihr hilft – der Scherenschleifer.«

Gertrud Fiege, Luise Duttenhofer. Marbach: Deutsche Schillergesellschaft [2]1990. – Auskunft der Evang. Kirchenpflege Waiblingen.

[Abt 3b/503]

**Rudolf Kausler,** geb. 26.8.1811 in Göppingen; gest. 27.11.1874 in Stuttgart. – Pfarrer. Schriftsteller (Ps. K. Rudolf).

Liegeplatte aus rotem Sandstein (1875); stark verwittert (1992):

**Dr.**
**Rudolf Kausler**
**Pfarrer**
**geb. [26.] Aug 1811**
**gest. [27. Nov 1874]**

Sohn des Regierungsrats Christian Kausler (1761–1822) und der Friederike Magdalene geb. Reinfelder verw. Consbruch (1776–1837); Bruder des Stuttgarter Archivdirektors Eduard Kausler [s. Abt 3b/423].

»... Rudolf Kausler, der Mann mit dem feinen leidenden Schillerkopf, war ein geborener Poet, aber eine jener Naturen, die so tief ins poetische Element versinken, dass sie fast völlig unfähig werden, es zu formen. Er hat später«, so Isolde Kurz in der Biographie ihres Vaters Hermann Kurz, »in einer von der Romantik abgekehrten Zeit ein paar feine stille Novellen geschrieben, die im Lärm des Jungen Deutschlands verhallt sind.«
Kausler studiert nach seiner Schulzeit in Göppingen und im Seminar Blaubeuren (1825–1829) bis 1834 in Tübingen Theologie, wo er, wie Berthold Auerbach berichtet, der Mittelpunkt eines Freundeskreises ist, »alle mit gelassener Anmut lenkend«, zu dem u. a. Hermann Kurz, Ludwig Seeger und Reinhold Köstlin gehören. Hermann Kurz schildert diesen Kreis schon 1836 in der Novelle ›Das Wirtshaus gegenüber‹, und dort begegnet man Kausler in der Gestalt des Cäruleus, der, wie die Freunde, Mörikes ›Maler Nolten‹ als »den bedeutendsten deutschen Roman seit den Wahlverwandtschaften« preist.
Kausler ist, als diese Novelle erscheint, Vikar in Buoch (1836–1838). Der Versuch, aus dem »einsamen, fast schattenhaften Dasein« (Isolde Kurz) einer Dorfpfarrei auszubrechen und Schriftsteller zu werden, scheitert. Zwar liefert er Beiträge für August Lewalds Zeitschrift ›Europa‹ und Theodor Mundts ›Freihafen‹; er publiziert in der ›Zeitung für die elegante Welt‹ und im ›Spiegel‹; er wird Mitherausgeber der ›Geschichte der Kreuzzüge und des Königreichs Jerusalem‹ von Wilhelm von Tyrus (mit seinem Bruder Eduard) und promoviert 1841 in Tübingen über den ›Begriff der Wissenschaft‹. Doch nach dem Scheitern einer Habilitation in Freiburg kehrt Kausler 1842 ins Pfarramt zurück: Perouse, 1844–1854; Stötten »auf der rauhen Alb«, 1854–1863; Klein-Eislingen, 1863–1874. In der Perouser Zeit erscheinen seine ›Erzählungen‹ unter dem Pseudonym K. Rudolf (Stuttgart: Krabbe 1851).
Nach einem Schlaganfall im Jahre 1873 verfällt Kausler in »stumpfes Siech-

thum«, wie Berthold Auerbach seinem Vetter Jakob am 3. 3. 1873 und am 28. 4. 1873 mitteilt: »Er nimmt an Allem theil, aber es fehlt ihm oft das Wort. Er war auf dem Kirchhof und hielt die Grabrede auf ein Kind; als er die Agende las, fühlte er plötzlich, daß er die Worte las, aber nicht mehr verstand. Er klappte das Buch zu, von einer Ohnmacht befallen, und wurde heimgeführt.«
Kausler läßt sich vorzeitig in den Ruhestand versetzen, zieht nach Stuttgart und stirbt dort am 27. November 1874 »in der Frühe um 5 Uhr«. »Meine Mutter war bei seinem Ende zugegen«, berichtet Isolde Kurz. »Sie erzählte von seiner Sterbenacht, wie, als man nach schwerstem Kampfe schon den Frieden des Todes gekommen glaubte und alles sich zurückzog, plötzlich zum Schrecken der Anwesenden aus dem Sterbezimmer noch ein langer, letzter Seufzer ertönte – es war der Epilog eines grossangelegten, in der Enge erdrückten Lebens.«
Und Berthold Auerbach erinnert sich in einem Entwurf für den Nachruf auf Eduard Mörike, 1875: »Von uns Allen hat Kausler am wenigsten im gedruckten Worte gegeben: aber sein Leben Denken u. Empfinden war uns Allen die Gewähr, daß alles rein Ideale nicht blos ein Gedachtes, sondern ein Wirkliches ist ... er war es, der uns den aufgehenden Stern Mörike deutete.« Streng beurteilt ihn Sigels ›Generalmagisterbuch‹ aus amtlicher Sicht: »Er war mild & gut, aber ferne vom wirklichen Leben & wenig volkstümlich, lebte hauptsächlich seinen Studien. Er war Dichter & Novellist ... Er war unverehelicht.«

Sigel, Das evangelische Württemberg, Nr 597$^{b}$, I. – ADB, Bd XV, S. 509. – Hermann Kurz, Gesammelte Werke. Stuttgart: A. Kröner 1874, Bd 8, S. 124ff. – Isolde Kurz, Hermann Kurz. Ein Beitrag zu seiner Lebensgeschichte. München, Leipzig: Georg Müller 1906, S. 58ff. – Thomas Scheuffelen, Berthold Auerbach. 1812–1882. Marbach: Deutsche Schillergesellschaft 1985, S. 103ff. – Auskünfte der Evang. Gesamtkirchengemeinde Winnenden.

[Abt 3b/507]

**Gottlob Christian Storr,** geb. 10.9.1746 in Stuttgart; gest. 17.1.1805 in Stuttgart. – Professor der Theologie, Begründer der älteren Tübinger Theologenschule und Haupt der Supranaturalisten; einflußreicher theologischer Schriftsteller; der Lehrer von Hölderlin, Hegel, Schelling u. v. a.

Sohn des Theologen Johann Christian Storr (1712–1773), [s. Abt 5a/804] und der Euphrosine Margarethe geb. Röslin (†1784).

Storr wächst in Stuttgart auf, wo sein Vater der Hofkaplan des katholischen Herzog Carl Eugen ist. Nach dem Studium der Theologie in Tübingen, 1762–1768, unternimmt er 1770/71 eine Bildungsreise, die ihn durch Holland nach England und Frankreich und nach Norddeutschland führt. Dann kehrt er nach Tübingen zurück, wird 1772–1775 Repetent am Stift. Nach einem kurzen Vikariat in Stuttgart ist er seit 1775 a. o. Professor der Philosophie an der Universität Tübingen, die bis in die späten neunziger Jahre sein eigentlicher Wirkungsort bleibt. Nach der Heirat mit Amalie Reuß (1748–1822), der Tochter des Tübinger Universitätskanzlers Jeremias Friedrich I. Reuß, promoviert Storr zum Doktor der Theologie, 1777. In den Jahren 1786–1797 ist er Ordinarius für Theologie und – neben Uhlands Großvater Ludwig Joseph Uhland – Superattendent des Tübinger Stifts.
Auf Anregung seines Verlegers schreibt Storr für J. B. Metzler sein ›Lehrbuch der christlichen Dogmatik‹, das 1793 lateinisch und zehn Jahre später deutsch

Grabstele aus grauem Sandstein (1805) für G. Chr. Storr, seine Ehefrau Ch. A. Storr, Tochter und Schwiegersohn Klaiber und deren Kinder:

**HIER RUHT ALS EIN EDLES SAATKORN**
**DAS STERBLICHE**
**VON**
**D. GOTTLOB CHRISTIAN STORR,**
**ACADEMISCHEN LEHRER DER PHILOS:**
**UND THEOLOGIE ZU TÜBINGEN**
**VON 1775. BIS 1797.**
**NACHMALIGEN OBERHOFPREDIGER**
**UND CONSISTHORIALRATH**
**GEB: ZU STUTTG: D. 10. SEPT: 1746.**
**GEST. D. 17. JAN. 1805.**

linke Seite:

**DOCTOR CHR. FR. KLAIBER**
**PRÄLAT U. O. CONSISTOR. RATH**
**G. 3. NOV. 1782.**
**†8. NOV. 1850.**

**CHR. LUISE KLAIBER**
**GEB. STORR**
**G. 27. DEC. 1784.**
**†23. APR. 1826.**

rechte Seite:

**CHARL. AMALIE STORR**
**GEB. REUSS**
**G. 21. AUG. 1748.**
**†8. APRIL 1822.**
**ENKEL**
**G. KLAIBER**
**G. 5. FEBR. 1819.**
**†29. FEBR. 1819.**
**W. KLAIBER**
**G. 4. NOV. 1822.**
**†20. JAN. 1823.**

erscheint und das als der letzte bedeutende Versuch gilt, »die christliche Lehre in ihrer orthodoxen Auffassung zu vertheidigen«. Von Eduard Mörike etwa oder von Friedrich Theodor Vischer, die in den zwanziger Jahren des 19. Jahrhunderts in Tübingen studieren, ist überliefert, daß sie allerorten auf »die dankbaren Schüler des alten Storr« stoßen.

Rückseite, unter einem Lorbeerkranz mit dem Namen STORR:

**DAS UNSTERBLICHE**
**LEBTE FÜR CHRISTUS;**
**DARUM WAR IHM STERBEN GEWIN̄.**
**MIT DIESEM GEDANKEN BESÄNFTIGEN**
**IHRE ZÄRTLICHE SEHNSUCHT**
**NACH DEM UNVERGESSLICHEN**
**DIE GATTIN: CHARL: AMALIE GEB: REUSS**
**UND DIE NACH VIER DEM SEELIGEN**
**VORANGEGANGENEN KINDERN**
**ALLEIN ZURÜCKGEBLIEBENE TOCHTER**
**CHRISTIANE LOUISE.**

Als Kant 1794 die zweite Auflage seiner ›Religion innerhalb der Grenzen der bloßen Vernunft‹ herausbringt, dankt er dem »berühmten« Tübinger Theologen ausdrücklich für seine »Urteile« in den ›Annotationes quaedam theologicae etc.‹: Storr, so Kant, habe seine Darlegungen »mit seinem gewohnten Scharfsinn, zugleich auch mit einem den größten Dank verdienenden, Fleiße und Billigkeit in Prüfung genommen« –. Noch bei Storrs Beisetzung auf dem Hoppenlau-Friedhof am 21.1.1805 wird dieses Lobs Erwähnung getan und daran erinnert, daß Storr mit dem englischen Philosophen Francis Bacon der Auffassung gewesen sei, oberflächliches Philosophieren entferne von Gott, gründliches Philosophieren führe zu Gott und der Religion zurück. Storr war seit 1797 Oberhofprediger in Stuttgart und Oberkonsistorialrat.

Sigel, Das evangelische Württemberg, Nr. 12, 37. – ADB, Bd XXV, S. 458 f. – Reinhard Wittmann, Ein Verlag und seine Geschichte. Dreihundert Jahre J. B. Metzler Stuttgart. Stuttgart: J. B. Metzler 1982, S. 192, 267 f. – Udo Dickenberger, Der Tod und die Dichter. Hildesheim, Zürich, New York: Olms 1991, S. 29 f. – Immanuel Kant, Die Religion innerhalb der Grenzen der bloßen Vernunft. Zweyte vermehrte Auflage. Königsberg: Nicolovius 1794.

Grabmal Wilhelm Hauff [Abt. 3b/508]. Photographie Mathias Michaelis, 1991.

[Abt 3b/508]

**Wilhelm Hauff,** geb. 29.11.1802 in Stuttgart (Geburtshaus: Eberhardstraße 23); gest. 18.11.1827 in Stuttgart (Sterbehaus: Casernenstraße 20); Leichenfeier am 21.11. 1827, »trotz ungünstiger Witterung schön und würdig« (Christian Riecke). – Schriftsteller.

Sohn des Regierungssekretärs August Friedrich Hauff (1772–1809) und der Hedwig Wilhelmine geb. Elsäßer (1773–1845); jüngerer Bruder von Hermann Hauff [s. Abt 6a/1060]. Freund von Christian Riecke [s. Abt 1a/18], Moriz Pfaff [s. Abt 3b/511] und Adolf Riecke [s. Abt 8/1275]. Franckh [s. Abt 4a/zwischen 575 und 587] und J.F. Cotta [s. Abt 2a/170] waren seine Verleger.

Aufgewachsen in Stuttgart und Tübingen bei Eltern und Großeltern, kommt der aufgeweckte junge Hauff bereits nach achtjährigem Besuch der Schola anatolica in Tübingen, 1809–1817, ins Seminar Blaubeuren.

»Die Freunde [der »Kleinen Compagnie«] schmückten sein Grab ... mit einem mächtigen Felsblock vom Lichtenstein [1828] und umpflanzten diesen mit Epheu, den sie vom Eingang der Nebelhöhle nahmen. Er hat schon längst mit seinen grünenden Ranken den ganzen Fels umschlungen und läßt nur die [1867? angebrachte] kleine Tafel von Bronze mit dem schlichten Namen des Dichters frei, der zusammen mit der [1951 gestohlenen, 1952 ersetzten] Lyra und den Worten: Auch sie schlummern nur eine Weile! – dem fremden Besucher das teure Grab verrät.« (Julius Klaiber)
Die Lyra am Grab Hauffs ist möglicherweise eine Anspielung auf das Motto in Hauffs letzter Novelle, ›Das Bild des Kaisers‹, das der Napoleon-Meditation Lamartines entnommen ist: »Ne crains pas cependant, ombre encore inquiète,/Que je vienne outrager ta majesté muette!/Non – la lyre aux tombeaux n'a jamais insulté.«

**Wilhelm Hauff,**
**geb: 29. Novbr: 1802. gest. 18. Novbr: 1827.**
Seine Tochter:
**Wilhelmine Hauff**
**geb: 11. Novbr: 1827. gest: 2. Ianuar 1845.**
Seine Frau:
**Luise Hauff, geb. Hauff,**
**geb: 6. Ianuar 1806. gest: 30. Iuli 1867.**
**Auch sie ruhen nur eine Weile.**

Die Kompromotionalen Ludwig Amandus Bauer [s. Abt 6b/1086] und Carl Wolff [s. Abt 1b/121], die zu Mörikes Freundeskreis zählen, bleiben Hauff gleichgültig. Erst mit dem wiederum vorzeitigen Abgang zum Theologie-Studium nach Tübingen, 1820–1824, entwickelt Hauff in der Burschenschaft und bei Waterloofeiern einen ausgeprägten Freundschaftskult; Hauffs Kneipname in der »Kleinen Compagnie« der »Feuerreiter« ist »Bemperlein«.
Schon der Tübinger Student und Burschenschafter beginnt mit der Sammlung von ›Kriegs- und Volks-Liedern‹, die er unter Hinzugabe von Eigenem anonym herausgibt (Stuttgart: J.B. Metzler 1824). Als Hauslehrer, 1824–1826, bei Baron Hügel [s. Abt 4b/674] bereitet Hauff mit einem für seine Landsleute ganz ungewöhnlichen Geschick seine literarische Karriere vor: 1826 erscheinen

— 925 —

Den 20 November Schwaben. 1827.

**Witterungs Beobachtungen aus Stuttgart vom Jahre 1827.**

| | | | | | |
|---|---|---|---|---|---|
| 6 U. Morg. | 13 Nov. | Therm. | auf 0 | Barom. | 27 Zoll, 7 8/10 L. |
| 2 U. Mitt. | | | 3 Grad über 0 | | 27 Zoll, 8 Lin. |
| 10 Uhr Ab. | | | 2 1/2 Grad unt. 0 | | 27 Zoll, 7 7/10 L. |
| | | | Heiter. | | |
| 6 U. Morg. | 14 Nov. | Therm. | 4 Grad unt. 0 | Barom. | 27 Zoll, 7 3/10 L. |
| 2 U. Mitt. | | | auf 0 | | 27 Zoll, 6 2/10 L. |
| 10 Uhr Ab. | | | auf 0 | | 27 Zoll, 5 6/10 L. |
| | | | Wolkich. | | |

**Württemberg.**

Gestorben ist: Den 12 November zu Gerstetten, OberAmts Heidenheim, Amtmann Lang, 78 Jahre alt.

den 13 Novbr. zu Oehringen, der vormalige OberLieutenant v. Schaumenkessel, Ritter des M.V.O., 41 Jahre alt;

den 18 Novbr. zu Stuttgart, der Schriftsteller, Dr. Wilhelm Hauff, 25 Jahre alt.

Friedrichshafen. Mein geliebter Gatte, J. G. Morf, schied heute nach kurzem Krankenlager, nur allzufrühe, in seinem vierzigsten Lebensjahre, von meiner Seite. Tief gebeugt durch den Verlust des Redlichen und Unvergeßlichen widme ich meinen Verwandten und Freunden diese Anzeige, und empfehle mich ihrem fernern Wohlwollen. Den 11 Nov. 1827.

Louise Morf, geb. Veyhl.

Gerstetten. Theilnehmenden Verwandten und Freunden geben wir die Nachricht, daß unser ewig geliebter Vater, Schwiegervater und Großvater, J. J. G. Lang, welcher 54 Jahre Amtmann in Gerstetten, Dettingen, Heldenfingen, Heuchlingen und Heuchstetten war, den 12 Nov., Abends 7 Uhr, in seinem 78 Jahre, des irdischen Lebens müde, zur ewigen Ruhe eingegangen ist. Vor 4 Jahren feierte er sein AmtsJubiläum in demüthiger Anerkennung der Güte Gottes, welche ihn soweit geführt hatte, erfreut durch die Gnade S. M. des Königs, welcher seine Verdienste anerkannte, und gesegnet von allen, welche während seines Lebens in amtlicher und häuslicher Berührung mit ihm standen. Tief betrauren wir unsern Verlust, aber im Gefühle der Theilnahme, und gestärkt durch die Tröstungen des Wortes Gottes fügen wir uns in seinen unerforschlichen Willen. Den 13 Nov. 1827. — Der einzige Sohn, Substitut Lang, mit seiner zweiten Gattin, g. Vöster, einer Tochter erster und einer zweiter Ehe.

Reutlingen. Heute früh um 5 Uhr starb nach 2 1/2 jährigen Leiden an Wassersucht unvorhergesehen schnell an einem SchlagAnfall unser lieber und getreuer Bruder, Kaspar Walter, Bäckermeister, bekannter unter dem Namen Seebeck. Seine Bruder- und FreundesTreue, sein gegen Jedermann redlicher und gerader Sinn, seine zuvorkommende Freundschaftlichkeit, seine unermüdete Thätigkeit in seinem Berufe und sein verständiges, einsichtsvolles Benehmen in allen Verhältnissen des Lebens werden sein Andenken allen denen theuer machen, die den braven Mann näher kannten. Herzlichen Dank zugleich allen seinen Freunden und Bekannten, besonders in Reutlingen u. Ehningen, für alle ihm erwiesene Liebe und Freundschaft, und besonders auch denen, die durch unermüdete Wart und Pflege seine langen Leiden zu erleichtern bemüht waren. Den 7 Nov. 1827. — Im Namen der Hinterbliebenen der älteste Bruder: Johannes Walter.

Stuttgart. Die musikalische Unterhaltung im Museum findet heute bestimmt Statt.

Den 20 Novbr. 1827. Stdpel.

Stuttgart. [EffektenVerkauf.] Die unterzeichnete Stelle wird am Donnerstag den 6 Dez., von Morgens 9 Uhr an, in dem MilitärSpitalGebäude bei der KalwerThorKaserne Strohsäcke, abwergene Leintücher, tüchene Mäntel und noch andere Geräthschaften gegen gleichbaare Bezahlung im öffentlichen Aufstreiche verkaufen, wozu die Liebhaber eingeladen werden. Den 18 Nov. 1827. Kön. MilitärSpitalVerwaltung.

Ludwigsburg. [HausVerkauf.] Durch den Tod des MezgerObermeisters Zilhardt kommt dessen Wohnhaus am 29 Nov., Vormittags 11 Uhr, auf diesigem Rathhause in öffentlichen Aufstreich. Dasselbe besteht in einem zweistockigen Wohnhause auf dem HolzMarkte, 76 lang, mit großem gewölbtem Keller, gemeinschaftlicher Einfahrt, Hof, Stallung, Schlachthaus und Scheuer, und ist darin mit gutem Erfolge Weinschank und Mezgerei betrieben worden. Liebhaber können das Haus täglich einsehen, und mit Stadtrath Jung als Pfleger der Kinder einen Kauf abschließen.

Großgartach. [Kanarienvögel.] Bei dem Unterzeichneten ist eine Parthie Kanarienvögel von 40 bis 50 Stücken im Ganzen oder einzeln zu verkaufen. Den 11 Nov. 1827. — AmtsBote Michael Diem.

Stuttgart. [DienstGesuch.] Der Unterzeichnete sucht ein Unterkommen für einen, laut authentischer Zeugnisse vorzüglichen, Geschäftsmann des s.g. SchreibereiStandes, in der Schweiz oder im Bezirk der Staaten Baiern, Württemberg und Baden, als OekonomieBeamter, PrivatSekretär, Rechnungsführer oder GeschäftsAssistenten; und gibt auf frankirte Anfragen nähere Auskunft

Köngoll im Vogt'schen Hause.

Zwei Tage nach Wilhelm Hauffs Tod: Die Meldung in der ›Schwäbischen Chronik‹ v. 20. 11. 1827, S. 925. Stadtarchiv Stuttgart.

fast gleichzeitig die anonymen ›Mittheilungen aus den Memoiren des Satan‹ und der pseudonyme ›Mann im Monde‹ (beide Stuttgart: Friedrich Franckh) sowie – mit Hauff als Herausgeber und Autor – der erste der Märchen-Almanache auf 1826 (Stuttgart: J. B. Metzler). Das gelungene dreifache Debüt verschafft dem Autor viel Anerkennung, den gesuchten literarischen Umgang und Aufträge, denen er sich, wie Wolfgang Menzel [s. Abt 13b/1402] bemerkt, »mit seiner angenehmen Schreibart nicht immer« in der »richtigen Auffassung des Gegenstandes« entledige – Menzels anonym erschienenen Rezensionen spenden Hauff indessen ungeteilten Beifall. Gerüchte wollen von gegenseitigen Belobungsritualen wissen. Nach der Ablieferung der »romantischen Sage« ›Lichtenstein‹ (Stuttgart: Friedrich Franckh 1826) unternimmt Hauff seine selber finanzierte Reise nach Frankreich, Belgien und Norddeutschland, während der er weiter fleißig produziert: ›Controvers-Predigt über H. Clauren und den Mann im Monde‹; ›Mittheilungen aus den Memoiren des Satan‹, Zweiter Teil; ›Märchenalmanach ... auf das Jahr 1827‹ (sämtlich Stuttgart: Gebr. Franckh 1827), daneben – als Beiträge für Zeitschriften – Erzählungen, Skizzen und kritische Reflexionen über Vielschreiberei und die Usancen des Büchermarkts. Am 1.1.1827 übernimmt Hauff die einzige, ihm angemessen erscheinende Stelle in der Literaturszene, die Redaktion von Cottas ›Morgenblatt für gebildete Stände‹, an der er scheitert: So tritt sein Bruder Hermann Hauff als ungenannter Mitredakteur neben ihn; nach Wilhelm Hauffs Tod führt Hermann Hauff das ›Morgenblatt‹ bis zu seinem Tod, 1865. Dann wird es bald darauf eingestellt.

In seinem Todesjahr, am 13. Februar, heiratet Wilhelm Hauff seine Base Louise Hauff. Wenige Tage vor Wilhelm Hauffs Tod wird seine Tochter Wilhelmine in Stuttgart geboren; sie stirbt 18jährig. Hauff verbringt den Sommer 1827 noch auf der Suche nach Motiven für einen Andreas-Hofer-Roman in Tirol und spediert – als wüßte er, daß ihm keine Zeit mehr bleibt – ein Buch nach dem andern auf den Markt: ›Phantasien im Bremer Rathskeller‹; ›Märchenalmanach ... auf das Jahr 1828‹ (beide bei Gebr. Franckh in Stuttgart); auch mit dem ›Taschenbuch für Damen. Auf das Jahr 1828‹ (Stuttgart, Tübingen: Cotta 1828) denkt er schon wieder an eine Fortsetzungsreihe. Die ›Novellen‹ in drei Bändchen und die ›Phantasien und Skizzen‹ sind bereits Sammlungen des verstreut Erschienenen (Stuttgart: Gebr. Franckh 1827, 1828), das der erst Fünfundzwanzigjährige ediert.

»In seinen lezten Tagen«, berichtet F. A. im Nekrolog der Zeitschrift ›Hesperus‹, »beschäftigte er sich mit dem Text einer Oper für einen in Neapel angelangten Tonkünstler aus Stuttgart, Herrn Benedikt. Der erste Akt ist auch bereits beendigt. Zu den weitern Arbeiten, die er im Laufe des nächsten Jahres zu vollenden gedachte, gehört der dritte Theil der Memoiren des Satans und eine größere historische Novelle, die im tyroler Aufstand im Jahr 1809 spielen sollte.«

Hauff stirbt am 18.11.1827, elf Tage vor seinem 25. Geburtstag, am Schleimfieber, nach anderen Quellen am Nervenfieber. Christian Riecke berichtet seinem Bruder Adolf am 3. Dezember: Ein Übelbefinden des Magens und »Beengung beim Atmen« waren die ersten Vorzeichen der vierwöchigen Krankheit, die zum Tode führte. »Das Delirium begann zuerst mit langen Unterbrechungen, in den letzten Tagen aber wurde es nur selten durch schnell sich wieder verwischende und nie ganz lichte Momente des Bewußtseins unterbrochen. In solchen Augenblicken schwebte ihm der Tod vor; schon am Montag hatte ihn das Vorgefühl desselben ergriffen; er entdeckte es seiner Mutter und bat sie, ihm die Augen zuzudrücken. Später nahm er mehreremal von ihr und seinen übrigen Verwandten Abschied; dies namentlich am Vorabende seines Todes; er äußerte in seinen letzten Tagen unter anderem: ›Er fühle mehr, als er sagen könne‹, ›er wolle zeigen, wie man sterben müsse‹, ›er verdanke es dem Gebet seiner Mutter, daß er dem Tod lächelnd entgegensehen könne‹, ›22 und 25 Jahre, ein braves, liebes Weib, die schönsten Aussichten und alles dies vorbei‹. Er betete einmal mit besonders deutlicher Stimme: ›Vater in deine Hände empfehle ich meinen unsterblichen Geist!‹ Er sprach viel von uns und anderen Freunden: es war, wenn ich nicht irre, am vorletzten Tag, daß er verlangte, man solle Stühle hereinbringen und den runden Tisch herstellen, damit sich der Feuerkranz versammeln könne ... Der Todeskampf war hart und lang, doch minder arg als bei Frisch [einem anderen Freund der »Kleinen Compagnie«]. Bei der Sektion zeigte sich das Herz zu klein und die Milz zu groß; im Hirn hatte sich durch die Krankheit eine Verhärtung gebildet: sonst fand man aber nichts, so daß man die Gewißheit erhielt, Hauff sei einzig an seiner letzten Krankheit gestorben ...«

**Todes-Anzeige.**

Sonntag den 18 November starb Dr. Wilhelm Hauff an einem nervösen Fieber, wenige Tage vor zurückgelegtem 25sten Jahre und wenige Tage nach der Geburt seines ersten Kindes. Wittwe, Mutter, Geschwister und Freunde rufen ihm ein schmerzliches Lebewohl nach. Allen Freunden des Guten und Schönen wird sein Verlust wehe thun, und sie werden die bitteren Thränen der ihm näher Befreundeten gerecht heißen.

Stuttgart, den 18 Nov. 1827.

Die Hinterbliebenen und Freunde des Verstorbenen.

Riecke erwähnt noch: »Die Teilnahme, welche Hauffs Tod erregte, war groß und allgemein, hier und im ganzen Lande.« Carl Grüneisen (1802–1878), ein Vetter Wilhelm Hauffs und damals Hofkaplan hält die Leichenfeier in der Hospitalkirche. Gustav Schwab trägt am Grabe das »im Namen der Freunde« gedichtete Carmen »O heller Tage dunkles Ende, Tod ...« vor. Friedrich Haug veröffentlicht in der Zeitschrift ›Hesperus‹ die Klage ›Als Wilhelm Hauff starb‹. Die Trauergedichte sammelt der Verleger Franckh in einem Blatt ›Andenken an Wilhelm Hauff‹, in dem auch Uhlands Nachruf ›Auf Wilhelm Hauff's frühes Hinscheiden‹ mitgeteilt wird. Er feiert den Autor des ›Lichtenstein‹, von dem ein Fels die Grabstätte bedeckt:

..... Auf schroffem Steine,
Dem man die Burg gebrochen, hob sich neu
Ein Wolkenschloß, ein zauberhaft Gebäu.
Doch in der Höhle, wo die stille Kraft
Des Erdgeists – räthselhafte Formen schafft:
Am Fackellicht der Phantasie entfaltet,
Sahn wir zu Heldenliedern sie gestaltet ...

Totenregister der Hospitalkirche, 1824–1834. – Andenken an Wilhelm Hauff. Franckh'sche Buchdruckerei Stuttgart: 1827. – Hesperus, Nr. 279 v. 21. 11. 1827, S. 1114. – Karl Riecke, Meine Eltern, ihre Geschwister und ihre Freunde. Stuttgart 1897: Kohlhammer. – Friedrich Pfäfflin, Wilhelm Hauff und der Lichtenstein. Marbach: Deutsche Schillergesellschaft 1981.

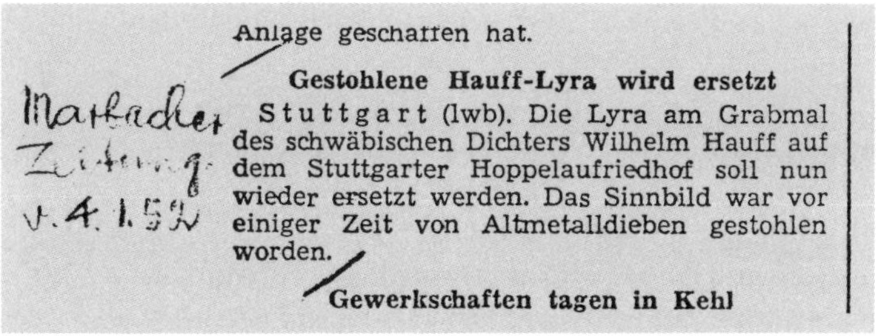
Anlage geschaffen hat.

**Gestohlene Hauff-Lyra wird ersetzt**

Stuttgart (lwb). Die Lyra am Grabmal des schwäbischen Dichters Wilhelm Hauff auf dem Stuttgarter Hoppelaufriedhof soll nun wieder ersetzt werden. Das Sinnbild war vor einiger Zeit von Altmetalldieben gestohlen worden.

**Gewerkschaften tagen in Kehl**

Marbacher Zeitung v. 4. 1. 1952 (Deutsches Literaturarchiv Marbach).

Auf der gegenüberliegenden Seite: Allgemeine Zeitung, Beilage, Nr. 326 v. 22. 11. 1827, S. 1304.

[Abt 3b/511]

**Moritz** [Moriz] Heinrich Burkhard **Pfaff,** geb. 9. 10. 1803 in Stuttgart; gest. 22. 5. 1875 in Stuttgart. – Jurist.

Zwei liegende Grabplatten aus Sandstein mit Schrifteinlagen aus Marmor für:

**Moriz Heinrich**
**Burkhard v Pfaff**
**Geheimer-Rath**
**geb. 9 October 1803**
**gest. 22 Mai 1875**

und dessen Sohn:

**Moriz Pfaff**
**Oberfinanzrath a. D.**
**geb. 12. September 1836**
**gest 18. November 1914**

Sohn des Hof- und Finanzrates Christian Gottfried Pfaff (1768–1838) und der Franziska *Henrietta* Charlotta geb. Fischer (1775–1818), einer Tochter des Oberbaudirektors Reinhard Ferdinand Heinrich Fischer [Abt 2b/300], Schüler von Gustav Schwab [s. Abt 7a/1141]; Freund von Christian Riecke [s. Abt 1a/18], Wilhelm Hauff [s. Abt 3b/508], Adolf Riecke [s. Abt 8/1275].

Moritz Pfaff gehört mit dem Kneipnamen »das Pfäffle« oder »Pfaff I« – zur Unterscheidung von stud. jur. Gustav Pfaff, seinem Vetter, »dem Langen« oder »Pfaff II« – zum Tübinger Studentenzirkel von Wilhelm Hauff, den »Feuerreitern«. Nach dem Studium ist er wie Christian Riecke Assessor am Kreisgericht Ellwangen, dann am Oberamtsgericht Neckarsulm beschäftigt. 1831–1841 ist er beim Zivilsenat des Kreisgerichtshofes in Ulm tätig, 1841–1851 beim Obertribunal in Stuttgart, wo er schließlich bis 1870 als Geheimer Rat amtiert.
Pfaff I ist, nach Wilhelm Hauffs Meinung, der erste Kritiker seiner »mitunter wenig gediegenen Producte«, die er »mit Scharfsinn und richtigem Tact« zurechtgewiesen habe, er ist für den Autor in den Zeiten jungen Ruhms der Adressat für alle Erwartungen in dem »Beruf zu schriftstellern«. Pfaff erkennt auch den Verfasser des anonym erschienenen ›Mann im Monde‹, und so darf »Freund Moritz« im Zweiten Teil der ›Memoiren des Satan‹ auch die Nachricht über den verlorenen Prozeß gegen Clauren überbringen. In Hauffs Novelle ›Die Sängerin‹ wird der »Oberfinanzreferendarius Pfäffle« als ein »kurzer, junger Mann mit roten Wangen und kleinen Äuglein« beschrieben.
Am 7. 9. 1826 unterrichtet Hauff den Freund aus Hamburg, wie dieser sich seine Schriftstellerkarriere vorzustellen habe: »Als ich meine ersten Bände in die Welt gab, war es nicht Bescheidenheit sondern Stolz, was mich abhielt, einem Buchhändler, dem ich durch gesellschaftliche Verhältnisse nahe stand, und den Du den *König* der Gilde nennst, meine ersten Werke anzubieten [gemeint ist Johann Friedrich Cotta, der Schwager Hügels, bei dem Hauff Hauslehrer gewesen war]. Durch mich selbst wollte ich mir einen Namen machen, nicht durch die

berühmte Firma, die Schiller, Göthe und Herder auf ihrem Aushängeschilde trägt. Ich wählte mir den unberühmtesten der Kleinhändler, der überdiß seit Phaiton [Wilhelm Waiblingers ›Phaëton‹], Seeligen Angedenkens, nicht im besten Geruche stand. Wenn ich ihm und den Versicherungen anderer Buchhändler trauen darf, so habe ich ihm einen Namen gemacht [gemeint ist Franckh].« Als Hauff Ende 1826 nach Stuttgart zurückkehrt, ist es Cotta selbst, der ihm die Stelle des Redakteurs im ›Morgenblatt für gebildete Leser‹ offeriert.

Karl Riecke, Meine Eltern, ihre Geschwister und Freunde. Stuttgart 1897: Kohlhammer. – Friedrich Pfäfflin, Wilhelm Hauff und der Lichtenstein. Marbach: Deutsche Schillergesellschaft 1981.

[Abt 3b/515]

**Emilie Zumsteeg,** geb. 9.12.1796 in Stuttgart; gest. 1.8.1857 in Stuttgart; beerdigt am 3.8.1857. – Komponistin; Sängerin und Pianistin, Musikpädagogin.

Tochter des Musikers Johann Rudolf Zumsteeg (1760–1802), Schillers und Danneckers Jugendgefährte, der »gute Mann« (Schubart), und der Louise geb. Andreä (1760–1837); Schwester von Gustav Adolph Zumsteeg [s. Abt 5a/819].

Stele aus grauem Sandstein mit einer Lyra nach einem Entwurf von Christian Friedrich Leins (1857), eingeweiht am 1.8.1858; Emilie Zumsteeg wird im Grab ihrer Mutter Louise Zumsteeg beigesetzt, das heute spurlos verschwunden ist.

EMILIE
ZUMSTEEG
GEB: 9 DEZ: 1796
GEST: 1 AUG: 1857
AUS DANKBARER VEREHRUNG
GEWIDMET.

Auf der Rückseite zwei Strophen aus einem Gedicht von Johann Georg Fischer, die Emiliens Neffe Adolf Zumsteeg am 9.12.1896 bei einer Familienfeier vorträgt: ›An Emilie Zumsteeg‹:

ZUM HEIMATHLAND, WO DU IN TOENEN
IM GEISTE LEBEND SCHON GEWEILT,
ZUM HEIMATHLAND DES EWIGSCHÖNEN
BIST DU IM TOD UNS VORGEEILT:
UND DOCH BIST DU BEI UNS GEBLIEBEN,
DENN DEINE KRAFT LEBT WIRKEND FORT,
WIE UNSER DANK UND UNSER LIEBEN
LEBENDIG BLEIBT IN THAT UND WORT.

Schwieriger noch als die Erziehung des unmündigen Sohnes stellt sich für die Witwe Zumsteeg nach dem frühen Tod ihres Mannes die Ausbildung der Tochter dar: Louise Zumsteeg gründet zur Sicherung ihrer wirtschaftlichen Existenz mit der Unterstützung des Musikverlages Breitkopf & Härtel 1802 eine Musikalienhandlung. Von Emilie ist überliefert, daß sie früh schon durch den Pianisten Heinrich Christian Gottlob Schick, den Bruder des Malers, und durch den Hofmusikdirektor Wilhelm Sutor ausgebildet worden sei. Seit 1817 veröffentlicht sie eigene Liedkompositionen, bei Simrock in Bonn, bei Schott in Mainz und bei Zumsteeg in Stuttgart: Sie vertont u. a. das ›Ulrichlied‹ aus Wilhelm Hauffs Roman ›Lichtenstein‹, Schillers ›Reiterlied‹, die ›Schilflieder‹ von Nikolaus Lenau. Emilie Zumsteeg hat Umgang mit Carl Maria von Weber, mit Konradin Kreutzer, sie musiziert mit Johann Nepomuk Hummel oder übernimmt für Peter von Lindpaintner die Einstudierung der Chöre, wenn er in Stuttgart die Oratorien von Händel, Bach, Haydn, Mendelssohn zur Aufführung vorbereitet. Mit Kerner, Schwab, Mörike, Hermann Kurz ist sie befreundet, und Nikolaus Lenau, dem sie in den Stuttgarter Jahren öfters begegnet, schreibt am 6.5.1841 aus dem Hartmann-Reinbeckschen Hause in Stuttgart an die Freundin Sophie Löwenthal: »Des Abends wird mir zuweilen Musik gebracht von musikalischen barmherzigen Schwestern. Wenn das Klavierzimmer offen steht, so kann ich durch meine etwas geöffnete Türe, vor der

Steindenkmal links: Grabmal Emilie Zumsteeg [Abt. 3b/515]. Photographie Mathias Michaelis, 1991.

mich eine spanische Wand schützt, jeden Ton hören. Diese unsichtbar hörbaren Spenderinnen«, die für den kranken Dichter spielen, »sind: Fräulein Leibnitz, Madame Heinrich, Fräulein Zumsteeg und Evers ...«

»Fräulein Zumsteeg«, wie sie gewöhnlich genannt wird, ist zuletzt Musiklehrerin am Stuttgarter Katharinen-Stift. Begraben wird sie »unter Kränzen des Ruhmes und Thränen des Dankes von einer großen Zahl von Verehrern, Freunden, Schülern und Schülerinnen im Grabe ihrer heißgeliebten Mutter«.

[Wilhelm] Mehl, Worte am Grabe der Emilie Zumsteeg. Stuttgart: J. B. Metzler [1857]. – Zum Gedächtnis von Emilie Zumsteeg. Stuttgart: J. B. Metzler [1896]. Nikolaus Lenau, Briefe. Leipzig: Insel 1913, Bd 3, S. 36.

Allgemeine Zeitung, Beilage, Nr. 217 v. 5. 8. 1857, S. 3470.

**Stuttgart.** Den vielen Freunden und Freundinnen der **Emilie Zumsteeg** geben wir die schmerzliche Nachricht daß sie nach namenlosen Leiden am 1 August im 61sten Lebensjahre sanft verschieden ist. [5333] **Die Hinterbliebenen.**

[Abt 3b/534]

Hermann **Theodor Liesching,** geb. 23.4.1821 in Stuttgart; gest. 1.10. 1871 in Stuttgart. – Verlagsbuchhändler.

Sohn des Verlagsbuchhändlers Samuel Gottlieb Liesching (1786–1864) und der *Louise* Christiane Wilhelmine geb. Haakh (1789–1841), [s. Abt 3b/545].

Pultstein in rotem Sandstein mit aufgeschlagenem Buch aus weißem Marmor. Der 1992 stark beschädigte Grabstein wurde nach einer Photographie transkribiert.

Rechte Buchseite:

**Theodor Liesching**
**Buchhändler**
**geboren ..........**
**entschlafen ........**
**Ich ...............**
**.................**

Linke Buchseite:

**[Helene] Liesching**
**geb.Schlegel**
**geboren am 30. Janu[ar 1831]**
**entschlafen am 31. Dec[ember 1862]**
**Christus ist mein [Leben]**
**[Ster]ben ist meinGe[winn]**

Theodor Liesching übernimmt nach dem frühenTod seines Bruders Jakob Friedrich Liesching (1813–1845) die von seinem Vater gegründete Verlagsfirma und gibt ihr eine wissenschaftliche und theologische Ausrichtung. Seine besonderen Interessen scheinen Fragen der Standesvertretung und des buchhändlerischen Verbandslebens zu gelten: So beteiligt er sich 1856 an den Entwürfen für ein Gesetz gegen den Nachdruck; 1856–1859 gehört er dem Vorstand des Börsenvereins der Buchhändler in Leipzig an, zwischen 1861 und 1864 dem Vergleichsausschuß der Buchhändler und Verleger. Zwischen 1854 und 1869 redigiert Liesching die ›Süddeutsche Buchhändlerzeitung‹; er ist Vorstandsmitglied des Süddeutschen Buchhändlervereins. Dann zieht er sich – schwer leidend – im Mai 1869 ins Privatleben zurück, nachdem er den Hauptteil seines Verlages an Carl Bertelsmann veräußert hat.

Verheiratet ist Liesching seit 1850 mit *Johanna* Helene Schlegel (1831–1862); 6 Kinder. Seit 1864 mit *Cäcilie* Susanna Luise Regenbrecht (1840–1915); 4 Kinder.

Börsenblatt für den Deutschen Buchhandel, Jg 38 v. 16.10.1871, Nr. 239, S. 3303. – F. J. Frommann, Geschichte des Börsenvereins der Deutschen Buchhändler. Leipzig: Börsen-Verein 1875.

3b/545]

**Samuel** Gottlieb **Liesching,** geb. 28. 8. 1786 in Stuttgart; gest. 7. 1. 1864 in Stuttgart (Sterbehaus: Silberburgstraße 158). – Kaufmann, Kunsthändler; Verlagsbuchhändler.

Sohn des Kaufmanns, Tuchhändlers und Wechselgerichtsassessors Jacob Friedrich Liesching (1746–1805) [Abt 3b/535] und der Maria *Elisabeth* geb. Kodweiß verw. Enßlin (1760 bis 1821).

Zwei Grabplatten in rotem Sandstein:

.........
**Liesching**

.........
.........

.........

**Samuel Gottlieb Liesching**
**geb.......**
**gest......**

Jacob Friedrich Liesching war der Sohn von Herzog Carl Eugen und der Friederike Beate Isenflamm (1724–1798), die 1753 den Pfarrer Georg Friedrich Liesching (1722–1754) heiratete. Maria Elisabeth Kodweiß ist – weitläufig verwandt mit der Mutter Schillers – Patin einer seiner Schwestern.

Samuel Liesching ist zunächst in der Tuchhandlung seines Vaters tätig und geht dann, zur weiteren Ausbildung, auf Reisen. Dabei wendet er sich dem Kunsthandel zu, vermittelt und verkauft Bilder, u. a. an die kgl. Sammlung in Stuttgart. In Paris kommt der mit Uhland befreundete junge Mann mit der liberalen Bewegung in Berührung. So gründet er 1822 in Stuttgart das freisinnige »Zeitblatt« ›Teutscher Beobachter‹ (in Kommission bei Winter in Heidelberg), das »nach einem Bundestags-Beschlusse« im Juni 1823 »unterdrückt«, d. h. verboten wird. »Die vorhandenen Exemplare sind in Beschlag genommen. Die Herausgabe des Blatts darf weder fortgesetzt, noch der Redakteur, S. G. Liesching, innerhalb fünf Jahren bei der Redaktion irgend einer andern periodischen Zeitschrift mit politischer Tendenz, zugelassen werden.« (›Unsern Lesern‹, 13. 6. 1823) »So wie die schönsten Körper am meisten von Krankheiten entstellt werden, so haben die freyesten Republicken auch die scheinbarsten Uebel«, bemerkt Liesching in Nr. 64 vom 13. 5. 1823 in einer von der Zensur noch nicht verwüsteten Ausgabe seines ›Teutschen Beobachter‹.
Wolfgang Menzel schildert Liesching damals als einen »im Vermögen herab gekommenen Kaufmann, der aber voller Geist war, schöne Kenntnisse, besonders im Gebiet der bildenden Kunst besaß, aber auch mit Gemälden handelte«.
Nun wird Liesching durch den Gerichtshof in Eßlingen vom 29. 5./6. 6. 1825 »wegen Verschweigung und Begünstigung revolutionärer Umtriebe« – in der Sache gegen den sogenannten »Jünglingsbund« – zur Festungshaft auf dem

Hohenasperg verurteilt. Dort verbringt er sechs Monate, mit Gustav Eduard Kolb, Karl August Mebold u. a.
Als Liesching entlassen wird, hat er das »wunderbare Glück ..., in der Frankfurter Lotterie das große Loos zu gewinnen« (Menzel). Er begleicht seine Schulden und begründet mit seinem Bruder Johann Friedrich (1816–1837) am 1. 1. 1835 in der Stuttgarter Marienstraße einen Verlag, in dem u. a. Gustav Schwabs ›Buch der schönsten Geschichten und Sagen‹ (1836) neben Schriften von Gustav Pfizer, Lewald und Menzel erscheinen. Die Verhandlungen mit Mörike kommen über Vorschußbitten des Autors nicht hinaus. Hermann Kurz, der 1836 Isaac D'Israelis ›Geist des Judenthums‹ anonym übersetzt, nennt den Verleger »nobel«. Er »zahlt prompt und druckt wie ein Engländer«.
Liesching heiratet 1810 Louise Christiane Wilhelmine Haakh (1789–1841); 6 Kinder; nimmt 1841 seinen Sohn Jakob Friedrich (1813–1845) in den Verlag; nach dessen frühem Tod führt Theodor Liesching (1821–1871), [s. Abt 3b/534] das Unternehmen, das nun eine theologische Ausrichtung bekommt. Samuel Gottlieb Liesching stirbt an Altersschwäche; am 10. 1. 1864 wird er auf dem Hoppenlau-Friedhof begraben.

Familienregister Stuttgart, 1808–1875, Bd 3, S. 714. – Totenregister der Stiftskirche, 1803–1821. – ›Teutscher Beobachter‹, 1822/23. – Hamberger/Meusel, Das gelehrte Teutschland, Bd 23, 1834. – Wolfgang Menzel's Denkwürdigkeiten. Berlin, Leipzig: Velhagen & Klasing 1877, S. 195, 214. – Deutsche Buchhändler, Deutsche Buchdrucker. Hrsg. von Rudolf Schmidt. Eberwalde: Rudolf Schmidt 1907, Bd 4, S. 619f. – Börsenblatt für den Deutschen Buchhandel, Nr. 5 v. 11. 1. 1864, S. 68. – Hildebrecht Hommel, Der falsche Liesching, in: Genealogie, 37. Jg Bd 19, Heft 4 v. April 1988, S. 97 ff.

**Todes-Anzeige.** Stuttgart, 7 Januar 1864. Heute Nachmittags um 1 Uhr entschlief, im festen Glauben an die ihm in Jesu Christo geschenkte Erlösung, nach langsam eingetretener Entkräftung, unser theurer Vater, Großvater und Bruder

**Samuel Gottlieb Liesching,** Verlagsbuchhändler,

im 78. Jahr seines Lebens. — Wir preisen Gott über allem was dem Entschlafenen in einem langen Leben zu Theil geworden, und für den Segen der uns von dem Andenken an das Haupt unserer Familie immerdar bleiben wird.

[191] Im Namen der Hinterbliebenen: der Sohn **Theodor Liesching.**

Allgemeine Zeitung, Beilage, Nr. 13 v. 13. 1. 1864, S. 211.

[Abt 4a/563]

Christian Ludwig **Heinrich Wagner,** geb. 10.1.1783 in Stuttgart; gest. 23.4.1863 in Stuttgart. – Kanzleirat. Schriftsteller.

Sohn des Stuttgarter Leonhardskirchenmesner Heinrich Jakob Wagner (1747?–1785) und der Eva Rosina Elisabetha geb. Kohler (* 1756).

Grabplatte aus grauem Sandstein (1958 erneuert):

**CHRISTIAN LUDWIG**
**HEINRICH WAGNER**
**CANZLEIRATH**
*
**1753 [!]**
**1863**
†

»Ein braver Subalternbeamter, loyal, konservativ und christlich gesinnt, mehrmals verheiratet und im Besitz einer großen Kinderschar, dabei in engen Verhältnissen lebend.« Rudolf Krauß rechnet den dilettierenden dialektdichtenden Verseschmied, der alles in Reime bindet, was der Tag ihm zuträgt, in seiner ›Schwäbischen Litteraturgeschichte‹ unter die »Gelegenheitsdichter«. Was nicht falsch verstanden werden darf, denn der »Gelegenheiten« sind viele. Wagner oder Wergan, wie er sich anagrammatisch nennt, nimmt sie alle beim Schopf und stopft sie in das sechsbändige Fortsetzungswerkchen ›Ergüsse meiner Laune‹, das seit 1833 in »Stuttgart, zu haben bey dem Verfasser, Hauptstädterstraße Nr. 28« erscheint. Die Pränumerantenliste wird angeführt von »Seiner Majestät dem König Wilhelm von Würtemberg« und dann folgen Namen über Namen, neun Seiten lang: D'Autel, Dannecker, von Hügel, Kielmeyer, Köstlin, Leybold, Löflund, Märklin, Müller, Pfaff, von Phull, Plieninger, Rapp, Ritter, Schwab, Steinkopf – um nur Nachbarn aus dem Hoppenlau-Friedhof zu nennen.

Als er einen Verleger findet, der seine Produktionen immerhin in Kommission nimmt, erscheinen die Rohbogen der »Ergüsse seiner Laune« als ›Stech-Palmen. Satyrisches und Lyrisches aus Süd-Deutschland‹ mit den hübschesten lithographischen Blättchen von Johann Baptist Pflug (Stuttgart: Paul Neff). Pflanzenhaft wuchern seine Produktionen fort: ›Rittersporen und Schwertlilien‹ (Stuttgart: Verlag des Verfassers 1849); ›Sylvester-Blüthen‹ (Stuttgart 1863: Hofbuchdruckerei Zu Guttenberg). Mit einem Gedicht schreibt er sich ins Gedächtnis seiner Landsleute: »Muß i denn, muß i denn zum Städtele 'naus ...« stammt aus Wagners Feder.

1856/57 gibt Wagner als »Vorstand des kgl. Archivs des Innern d. D.« die ›Geschichte der Hohen Carls-Schule‹ in zwei Bänden heraus (Würzburg: C. Ettlinger). Wagner ist seit 1816 mit Amalie Walz (1796–1828), 6 Kinder, verheiratet; 1828 heiratet er Wilhelmine Herbort (1800–1879), 8 Kinder.

Erfundene Grabschriften, den Epigrammen von Friedrich Haug durchaus verwandt, sind eine von Wagner-Wergans Spezialitäten. Da heißt es einmal:

Grabschrift eines Censors.

Die Wahrheit hat er stets gestrichen.  
Weß ist er nun, seit er verblichen?  
Ich denk' ihn holt mit viel Vergnügen  
Sein Chef, der Vater aller Lügen.

Familienregister Stuttgart, 1808–1875, Bd 5, S.726. – Nägele, Familienbuch Stuttgart, 1700–1820. – Heinrich Wagner, Rittersporen und Schwertlilien. Stuttgart: Verlag des Verfassers 1849, S.42. – Rudolf Krauß, Schwäbische Litteraturgeschichte. Tübingen: J.C.B. Mohr 1899, Bd 2, S.162f.

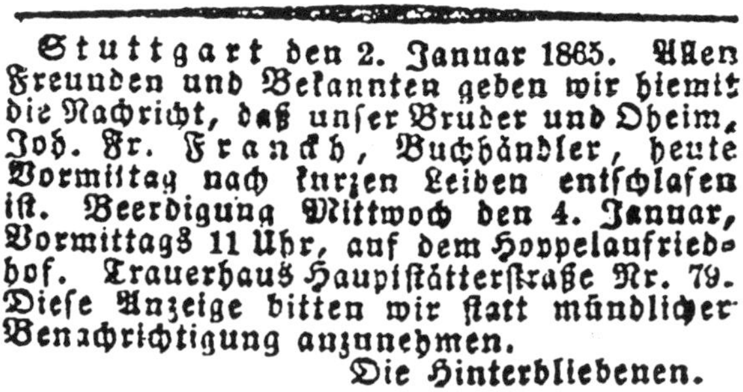

Stuttgart den 2. Januar 1865. Allen Freunden und Bekannten geben wir hiemit die Nachricht, daß unser Bruder und Oheim, Joh. Fr. Franckh, Buchhändler, heute Vormittag nach kurzen Leiden entschlafen ist. Beerdigung Mittwoch den 4. Januar, Vormittags 11 Uhr, auf dem Hoppelaufriedhof. Trauerhaus Hauptstätterstraße Nr. 79. Diese Anzeige bitten wir statt mündlicher Benachrichtigung anzunehmen.

Die Hinterbliebenen.

Schwäbische Chronik v. 3.1. 1865. Stadtarchiv Stuttgart.

[Abt 4a/zwischen 575 und 587]

Johann **Friedrich Franckh,** geb. 11.12. 1795 in Stuttgart; gest. 2.1. 1865 in Stuttgart. – Buchhändler und Verleger.

Bei Pfeiffer (1912) zwischen Grab Nummer 575 (Sick) und 587 (Bilfinger) genannt: »Franckh, Friedrich, Buchhändler, 1795–1865«.

Zweiter Sohn des Oberumgelders Johann Christian Franckh (1765–1818) und der Eva Friederike geb. Kohlin (1770–1838).

Der in Holland zum Kaufmann ausgebildete Friedrich Franckh gründet am 19.6.1822 in Stuttgart eine Sortiments- und Verlagsbuchhandlung, Königstraße 57, mit angeschlossener Leihbibliothek (Kronprinzenstraße ?), an der sein jüngerer Bruder, der geschickte Friedrich **Gottlob Franckh** (26.1.1802 bis 23.9.1845), bald maßgeblich beteiligt ist. Ihn hat Wilhelm Hauff vermutlich vor Augen, wenn er in seiner Novelle ›Die letzten Ritter von Marienburg‹ dem Buchhändler Kaper die Verlegerweisheit in den Mund legt: »... alles im Buchhandel ist nur Mode; wer eine neue angibt, ist Meister ...« Und als treffliches Beispiel dann sogleich mit dem Hinweis auf den von den Franckhs verlegten Walter Scott aufwartet: »Und jetzt hat Walter Scott wieder eine neue Mode gemacht; ich möchte mir die Haare ausraufen, daß ich keine Taschenausgabe machte ...« Auch der Pragmatismus des Herrn Salzer in dem literaturkritischen Essay ›Die Bücher und die Lesewelt‹ schreibt sich vermutlich von Gottlob Franckh'schen Einfällen her.
Der Verlag von Friedrich Franckh, der bald mit »Gebrüder Franckh« firmiert, versteht sich von Anfang an als Konkurrenten der J. G. Cotta'schen Buchhandlung, die in der Königstraße 42 residiert. Franckh erlaubt seinem Autor Wit genannt von Dörring, den großen Cotta als »Herzog Cagotti« (I. G. Cotta) anagrammatisch zu verspotten. Zumindest Wilhelm Hauff versucht, als Franckh-Autor aus der buchhändlerischen Konkurrenzsituation Kapital zu schlagen: »Freilich will der arme Teufel Frank seinen Nachbar in der Königstraße überall copiren, und eine Periodische Zeitschrift ins Leben treten laßen«, teilt Wilhelm Hauff seinem Bruder Hermann am 28.6.1826 mit und knüpft daran allerlei strategische Überlegungen: »Aber wenn wir das Morgenblatt bekommen können, sind wir nicht die Narren es auszuschlagen, denn es ist doch ein ganz anderes Ding ein Blatt zu führen als es zu gründen. Doch in dieser Beziehung möchte ich mit Fr. Frank nicht ganz brechen. Denn wenn Cotta mir, d. h. uns das Blatt nicht giebt, könnten wir immer etwas Schönes machen.« (Johann Friedrich Cotta übergibt Wilhelm Hauff die Redaktion des ›Morgenblattes‹ zum 1.1.1827, worauf dieser binnen drei Monaten seinen Bruder Hermann daran beteiligt.)

Die beiden Franckh-Brüder gewinnen Wilhelm Waiblinger für ihren Verlag, den erfolgreichen Wilhelm Hauff, Ludwig Bauer, Carl Julius Weber, den Vielschreiber Karl Spindler, Wolfgang Menzel und den Fürsten Pückler. Sie versuchen es mit Büchern gegen die Jesuiten und für Napoleon; sie beteiligen sich an der Exploitation von Walter Scott und liefern James Fenimore Cooper in Fortsetzungen für ihre Abonnenten. Aber offensichtlich sichert auch die Verlagsabteilung erotischer Literatur mit den vielversprechenden Memoiren eines weiblichen Casanova, dem Bericht des Leibpagen der Marie-Antoinette oder den Aufzeichnungen der Kammerfrau der Pompadour das Weiterbestehen des Verlages nicht. 1830 verkauft Gottlob Franckh seinen Anteil an Brodhag in Stuttgart und sucht ein kurzes Sortimenterglück in München. Friedrich Franckh bleibt Brodhags Teilhaber. Als Gottlob schon 1833 nach Stuttgart zurückkehrt, wird er wegen demokratischer Umtriebe in der sogenannten Koseritz'schen Verschwörung angeklagt, aber erst 1839 inhaftiert und bis zum 25jährigen Regierungsjubiläum König Wilhelms I., 1841, auf der Festung Asperg als politischer Gefangener festgehalten. Dort gründet er mit Adolph Krabbe, dem nachmaligen Verleger, als Geschäftsführer den »Verlag der Classiker«, den er vom Hohenasperg aus leitet. Nach der als ungerecht empfundenen Begnadigung – denn er suchte sein Recht! –, gründet Gottlob Franckh mit seinem Bruder Friedrich in Stuttgart erneut die »Franckh'sche Verlagshandlung«, der Friedrich Franckh bis 1861 vorsteht. Gottlob Franckh stirbt am 23. 9. 1845 im Irrenhaus von Winnenthal, wo weniger als ein Jahr vorher der wahnsinnige Lenau eingeliefert worden war. »Den 23. zu Winnenthal in der Irrenheilanstalt [starb] der Buchhändler F. G. Franckh aus Stuttgart. Mit ihm ging ein buchhändlerisches Talent unter, – ein Talent, das seine Nahrung aus den jüngsten Spenden der Zeit zu bereiten liebte und mit Erfolg auf die Literatur des Tages zurückwirkte ... Im Buchhandel war seine Thätigkeit von nicht verklungener Wirkung.«

Familienregister Stuttgart, 1808–1875, Bd 2, S. 199. – NNekrD, Jg 23, 1845. – Wit genannt von Dörring, Mittheilungen aus den Memoiren des Satan. III. Stuttgart: Gebrüder Franckh 1829. – Wilhelm Hauff, Sämtliche Werke. Hrsg. von Sybille von Steinsdorff. München: Winkler 1970, Bd 2, S. 588. – Deutsche Buchhändler, Deutsche Buchdrucker. Hrsg. von Rudolf Schmidt. Berlin: Franz Weber 1902, Bd 2, S. 262 ff. – Hans Erich Binder, Franckh'sche Verlagshandlung Stuttgart. Stuttgart: Franckh 1952. – Auskünfte von Günther Thiering, Franckh-Kosmos-Verlags GmbH & Co, Stuttgart.

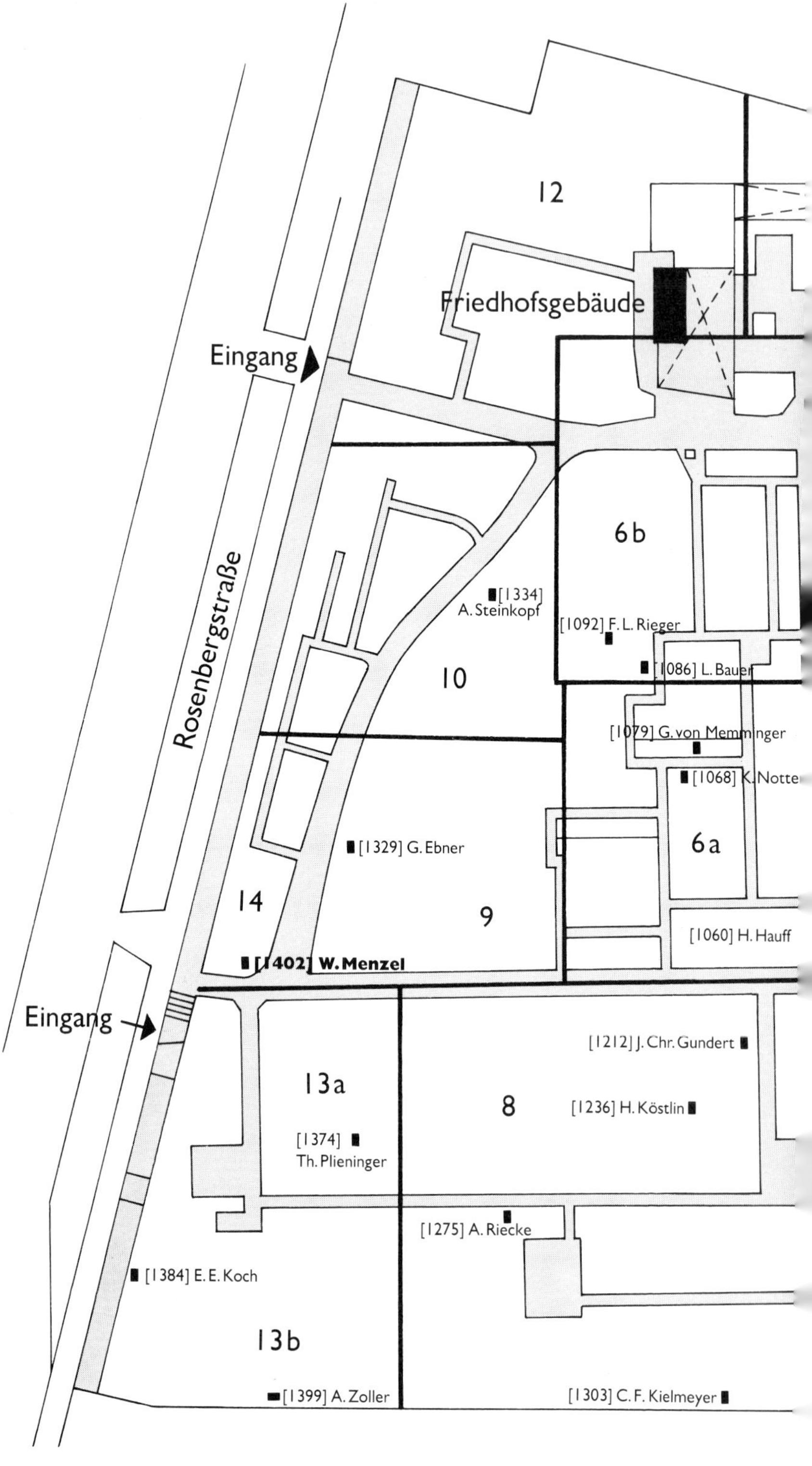
12
Friedhofsgebäude
Eingang
Rosenbergstraße
6b
■[1334]
A. Steinkopf
[1092] F. L. Rieger
■ [1086] L. Bauer
10
[1079] G. von Memminger
■ [1068] K. Notte
■ [1329] G. Ebner
6a
14
9
[1060] H. Hauff
■ [1402] W. Menzel
Eingang
[1212] J. Chr. Gundert ■
13a
8
[1236] H. Köstlin ■
[1374] ■
Th. Plieninger
■
[1275] A. Riecke
■ [1384] E. E. Koch
13b
■[1399] A. Zoller
[1303] C. F. Kielmeyer ■

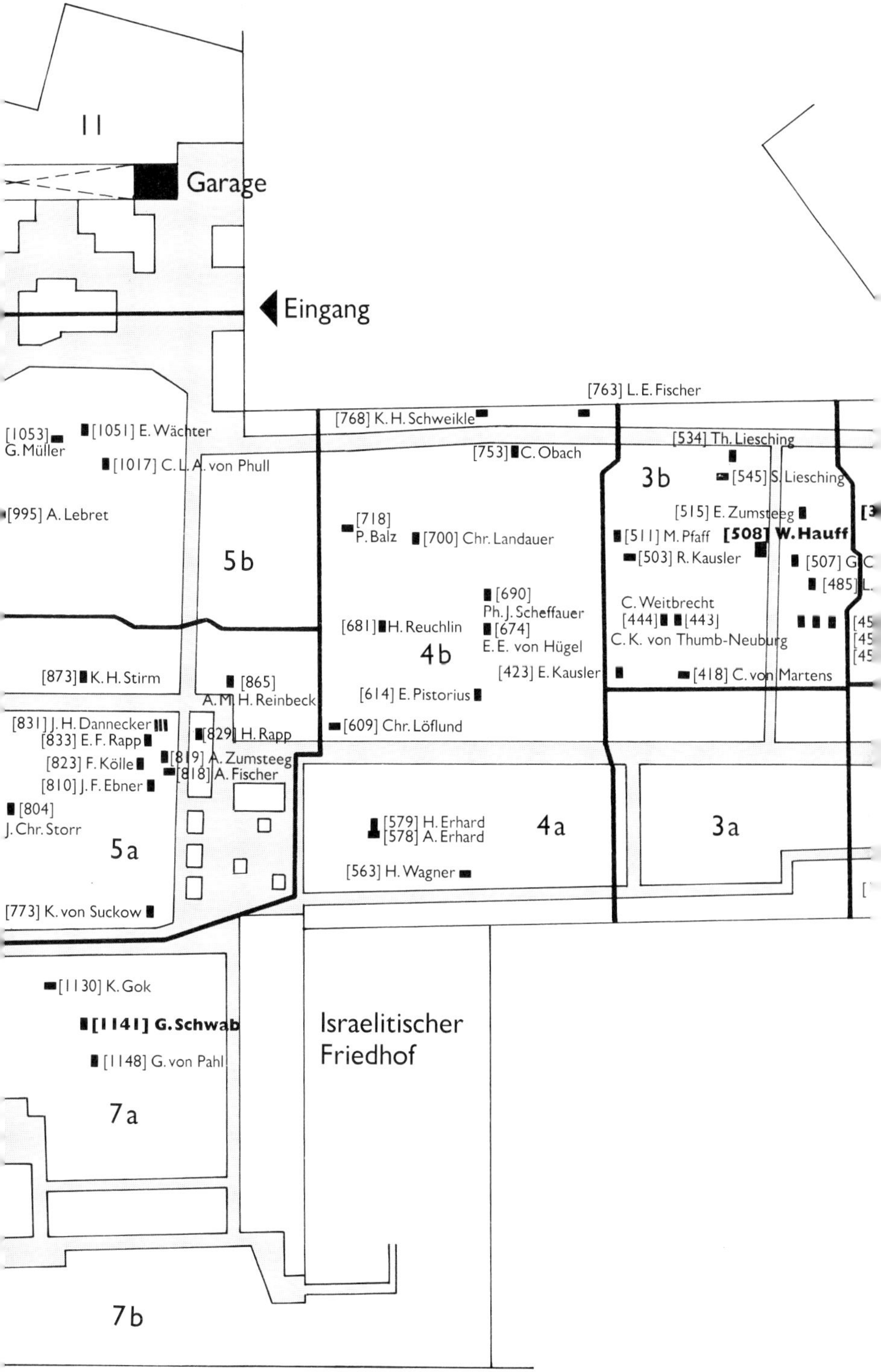
11
Garage
Eingang
[763] L. E. Fischer
[768] K. H. Schweikle
[1053] G. Müller
[1051] E. Wächter
[1017] C. L. A. von Phull
[753] C. Obach
[534] Th. Liesching
3b
[545] S. Liesching
[995] A. Lebret
[718] P. Balz
[700] Chr. Landauer
[515] E. Zumsteeg
[511] M. Pfaff
[508] W. Hauff
[503] R. Kausler
[507]
[485]
5b
[690] Ph. J. Scheffauer
[674] E. E. von Hügel
[681] H. Reuchlin
4b
C. Weitbrecht
[444] [443]
C. K. von Thumb-Neuburg
[873] K. H. Stirm
[865] A. M. H. Reinbeck
[423] E. Kausler
[418] C. von Martens
[614] E. Pistorius
[831] J. H. Dannecker
[833] E. F. Rapp
[829] H. Rapp
[609] Chr. Löflund
[823] F. Kölle
[819] A. Zumsteeg
[818] A. Fischer
[810] J. F. Ebner
[804] J. Chr. Storr
[579] H. Erhard
[578] A. Erhard
4a
3a
5a
[563] H. Wagner
[773] K. von Suckow
[1130] K. Gok
[1141] G. Schwab
[1148] G. von Pahl
Israelitischer Friedhof
7a
7b

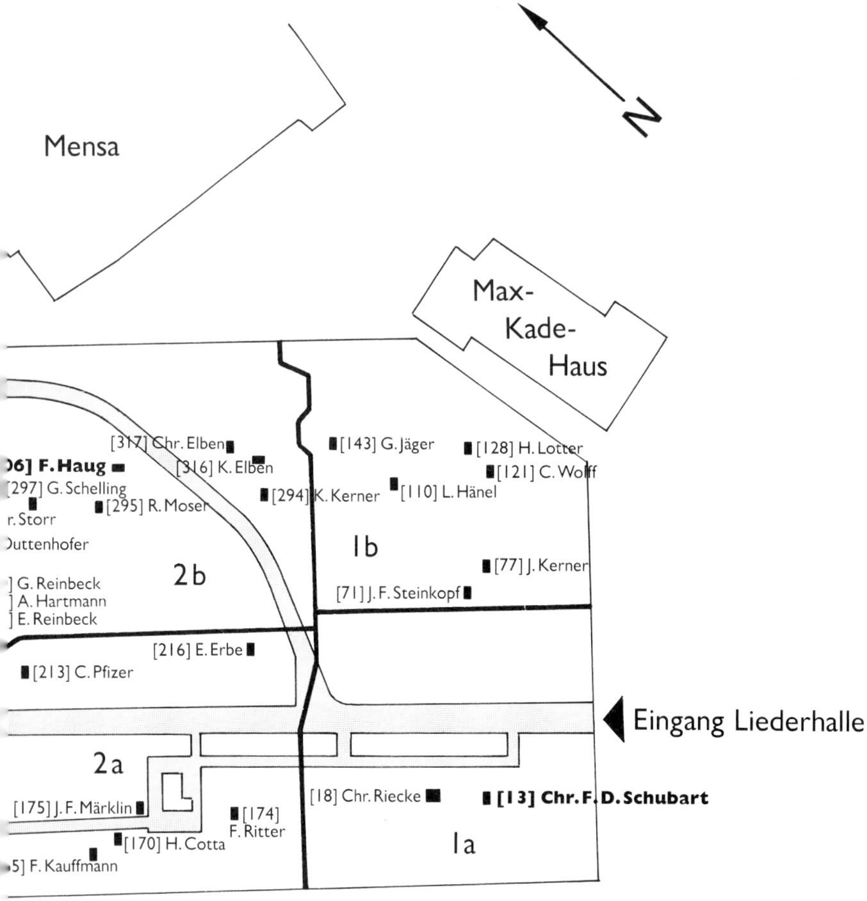


Der Plan verzeichnet nur die heute noch erhaltenen Grabstellen; auf die Eintragung der durch Pfeiffers Beschreibung erschlossenen Grabmäler wurde verzichtet.

**Hoppenlau-Friedhof**

Übersichtsplan

gezeichnet von Rudolf Hungreder

Beilage zum ›Marbacher Magazin‹ 59/1991

[Abt 4b/609]

Franz **Christian Löflund,** geb. 8.8. 1755 in Helsingfors; gest. 12.1. 1827 in Stuttgart. – Buchhändler.

Sohn des Regimentspredigers der Festung Helsingfors, M. Johannes Löflund (†1754) und der Anna Catarina (Christine?) Pletschius? Peetsche?

»Führt meist blos Schul- und Kinderschriften, hat aber darum guten Betrieb« wird 1823 über den Stuttgarter Buchhändler Löflund vermerkt, der nach Cotta (10. Steuerklasse), Metzler (6.) und Steinkopf (6.) in der 5. Steuerklasse rangiert. 1843/44 zahlt Löflund 1/5 der von Cotta bezahlten Steuern.

Postament aus grauem Sandstein mit eingelassener Schriftplatte aus weißem Marmor mit Grabkreuz:

**F. CHRISTIAN LÖFLUND**
**Buchhändler**
**geb. 8. Aug. 1755, gest. 12. Jan. 1827,**
**ruht hier vereint mit**
**Gattin u. den 4 Kindern**
**FANNY, LUISE,**
**NANETTE, GUSTAV.**

Auf der Rückseite die Inschrift für seine 2. Frau, die Mutter seiner 7 Kinder:

**Der treuen Mutter**
**CLARA CATHARINA**
**LÖFLUND.**
**geb: den 15. Juli 1770.**
**gest: den 5. Maerz 1845.**

Löflund, der seine Eltern früh verloren hat, wird in Greifswald von einem Onkel erzogen, der ihn bei Röhse in eine Buchhändler- und Buchdruckerlehre gibt. Als Gehilfe sieht sich Löflund bei der Richterschen Buchhandlung in Altenburg um, dann bei W. G. Korn in Breslau; zuletzt ist er in Weimar, wo er die Hoffmannsche Buchhandlung leitet. In Regensburg steht er sodann als Geschäftsführer der Montag- und Weiß'schen Buchhandlung vor. Unterwegs nach Bern, wo er sich durch die Typographische Gesellschaft hat anwerben lassen, bleibt er 1788 in Stuttgart hängen; er wird Sortimenter bei Carl Christoph Erhard, dessen Schwester, Louise Friederike (1752–1789), er 1788 heiratet.
Die von ihm geleitete Buchhandlung firmiert »Erhard & Löflund« bis 1795, dem Jahr der Trennung von seinem Schwager. Christian Löflund hat 1790 wieder geheiratet, Clara Catharina Hartmann (1770–1845); 7 Kinder. Nun macht er sich mit Sortiment und Verlagsbuchhandlung unter eigenem Namen selbständig. Löflunds Sohn Christian Wilhelm (*1797) ist seit 1824 Teilhaber der Firma, doch er verkauft 1833 das Ladengeschäft an Heinrich Koehler, während der den Naturwissenschaften gewidmete Verlag bis 1835 im Besitz der Familie gehalten werden kann. Dann wird er an Beck & Fränkel verkauft; später geht sein Verlag in der Firma Adolph Oetinger auf.

Nägele, Familienbuch Stuttgart 1700–1820. – Familienregister Stuttgart, 1808–1875, Bd 3, S. 815. – NNekrD, Jg 5, 1927. – Reinhard Wittmann, Ein Verlag und seine Geschichte. Dreihundert Jahre J. B. Metzler Stuttgart. Stuttgart: J. B. Metzler 1982, S. 338, 373. – Deutsche Buchhändler. Deutsche Buchdrucker. Hrsg. von Rudolf Schmidt. Eberswalde: Rudolf Schmidt 1907, Bd 4, S. 633.

[Abt 4b/614]

Friedericke Auguste **Emilie Pistorius** geb. Feuerlein, verw. Vischer; geb. 6. 5. 1776 in Stuttgart; gest. 15. 7. 1816 in Stuttgart.

Tochter des kgl. württembergischen Regierungsrates *Carl* Friedrich Feuerlein (1730–1808) und der *Auguste* Elisabeth Franziska Johanna Fischer (1747–1823); in erster Ehe verheiratet mit Johann Martin Vischer (1751–1801), Kaufmann und Holzcompagnieverwandter in Calw; Mutter von *Emilie* (Emma) Auguste Vischer (1799–1881), seit 1820 verheiratet mit Ludwig Uhland.
In zweiter Ehe heiratet Emilie verw. Vischer den Geh. Legationsrat und Erzieher des Kronprinzen Wilhelm von Württemberg, Johann August *Ferdinand Pistorius* (1767–1841), der nach dem frühen Tod seiner ersten Frau Emilie 1818 deren Schwester, *Eleonore* Ernestine Auguste Wilhelmine Feuerlein (1790–1870) heiratet. Schwägerin von Christian Gottfried Elben [s. Abt 2b/317].

Großes stehendes Denkmal

**DEM ANDENKEN**
**AN**
**AUGUSTE EMILIE FRIDERICKE**
**PISTORIUS**
**GEB: FEUERLEIN**
**GEBOREN, D. 6. MAI. 1776.**
**GESTORBEN, D. 15. JUL. 1816.**
**VON DEM GATTEN**
**UND IHREN 10. KINDERN**

Rechts:

**FREUDIG**
**DIE SCHULE DES LEBENS**
**NÜZEND**
**FÜR DIE EWIGKEIT**
**NAHM SIE**
**LEIDEN ALS LEHRE**
**FREUDE ALS GESCHENK**
**PFLICHT ALS GENUSS.**

Links:

**VERZEIHE DEN THRAENEN!**
**SIE FLIESSEN UNS!**
**NICHT DIR!**
**VIELE HAST DU GETROCKNET!**
**JEZT BIST DU DORT**
**WO KEINE MEHR FLIESSEN!**

Auf der Rückseite:

**SIE WAR UNSER**
**ENTFLOHENE WONNE**
**IHRES BESIZES**
**LEHRE UNS WERTH SEYN**
**DER SEELIGKEIT**
**DES WIEDERSEHENS**
**ZWISCHEN HIER UND DORT**
**KNÜPFT GLAUBE**
**UND LIEBE DAS BAND**

Johann Heinrich Dannecker hat das Porträt der Emilie Pistorius 1816 in einer Gewandbüste festgehalten: das unkonventionelle Bild einer ungewöhnlichen Frau, einer Wohltäterin der Menschen. Friedrich Rückert, seit Dezember 1815 neben Friedrich Haug für die Redaktion des ›Morgenblatts‹ zuständig (er fühle sich als »einstweiliger Handlanger« der Redaktion, klagt er gegenüber Fouqué), verkehrt in seiner Stuttgarter Zeit im Hause von Karl August von Wangenheim, bei Dannecker und im Uhlandschen Familienkreis. Auf den Tod von Emilie Pistorius schreibt

Stuttgart. Heute entschlief an den Folgen eines WochenBetts meine geliebte Gattin, Emilie, geborene Feuerlein, im 40 Jahre ihres Alters. Sie beglückte mein Leben. Sie gehörte einer bessern Welt an, in welche sie zurückgegangen ist; ihr Geist und Gemüth verbreiteten in ihrem Kreise einen Vorgenuß der Seligkeit, welcher sie entgegenreifte. Unsere Thränen erflehen sie nicht zurück: aber, ihrer werth, sie wieder zu finden, geloben aus zerrissenem Herzen mit mir ihre Kinder und Angehörigen. Den 15 Julius 1816. — HofRath Pistorius.

Schwäbische Chronik v. 18.7. 1816, S. 307. Stadtarchiv Stuttgart.

er einen elfteiligen Sonetten-Zyklus, ›Rosen auf das Grab einer edlen Frau. Stuttgart, Juli 1816‹. Friedrich Haug veröffentlicht im ›Morgenblatt‹ vom 25.7. 1816 die Klage ›Als Emilie Pistorius geb. Feuerlein starb‹.

Uhlands Briefwechsel. Hrsg. von Julius Hartmann. 4 Bde. Stuttgart, Berlin: J. G. Cotta 1911–1916. – Friedrich Rückerts Werke in sechs Bänden. Hrsg. von Conrad Beyer. Leipzig: Hesse o. J., Bd 2, S. 239ff. – Helmut Prang, Friedrich Rückert. Wiesbaden: Harrassowitz 1963 (i. Komm.), S. 63ff. – Christian von Holst, Johann Heinrich Dannecker. Der Bildhauer. Stuttgart: Staatsgalerie 1987, Nr. 142.

[Abt 4b/674]

**Ernst Eugen Freiherr von Hügel,** geb. 26. 3. 1774 in Ludwigsburg; gest. 30. 3. 1849 in Kirchheim/Teck. – Offizier, später württembergischer Kriegsminister, in dessen Haus Wilhelm Hauff 1824–1826 Hauslehrer ist.

Sohn des Generalfeldzeugmeisters Johann Andreas Freiherr von Hügel (1734/35?–1807) und der Susanne Margarethe geb. von Walter (1742 bis 1809), [Abt 4b/656]. In zweiter Ehe Schwager von Johann Friedrich Cotta [s. Abt 2a/170], dessen Witwe er in dritter Ehe heiratet.

Hohes stehendes Denkmal mit Sockel und Abdekkung für Hügel und seine 2. Frau, Luise Ernestine geb. Freiin von Gemmingen-Guttenberg (1782–1834):

..............
..............
..............
..............
..............
..............
**ERNST EUGEN**
**FREIHERR VON HÜGEL**
**GENERALLIEUTENANT**
**UND KRIEGSMINISTER**
**GEB D. 26. MÄRZ 1774**
**GEST D. 30. MÄRZ 1849**
**... SEINER ASCHE**

Auf der Rückseite:

**WAS HIER ...**
**.. IT REIN ...**

»Um vier Uhr nachmittags rückten Murats Truppen in Moskau ein. Voran ritt eine Abteilung württembergischer Husaren ...« So schildert Tolstoi im 26. Kapitel des 11. Teils von ›Krieg und Frieden‹ den Einzug der großen Armee in Moskau. Hügel nimmt als Brigadier an dem Feldzug teil, der im Juni 1812 mit 610000 Mann, der bis dahin größten Armee, in Rußland eingefallen war. Sie wird mit Mann und Maus und Wagen geschlagen.

Hügels militärische Karriere gleicht einer Aufzählung möglicher Rangstufen und Auszeichnungen: Fahnenjunker (1785), Oberlieutenant (1792), Hauptmann (1800) – Hügel steht mit den Verbündeten des Ersten Koalitionskrieges gegen Napoleon. Als Württemberg dem Rheinbund beitritt und Königreich wird, kämpft Hügel auf der Seite des Kaisers: Major bei der Garde zu Fuß; Wirkl. Major; Militärkommissär im Hauptquartier des Kaisers Napoleon; Oberstlieutenant im Generalstab; Oberst; Generalquartiermeisterlieutenant; Generalmajor. Er kämpft bei Preußisch-Eylau (Februar 1807) und Abendsberg (1809), bei Aspern (Mai 1809), Smolensk (August 1812); bei Borodino (September 1812) wird »ihm sein Pferd unter dem Leib erschossen«; in Moskau und auf dem verlustreichen Rückzug bis zur Beresina ist er an der Seite Napoleons. In der Folge »der durch die Strapazen des Feldzugs herbeigeführten Schwäche und Kränklichkeit« quittiert er den Dienst, ausgezeichnet mit dem Ritterkreuz der Ehrenlegion durch Napoleon, dem Kommandeurkreuz des Militärverdienstordens, dem Offizierskreuz der Ehrenlegion, dem Kommandeurkreuz der Ehrenlegion. Als Napoleon im März 1815 von Elba zurückkehrt, steht Hügel als Generalmajor und Militärkommissär im Hauptquartier des Herzogs von Wellington. In Müfflings ›Histoire de la Campagne de l'armée anglaise‹ heißt es über die Schlacht bei Waterloo (Juni 1815): »Ein General, der sich im Gefolge des Herzogs von Wellington befand und der mit den Ideen Bonaparte's ziemlich vertraut war, erbot sich, als er am Morgen vor der Schlacht seine Blicke auf die Karte von Ferraris geheftet hatte, darauf eine Wette einzugehen, daß Napoleon das Zentrum des Herzogs angreifen werde. ›Denn‹, sagte er, ›wenn Bonaparte einen Blick auf diese Karte wirft und wenn er sieht, wie die beiden Landstraßen von Nivelles und Jemappes nach ihrer Vereinigung zu Mont St. Jean einen geraden und breiten Weg darbieten, um nach Brüssel zu gelangen, so wird er unwiderstehlich zu seinem alten Lieblingsmanöver hingerissen werden, das Centrum zu durchbrechen‹.« Der Erfolg Wellingtons gibt Hügel recht. Wellingtons Sieg könnte auch der Hügels genannt werden, aber schon Charlotte, die zweite Gemahlin König Friedrichs von Württemberg, eine geborene englische Prinzessin, schreibt am 22. 6. 1815 an Wellington: »Als aufrichtige englische Frau bin ich stolz, daß der kommandierende General ein Brite gewesen ist.«

Hügel zieht an der Seite Wellingtons in Paris ein und wird der Gesandte Württembergs bei den Friedensverhandlungen; 1815–1817 steht er als Generallieutenant bei einer Infanteriebrigade in Ulm; dann avanciert er zum Vizepräsidenten des Kriegsdepartements und 1817, als Kriegsrath-Präsident, zum engsten Mitarbeiter des württembergischen Kriegsministers Friedrich Graf von Franquemont [Abt 2b/353].

Hügels erste Frau, Charlotte Wilhelmine Schott von Schottenstein (1780–1805) war mit fünfundzwanzig Jahren gestorben [Abt 4b/673]. In zweiter Ehe heiratet Hügel Luise Ernestine Freiin von Gemmingen-Guttenberg (1782–1834), die Schwester von Johann Friedrich Cottas zweiter Gemahlin [s. Abt 2a/170]. Zwischen dem 27. 10. 1824 und dem 30. 4. 1826 ist Wilhelm Hauff Hauslehrer im Hügelschen Hause, u. a. für Karl Eugen Freiherr von Hügel (1805–1870), den späteren Staatsminister des Äußern, der mit seiner Frau, Alexandrine geb. Wereschaguine (1810–1873) neben dem Grab des Vaters beigesetzt ist [Abt 4b/671/679]. Während Hauffs Hauslehrertätigkeit – im Sommer 1825 – weilt die Familie auch auf dem Gemmingenschen Schloß Guttenberg am Neckar, das der Dichter in seiner letzten Novelle, ›Das Bild des Kaisers‹, zum Schauplatz macht. General ›Willi‹ trägt unverkennbar die Züge des Napoleonverehrers Hügel, der 1829–1842 endlich württembergischer Kriegsminister geworden war und sich dann, bedeckt mit dem Großkreuz der württembergischen Krone, dem Großkreuz des Militairverdienstordens, dem badischen Zähringer Löwen-Orden, dem hessischen Ludwigs-Orden und dem Komthurkreuz des Großbritischen Bath-Ordens mit den Zeitläuften hadernd in den Ruhestand hatte versetzen lassen.

»Sein Ansehen war zwar in der Hauptstadt jenes Landes ... nicht gesunken«, erzählt Hauff im ›Bild des Kaisers‹ von General Willi; »man verehrte in ihm einen Mann von hohem Verdienst, militärischer Umsicht und Tapferkeit, und es gab manche, die ihn wegen seiner treuen und ausdauernden Anhänglichkeit an jenen Mann, der einst das Schicksal Europas in der Rechten getragen, bewunderten; es gab viele, die ihm, wenn sie auch diese Bewunderung nicht teilten, doch wegen der Beharrlichkeit und Charakterstärke, die er in den Tagen des Unglücks entfaltet hatte, wohlwollten.«

Und an anderer Stelle, gefragt, was er denn »gewonnen« habe mit seiner Anhänglichkeit an den »Eigensüchtigen«, antwortet der literarisierte Baron Hügel in Wilhelm Hauffs Erzählung: »Ein Endchen rotes Band und die Erinnerung.«

Hügel ist in dritter Ehe mit Elisabeth Sophie verwitwete Cotta geb. von Gemmingen-Guttenberg verheiratet (1789–1859), der Schwester seiner zweiten Frau.

A. Seubert, Generallieutenant Ernst Eugen Freiherr v. Hügel, in: Württembergische Volksbibliothek I, 11, S. 177 ff. – Leo N. Tolstoi, Krieg und Frieden. München: Winkler 1972, S. 1222. – Wilhelm Hauff, Das Bild des Kaisers, in: Sämtliche Werke. Hrsg. von Sybille von Steinsdorff. München: Winkler 1970. Bd 2, S. 680 und 705. – Die Befreiung 1813 . 1814 . 1815. Ebenhausen: Langewiesche-Brandt 1913, S. 485.

[Abt 4b/681]

**Hermann** Friedrich **Reuchlin,** geb. 9. 1. 1810 in Markgröningen; gest. 14. 5. 1873 in Stuttgart. – Pfarrer. Geschichtsschreiber.

Sohn des Markgröninger Diakons Johann Christoph *Friedrich Reuchlin* (1775–1838) und der Luise geb. Weisser.

Großes stehendes Denkmal mit Lorbeerkranz, Kreuz und gestürzten Fackeln:

**Hier ruht**
**Hrm. Reuchlin**
**Dr. philosoph:**
**geb. 9. Januar 1810.**
**gest. 14. Mai 1873.**

Der Nachkomme aus der Familie Johannes Reuchlins (1455–1522) ist nach seinem Studium zunächst Vikar in Dettingen a. A., 1832–1833, bevor er zwei Jahre Frankreich, die Niederlande und Italien bereist. Während seines Vikariats in Zeitenheim, 1835–1841, promoviert er in Tübingen, wird dann Pfarrverweser in Friedrichshafen und amtiert bis zu der von ihm beantragten Entlassung, 1857, als Pfarrer in Pfrondorf bei Tübingen. 1843 hat er Marie Deffner (1822–1916) geheiratet.

Ludwig Uhland schätzt den Pfrondorfer Pfarrherrn als »Wandergefährten«. Reuchlin sieht sich als Historiker; er arbeitet fleißig über italienische und französische Geschichte, auch über Kirchengeschichte. »Sein inhaltlich wertvolles, umfassendes Hauptwerk über Italien bis zur Gegenwart leidet unter mangelhafter Darstellung«, beklagt Rudolf Krauß; auch Heyd bemängelt in der ›Allgemeinen Deutschen Biographie‹, seinem Stil fehle es »an Leichtigkeit« und seine »Zwischengedanken« seien »überdies häufig in eine wenig glückliche Form gehüllt«.

Sigel, Das evangelische Württemberg. Nr. 466, 34 und 904$^{b}$, I. – ADB, Bd XXVIII, S. 280 ff. – Rudolf Krauß, Schwäbische Litteraturgeschichte. Tübingen: J. C. B. Mohr 1899, Bd 2, S. 389.

[Abt 4b/690]

**Philipp Jacob Scheffauer,** geb. 7.5.1756 in Stuttgart; gest. 13.11.1808 in Stuttgart. – Bildhauer.

Sohn des herzoglichen Heiducken und Fußgardisten Johann Anton Scheffauer (†1782) und der Anna Barbara geb. Friedmann (†1807); Schwager von Christian Landauer [s. Abt 4b/700].

Stehendes Denkmal in grauem Sandstein für den Bildhauer Scheffauer; daneben die Denkmäler für Johanna Christina Karolina Scheffauer geb. Heigelin (1768–1808) und deren Vater, Johann Eberhard Heigelin (1734–1812), [Abt 4b/689 und 691]; die beiden letzteren mit Sicherheit von Isopi:

**HIER.RUHT**
**AN.SEINER.GATTIN.SEITE**
**PHILIPP.IACOB.SCHEFFAUER**
**GEACHTET.ALS.KÜNSTLER.UND.BILDHAUER**
**GESC[H]ÄTZT.ALS.MENSCH.UND.BIEDERMANN**
**GELIEBT.ALS.GATTE.VATER.FREUND**
**SEINE.WERKE**
**ZEUGEN.VON.IHM**
**VON.UNSERER.LIEBE.ZEUGE**
**DIESER.STEIN**
**GEB.MDCCLVI.D.VIII.MAI.**
**GESTORB.MDCCCVII.XIII.NOV.**

Leben und Werk Scheffauers bieten überraschende Übereinstimmungen mit dem Altersgenossen Johann Heinrich Dannecker [s. Abt 5a/831]. Beide stammen aus sozialen Unterschichten Altwürttembergs; beide werden an der herzoglichen Carlsakademie zum Künstler ausgebildet; ihr früher Ruhm findet zu keinem Zeitpunkt die nötigen Auftraggeber; die Einheirat in wohlhabende Kaufmannsfamilien Stuttgarts hebt zwar ihre soziale Stellung und öffentliche Anerkennung, doch die Wirkung ihres Werkes beschränkt sich (fast) auf die Region. Und beide müssen sich schon von den Zeitgenossen miteinander vergleichen lassen: Als Schiller im März 1794 von Ludwigsburg nach Stuttgart umzieht, wo er »in Rücksicht des gesellschaftlichen Umgangs ... gute Köpfe aller Art und Hanthierung« erwartet, gilt der Carlsschulfreund Dannecker ihm als »bei weitem der beßte«, er sei »ein wahres Kunstgenie«, während Scheffauer in dem Bericht an Christian Gottfried Körner vom 17. März als »ein anderer sehr geschickter Bildhauer« vorgestellt wird. Johann Wolfgang Goethe, auf der Reise in die Schweiz am 30. 8. 1797 in Stuttgart und dort unterwegs durch die ihm von Schiller empfohlenen Ateliers, bemängelt in einem Brief an Schiller: »In Professor Scheffauers Werkstatt (ihn selbst traf ich nicht an) fand ich eine schlafende Venus mit einem Amor, der sie aufdeckt, von weißem Marmor, wohlgearbeitet und gelegt, nur wollte der Arm, den sie rückwärts unter den Kopf gebracht hatte, gerade an der Stelle der Hauptansicht keine gute Wirkung thun.«

Scheffauer besucht 1771–1780 – also fast gleichzeitig mit Schiller und Dannekker – die Militair-Pflanzschule und Carlsschule als Bildhauerzögling unter Pierre François Lejeune. Der mit vielen Förderpreisen Ausgezeichnete erhält bei seinem Abgang, 1780, zusammen mit Dannecker das Amt und den Titel eines Hofbildhauers. 1783–1785 studiert Scheffauer in Paris, dann bis 1789 bei Canova in Rom, stets im Bündnis mit Dannecker. Nach der Rückkehr ist Scheffauer Professor der Carlsschule, bis zu deren Auflösung 1794. 1790 schon hat er Johanna Christina Caroline Heigelin geheiratet, die Tochter eines Kaufmanns; 4 Kinder.

Unter seinen Werken, die zumeist für württembergische Schlösser bestimmt sind, sticht *ein* Auftrag ins Auge: Als Wieland am 1.11.1804 im ›Neuen Teutschen Merkur‹ einen Bericht aus Stuttgarter Ateliers veröffentlicht, erwähnt sein Korrespondent »mehrere schöne Kunstwerke«, die »ihrer Vollendung entgegen gereift« seien. Neben Danneckers ›Ariadne auf dem Panther‹ wird »Klopstocks Grabmal, für die Wittwe des Verewigten, vom Prof. Scheffauer« genannt. Heinrich Doering, Klopstocks Biograph, berichtet darüber: »Ueber einen Stein von weissem Marmor, neigen sich, wie auf Meta's [Klopstocks erster Frau] Grabe, zwei Garben. Die Religion an einem Aschenkruge gelehnt und gen Himmel deutend ist das Werk des Hofbildhauers Scheffauer« in Stuttgart, dem Johanna Elisabeth Klopstock (1747–1821) den Auftrag zum Schmuck des Grabes in Hamburg-Ottensen gegeben hat. Friedrich Leopold Graf Stolberg soll die Inschrift bestimmt haben: »Saat von Gott gesaet Dem Tage der Garben zu reifen.« Scheffauers Werk auf dem Friedhof von Ottensen ist heute so vergessen wie der Hauptautor auf den Steinen des Hoppenlau-Friedhofs, Friedrich Gottlieb Klopstock (1724–1803).

Als Scheffauer stirbt, wenige Jahre nach Klopstock, schreibt Gottlob Heinrich Rapp im ›Morgenblatt‹: Am 13. Nov. 1808 verlor Stuttgart einen sehr geschätzten und berühmten Künstler ... Er starb zehen Monate nach dem Tode seiner Gattin *Karoline,* geb. Heigelin, an einer zehrenden Krankheit, und hinterläßt einen Sohn und drei Töchter ...«

G. K. Nagler, Neues allgemeines Künstler-Lexikon. München: E. A. Fleischmann 1841, Bd 15, 1845. – ADB, Bd XXX, S. 672 ff. – Schillers Briefe. Hrsg. von Fritz Jonas. Stuttgart, Leipzig, Berlin, Wien: Deutsche Verlags-Anstalt 1893, Bd 3, S. 427. – Schiller NA, Bd 37,1, S. 118. – Morgenblatt für gebildete Stände, Nr. 277 v. 18. 11. 1808, S. 1105 f. – Der Neue Teutsche Merkur vom Jahr 1804, S. 309. – Klopstocks sämmtliche Werke. Erster Supplementband. Klopstocks Leben von Heinrich Doering. Weimar: Wilhelm Hoffmann 1825, S. 316.

Gestorbene: Den 9 Nov. Joh. Closß, BurgerMeister und Apotheker zu Welzheim, 65 Jahre alt;
den 13 Nov. zu Stuttgart, der HofBildhauer Professor v. Scheffauer, Ritter des CivilVerdienstOrdens.

Schwäbische Chronik v. 14. 11. 1808, S. 459.

[Abt 4b/700]

Georg **Christian Landauer,** geb. 11.12. 1769 in Stuttgart; gest. 6.7. 1845 in Stuttgart. – Tuchhändler; der Freund und Gönner Hölderlins.

Sohn des Tuchhändlers und späteren Expeditionsrates und Gewölbeverwalters Georg Friedrich Landauer (1734–1800) und der Luisa Friederika geb. Siegel (1738–1809); Schwager von Philipp Jacob Scheffauer [s. Abt 4b/690].

Grabplatte für Landauer, seine Frau Luise, die Töchter Lida und Lilla [?] sowie für Euphrosine von Landauer [?]. Starke Verwitterung (1992):

**Hier ruhen**
**Lida Landauer**
**geb. 8. Nov. 1798 †[7.9. 1819]**
**Luise Landauer geb. Heigelin**
**geb. [16.4. 1770 gest. 17.10. 1819]**
**Lilla [?] Landauer**
**geb. [16.7. 1795].....**
**Christian Landauer**
**geb. 11. Dec. 1769 †6. Juli 1845**
**Euphrosine von Landauer**
**geb. Baur**
**geb......**
**.........**

»Komm! ins Offene, Freund!« Die Einladung Hölderlins in dem elegischen Bruchstück ›Der Gang aufs Land‹ gilt Christian Landauer, »zwar glänzt ein Weniges heute / Nur herunter und eng schließet der Himmel uns ein ...« In einem zu Landauers 31. Geburtstag, zum 11.12. 1800, entstandenen Lied ›An Landauer‹ versichert Hölderlin seinem Gastgeber und Freund: »Der Freunde Freund zu seyn, bist zu geboren, / Diß zeugen dir am Feste wir ...«
Hölderlin wird von Ludwig Neuffer 1795 mit dem auf der Messe in Frankfurt weilenden Christian Landauer bekannt gemacht, und Landauers Haus an der Ecke König-/Gymnasiumstraße, in dem alle »damaligen lit. Celebritäten« Stuttgarts aus- und eingehen, wird im Juni des Jahres 1800, nach dem Abschied von Frankfurt und Homburg, sein Stuttgarter pied-à-terre. Als »zahlender Hausgast«, gegenüber dem Konsistorium als »Hauslehrer« ausgewiesen, wird er in die »wohlmeinende Gesellschaft« der Familie Christian und Luise Landauer aufgenommen. Der Hausherr, ein Demokrat und Republikaner, ist ihm der »fernhinsinnende Kaufmann«, bei dem der Dichter Einverständnis im Politischen, im Literarischen und im Menschlichen fühlt. In diesem Hause entstehen im Herbst des Jahres 1800 die Ode ›Das Ahnenbild‹ und das Gedicht ›Die Entschlafenen‹.
Von Hauptwil aus, wohin er im Januar 1801 als Hauslehrer aufgebrochen war, schreibt Hölderlin an Christian Landauer: »Der Umgang mit Dir und den übrigen Freunden hat mir einen reellen Gewinn gegeben, den ich immer entbehrte, und den ich zu gebrauchen suchen werde. Ich habe bei Euch erst eine rechte Ruhe gelernt, mit der man sich auf den Grund der Seele bei Menschen verläßt,

nachdem man sich an ächten Zeichen kennen gelernt hat. So hält man dan auch vester und treuer am Leben und unter denen, die einen angehn ... Ich darf ja wohl Dir gegenüber sprechen, als spräch ich mit mir selbst.«
Gustav Schlesier erfährt 1845 von Landauers Sohn Gustav »von einem kürzeren Gedicht von H., das er für seinen Vater gemacht u. das sich auf einem Basrelief eingegraben finde«. Dieses Basrelief war bis zur Zerstörung des Landauerschen Hauses im Zweiten Weltkrieg erhalten. Der Text von Hölderlins Gedicht bezieht sich auf den Tod von Landauers Bruder und Vater; beide sterben im Sommer 1800 kurz nacheinander:

DIE ENTSCHLAFENEN

Einen vergänglichen Tag lebt' ich und wuchs mit den Meinen,
Eins um's andere schon schläft mir und fliehet dahin.
Doch ihr Schlafenden wacht am Herzen mir, in verwandter
Seele ruhet von euch mir das entfliehende Bild.
Und lebendiger lebt ihr dort, wo des göttlichen Geistes
Freude die Alternden all, alle die Todten verjüngt.

Nägele, Familienbuch Stuttgart 1700–1820. – Hölderlin, StA, Bd 2,1, S. 30, 84f., 113f.; Bd 2,2, S. 653ff.; Bd 6,1, S. 415ff. – Hölderlin. Eine Chronik in Text und Bild. Hrsg. von Adolf Beck und Paul Raabe. Frankfurt/Main: Insel 1970, S. 254ff., 388f.

[Abt 4b/718]

**Paul**[us] Tobias **Balz,** geb. 22. 1. 1811 in Lauffen am Neckar; gest. 22. 1. 1845 in Stuttgart. – Verlagsbuchhändler.

Sohn des Apothekers Bernhard Friedrich Balz (1765–1811) und der Friderika Margarethe geb. Kräh/Kreh (1768–1817).

Postament aus grauem Sandstein mit eingelegter, metallener Schriftplatte und aufgesetztem gußeisernen Kreuz:

**Paul Tobias**
**Balz,**
**Buchhändler,**
**geb: d: 22. Januar 1811.**
**gest: d: 22. Januar 1845.**

Auf der Rückseite:

**Johanne Caroline**
**Widmann,**
**geb. Balz**
**geb: d: 12. Novbr: 1803.**
**gest: d: 28. Januar 1846.**

Paul Balz, der genau an seinem 34. Geburtstag gestorben ist, gehört für ein Jahrzehnt zu den Stuttgarter Verlagsbuchhändlern, die sich – nicht ohne Erfolg – um die schwäbischen Romantiker und Eduard Mörike bemühen. Am 1. 4. 1834 übernimmt der damals 23jährige Balz die Hennesche Buchhandlung in der Sophienstraße 28, die er als »P. Balz'sche Buchhandlung Stuttgart« weiterführt. Unterstützt von seinem Schwager Johann Jakob Friedrich Wid[e]-mann (1798–1883) sucht Balz für seinen mit einer Druckerei verbundenen Verlag ein ›Novellen‹-Jahrbuch zu begründen, wobei Eduard Mörike als Herausgeber vorgesehen ist. Der durch Verpflichtungen, die er für Familienmitglieder zu übernehmen hatte, in finanziellen Bedrängnissen lebende Dichter – er verhandelte vergeblich mit Cotta über einen Optionsvertrag – erwirkt nun von Balz einen Vorschuß und sucht u. a. Uhland und Vischer als Mitarbeiter zu gewinnen. Doch als das Jahrbuch Wilhelm Zimmermann als Redaktor ausweist, sagt Uhland seine Mitarbeit ab. So erscheint das ›Jahrbuch schwäbischer Erzähler und Novellisten‹ nur ein einziges Mal, 1836. Das von Zimmermann »typographisch prachtausgestattet in groß Oktav« angekündigte Werk muß sich mit dem üblichen Taschenbuchformat bescheiden.

»Buchhändler?« befindet Mörike gegenüber Johannes Mährlen am 6. 4. 1835, »Ja; aber das sind, was ihnen auch nicht zu verdenken ist, gar vorsichtige Leute. Ich habe Dir bereits gesagt, daß ich dieß Jahr was Rechts zu schaffen Willens bin und was Kurrentes, das man gern bezahlt. In dieser Aussicht hat mir Balz 140 f. per Anschlag auf Honorar ... vorgestreckt.«

Balz verlegt des weiteren Zimmermanns Novellensammlung ›Fürstenliebe‹ (1834), einen anonymen ›Kaspar Hauser‹, ›Bilder zu Uhlands Gedichten‹ (1834) in Fortsetzungen, ›Beschäftigungen für die Jugend aller Stände ... zur Anregung des Kunst- und Gewerbesinnes‹ (1834 ff.).

[Abt 4b/753]

**Caspar Obach,** geb. 21.12.1807 in Zürich [?]; gest. 15.2.1865 in Stuttgart. – Maler und Lithograph.

Sohn des Vergolders Theobald Obach (*1770) aus Mackenheim/Magenheim im Elsaß und der Ursula geb. Scheuchzer (1776–1821).

Liegende graue Sandsteinplatte mit zersprungener Schriftplatte in weißem Marmor (1992):

**.........**
**...ecemb......**
**15.Februar....**

---

**...ilie Obach**
**...Müller aus St. Gallen**
**geb. den 18. Februar 1809.**
**gest. den 9. Juni 1872.**

---

**Die Kinder danken Euch Eure**
**Liebe u. Treue von ganzem Herzen.**

Der Schüler des Schweizer Landschaftsmalers Heinrich Füßli arbeitet seit Mitte der zwanziger Jahre in Stuttgart, wo er sich dann nach einer Parisreise, 1833, niederläßt. Vor allem im Ebnerschen Verlag dürfte er einen Auftraggeber für seine Ansichtenwerke gefunden haben, die heute wegen ihrer präzisen Wiedergabe ortsgeschichtlicher Details und wegen ihrer koloristischen Differenziertheit geschätzt werden. Obach lithographiert nach eigenen und fremden Vorlagen ›Ansichten von Baden‹ in 60 Blättern; er zeichnet Ansichten historischer und touristischer Stätten in Württemberg und »lithographirte ... das auf dem alten Schloßplatz zu Stuttgart aufgestellte eherne Standbild Schillers, ein kleines Blatt, auf welchem man auch die beiden Gebäude des Kanzleihofes und des Pallastes des Prinzen Friedrich sieht«.

G.K. Nagler, Neues allgemeines Künstler-Lexikon. München: E.A. Fleischmann 1841, Bd 10, S. 296. – Schweizerisches Künstler-Lexikon. Frauenfeld: Huber 1908, Bd 2, S. 484. – Auskunft von Dr. Robert Dünki, Stadtarchiv Zürich.

Quellen zu Paul Balz:

Eduard Mörike, Werke und Briefe, Bd 12. Briefe 1833–1838. Hrsg. von Hans-Ulrich Simon. Stuttgart: Klett-Cotta 1986, S. 63f., 72f., 78, 376ff., 384ff., 391. – Hans-Ulrich Simon, Mörike-Chronik. Stuttgart: J.B. Metzler 1981, Sp. 86ff., 90. – Wilhelm Zimmermann, Briefe im Deutschen Literaturarchiv. – Auskunft von Stadtarchivar Otfried Kies, Lauffen am Neckar.

[Abt 4b/763]

**Ludwig Eberhard Fischer,** geb. 6. 8. 1695 in Aichelberg; gest. 24. 2. 1773 in Stuttgart. – Theologe. Politiker. Schriftsteller.

Großes Epitaph aus grauem Sandstein. 1992 wegen Verwitterung nicht mehr zu entziffern.

Sohn des Großheppacher Pfarrers Matthaeus Fischer (1648–1721) und der Anna Margaretha geb. Rösler (1653–1724).

Unter den Kirchenmännern, die »am Kampfe der Landstände gegen Herzog Karl Eugen hervorragenden Anteil genommen« haben, ist vor vielen anderen vor allem Fischer zu nennen: Er ist zunächst Pfarrer in Zavelstein bei Calw (1727–1732), dann Professor am Oberen Gymnasium in Stuttgart (1732–1742), Prediger an St. Leonhard in Stuttgart (1742/43), ebenda auch Hospitalprediger (1743/44) und Special-Superintendent. In seinen frühen Stuttgarter Jahren wirkt Fischer an der Revision des ›Würtembergischen Gesang-Buchs, Enthaltend eine Sammlung reiner und kräftiger Lieder …‹ (Stuttgart: Christoph Friedrich Cotta 1771) mit, für das er eigene Lieder beisteuert. 1744 wird Fischer zum Oberhofprediger und Konsistorialrat ernannt. Carl Eugen übernimmt in eben diesem Jahr als Minderjähriger die Regierung des Herzogtums Württemberg. Mit ›Geistlichen Betrachtungen über die christliche Lehre und Wahrheit‹ (Stuttgart 1747) und als Traupfarrer des jungen Herzogs – ›Drey Predigten bey der Vermählung des Herzogs Carl von Würtemberg‹, (Stuttgart 1748) – empfiehlt sich Fischer auch für politische Aufgaben. 1746 wird er Abt des (evangelischen) Klosters Hirsau, 1752 avanciert er in den größeren Rat des Landschaftsausschusses, der politischen Kontrollinstanz für den Herzog. 1757 wird er gar Mitglied des engeren Landschafts-Ausschusses und zugleich Abt des (evangelischen) Klosters Adelberg.

ADB, Bd VII, S.78. – Johann Jacob Moser, Württembergisches Gelehrtenlexikon, Teil 1, 1772. – Christian Gottlieb Jöcher, Allgemeines Gelehrten-Lexikon, Bd 2, 1787. – Auskunft Kurt Liebhard, Waiblingen.

Epitaph Ludwig Eberhard Fischer [Abt. 4b/763]. Photographie Runge, August 1971, Stadtvermessungsamt Stuttgart L 298 122. Stadtarchiv Stuttgart.

[Abt 4b/768]

**Konrad Heinrich Schweikle,** geb. 28. 3. 1779 in Stuttgart; gest. 2. 6. 1833 in Stuttgart. – Bildhauer.

Blockdenkmal auf Sockel mit Abdeckung in grauem Sandstein; die Inschrift ist abgeschlagen (1992).

Sohn des Hofebenisten Jakob Friedrich Schweikle (1747–1812). [Abt 4b/769] und der Charlotte geb. Siegel (1751–1817).

Schweikle besucht als Oppidaner in den Jahren 1787–1794 die Carlsschule; Schüler von Dannecker und Scheffauer. Um 1800 bricht er nach Paris auf, um bei J. L. David und später in Rom das Studium fortzusetzen. Die Reisen bezahlt Schweikle aus der eigenen Tasche. Arbeiten, die in Thorvaldsens römischem Atelier entstehen, berechtigten nach den Berichten von Rehfues, Fernow und August Wilhelm Schlegel zu den schönsten Hoffnungen. Doch einer Rückkehr nach Deutschland stehen die ehemaligen, noch im Amt befindlichen Lehrer entgegen – Scheffauer vor allem; es fehlt an Aufträgen. So geht Schweikle 1808 auf Einladung von Lucien Bonaparte für über zwanzig Jahre als Lehrer an die Akademie von Neapel. Als Rehfues 1830 Süditalien bereist, findet er Schweikle »nicht nur mit seiner Kunst, sondern auch mit sich selbst und seiner Vergangenheit verfallen«. Politisch in die Carbonerja-Verschwörung verwickelt, verliert er sein Amt und muß nach Stuttgart zurückkehren, wo er bald darauf stirbt.
Margarethe Klinckerfuß berichtet in ihren Erinnerungen vom Aufenthalt Schillers im Hause Schweikle, Kanzleistraße 18. Schweikle müßte Schiller 1793/94 begegnet sein: »Ein in der Kanzleistraße 18 beheimateter Urgroßonkel von uns, der Bildhauer Professor Schweikle, war, wie auch der Maler Friedrich Hetsch, ein Freund Danneckers. Mit diesen beiden hat seinerzeit auch Schiller unser Haus und unseren Garten in der Kanzleistraße aufgesucht ...«

ADB, Bd XXXIII, S. 330f. – Margarethe Klinckerfuß, Aufklänge aus versunkener Zeit. Urach: Port [2]1948, S. 15.

# Vom Friedhof aus getrennte Wege

## Margarethe Klinckerfuß und Hugo Wolf

Margarethe Klinckerfuß, eine ungewöhnliche Pianistin, die noch nach dem Zweiten Weltkrieg in Stuttgart zu hören war, begegnet als Neunzehnjährige, 1894, dem Komponisten Hugo Wolf, der in Stuttgart in ihrem Elternhaus verkehrt, in dem vor ihm Nikolaus Lenau, Wilhelm Raabe, Eduard Mörike, Justinus Kerner oder Friedrich Theodor Vischer aus- und eingegangen waren. Das junge Mädchen, ganz unter dem Schock des Verlusts ihrer ersten Jugendliebe, verliebt sich in den damals Sechsunddreißigjährigen, der wenig später dem Wahnsinn verfällt:

»Auf dem Hoppenlau-Friedhof habe ich ihm dann, nachdem er mir zuerst seine herbe Erfahrung anvertraut hatte, auch von meinem Herzeleid erzählt. Daraufhin machte er mich auf eine Stelle in Shakespeares ›Romeo und Julia‹ aufmerksam, die offenbare, wie gerade ein tief verwundetes Herz für neue Eindrücke doppelt empfänglich sei … Wir gingen dabei Seite an Seite zwischen den Gräberreihen auf und ab … Da wir überein gekommen waren, unsere Begegnungen geheim zu halten, gingen wir vom Friedhof aus getrennte Wege …«

Als Margarethe Klinckerfuß ihre Erinnerungen ›Aufklänge aus vergangener Zeit‹ in den vierziger Jahren schreibt, lebt sie – nach Verhaftung und Folter – unter Lebensumständen, wie sie Hugo Wolf »die letzten sechs Jahre seines Lebens durchlitten hat«.

Sie wird im September 1937 durch die Geheime Staatspolizei nach einem spontanen Zwischenruf bei einer Veranstaltung Baldur von Schirachs zwangsweise in die psychiatrische Abteilung des Bürgerhospitals in Stuttgart eingewiesen und als »geisteskrank« in Kennenburg bei Eßlingen, Eglfing-Haar und Göppingen-Christophsbad festgehalten. Margarethe Klinckerfuß, die Tochter der Stuttgarter Hofpianistin Johanna Klinckerfuß, protestierte gegen »widerrechtliche Wegnahme der vier evangelischen Seminare in Württemberg, Verfolgung der Juden, Zerstörung der Synagogen, Vorgänge in Heilanstalten und den Vorwurf, Predigten des Bischofs von Münster, des Grafen Galen, verbreitet zu haben«. Ihr Protest bleibe unvergessen.

Margarethe Klinckerfuß, Aufklänge aus vergangener Zeit. Urach: Port Verlag $^{2}$1948, S. 106 f, 118.

[Abt 5a/773]

**Karl** Ludwig Emil **von Suckow,** geb. 15.3.1787 in Goldberg im Kirchspiel Kirch Mulsow/Passee; gest. 7.1.1863 in Stuttgart. – Offizier. Schriftsteller.

Große liegende Grabplatte aus grauem Sandstein:

**Karl von Suckow.**
**Obrist.**
**geboren zu Goldberg in Schwerin**
**den 15. März 1787.**
**gestorben zu Stuttgart**
**den 7. Januar 1863.**

An der Stirnseite des Steins:

**Selig sind die reines Herzens sind**

Sohn des mecklenburgischen Hofjägers und Gutsbesitzers Gottfried August von Suckow und der Elisabetha Dorothea Ernestine geb. Hahn; seit 1823 verheiratet mit *Emma* Maria Friederike geb. Eder, geadelte von Calatin (1807–1876), der unter dem Pseudonym »Emma Niendorf« publizierenden Schriftstellerin. Ihre enthusiastischen Kundgebungen gegenüber Freunden und die literarischen Erinnerungen, mit denen sie sich ins rechte Licht zu rücken suchte, tragen ihr von Brentano das Epitheton »Anmutstrampel«, von Justinus Kerner die Charakterisierung einer »wehmütig gewordenen Aeolsharfe« ein.

Karl von Suckow erlebt wie viele seiner Zeitgenossen die napoleonischen Kriege auf beiden Seiten: Seit dem Jahre 1800 steht er bei einem preußischen Infanterieregiment, mit dem er als Leutnant am 14.10.1806 in die Niederlage der Doppelschlacht bei Jena und Auerstedt gerissen wird. 1808 wechselt von Suckow zur Garde zu Fuß in württembergische Dienste. Nun beteiligt er sich auf Rheinbundseite an der Expedition nach Vorarlberg und unter Marschall Ney mit der württembergischen Infanterie 1812 am Feldzug auf Moskau. Das württembergische Corps, das mit »17000 Mann und 3500 Pferden« ausgerückt war, sei vor der Schlacht von Mosaisk am 7.9.1812 »durch Gefechte, Strapazen und Entbehrungen im strengsten Sinne des Wortes« so dezimiert gewesen, daß nur noch etwa 1300 Mann einsatzfähig gewesen seien. »Die Verluste an diesem heißen Tage waren ungeheuer«, erinnert sich Suckow. »Die württembergische Division zählte am Abend der Schlacht 59 gebliebene und 580 verwundete Unteroffiziere und Soldaten, fünf todte und 40 verwundete Offiziere, unter letzteren auch den die württembergische Infanterie kommandierenden Generallieutenant von Scheler«, der auf dem Hoppenlau-Friedhof 1826 begraben wird [Abt 3b/491].
Suckow gehört zu den wenigen Heimkehrern – und macht Karriere: 1813 Hauptmann im Jägerregiment König; 1828 Major und Bataillonskommandant im 5. Infanterieregiment; 1834 Oberstlieutenant; 1842 Oberst. Im Revolutionsjahr 1848 geht der Soldat in Pension und schreibt seine Memoiren, die zunächst

in den ›Hausblättern‹ und dann als Buch, ›Aus meinem Soldatenleben‹, erscheinen. Seit 1837 leben Suckow und seine Frau in Stuttgart. Von Mörike sind gelegentliche Gruppenbilder ohne den Hausherrn überliefert, wenn er notiert: »Der Gemahl empfahl sich bald« (22. 11. 1838) oder »Der Oberstleutnant kam nicht zum Vorschein« (12. 12. 1838).

Totenregister der Garnisonskirche, 1838–1867. – ADB Bd XXXVII, S. 111 f. – Karl von Suckow, Aus meinem Soldatenleben. Stuttgart: Krabbe 1862. – Eduard Mörike, Werke und Briefe. Bd 12. Briefe 1833–1838. Hrsg. von Hans-Ulrich Simon. Stuttgart: Klett-Cotta 1986, S. 453, 465. – Auskunft von Kirchenarchivrat Piersig, Mecklenburgisches Kirchenbuchamt und Landeskirchliches Archiv, Schwerin.

**Johann Christian Storr,** geb. 3.6.1712 in Heilbronn; gest. 8.5.1773 in Stuttgart. – Pfarrer. Schriftsteller.

Sohn des Johann Philipp Storr (†1720) und der Auguste Catharina geb. Förtsch (†1725). Vater von Gottlob Christian Storr [s. Abt 3b/507].

Von dem ursprünglichen Wandepitaph aus rotem Sandstein aus der Hospitalkirche, gestiftet von den vier Kindern für Storr und seine Frau, ist heute nur noch der Sockelstumpf vorhanden (1992).
Text nach einer Zeichnung bei Pfeiffer (1912), S.15:

**Johann Christoph**
**Storr**
**Herz. Consistor. Rath**
**u. Prälat d. Klosters**
**Alpirsbach**
**†1773**
**–•–**

Photographie bei Rimmele, Tafel 16. Photographie eines Bruchstücks bei Klöpping, S.119 (Lapidarium, Stuttgart).

Storr durchläuft 1726–1729 die Klosterschule Denkendorf, wo Johann Albrecht Bengel sein Lehrer und lebenslanger Lehrmeister und Freund wird. Nach dem Abschluß der Schule in Maulbronn, 1729–1731, studiert Storr 1731–1735 in Tübingen Philosophie und Theologie. Erweckungserlebnis. 1735 bis 1744 versieht er Vikariate und Pfarrstellen in Nagold, Gültlingen, in Kirchheim u. T., Hirsau und – als Diakon – an der Leonhardskirche in Stuttgart (1744), wo er sich mit Euphrosine Margarethe Röslin (†1784) vermählt. 1744–1758 ist Storr der evangelische Hofkaplan des katholischen Herzogs Carl Eugen, der 1748 die Abberufung des unbotmäßigen Bußpredigers durch das Konsistorium fordert. Doch Georg Bernhard Bilfinger und Johann Albrecht Bengel fügen sich den herzoglichen Wünschen nicht; Storr wird 1757 Diakon, schließlich Stiftsprediger und Konsistorialrat in Stuttgart, bis 1765. Erst dann gewährt ihm die Kirchenleitung die Befreiung »von seiner bisherigen Angst und Furcht bei Hofe« und bestellt ihn zum Prälaten von Herrenalb, 1765–1772. Ein »Augenleiden« und »Brustbeschwerden« zwingen ihn, sein Predigeramt aufzugeben. 1772/73 wird er noch Prälat von Alpirsbach; dann stirbt er an den Folgen der Wassersucht.
Storr, einer der einflußreichen Väter des württembergischen Pietismus, verfaßt auflagenstarke Predigtsammlungen (›Worte des Lebens aus der Auferstehung und Himmelfahrt Jesu Christi ...‹, 1750, 1757, 1782) sowie Gebet- und Hausbücher (›Lautere Milch des Worts ...‹, 1755; ›Christliches Hausbuch‹, 1756). Unter den Psalm-, Bitt- und Lobgesängen enthält das ›Evangelische Kirchengesangbuch für Württemberg‹ noch heute eines seiner Lieder, ›Es ist etwas, des Heilands sein‹, das nach Philipp Nicolais Choralmelodie ›Wie schön leuchtet der Morgenstern ...‹ gesungen wird. Theodor Schott, sein Biograph, sagt im

Blick auf Bengels Gnomon-Studien über Storr: »Noch ist zu bemerken, daß er nach dem Vorbilde Bengel's sich längere Zeit mit der Erklärung der Offenbarung beschäftigte, aber auf andere Resultate kam als sein Lehrer.«

Taufbuch Heilbronn, 1660–1714. – ADB, Bd XXXVI, S. 459. – Evangelisches Kirchengesangbuch: Stuttgart: Verlagskontor [8]1955, S. 609f., Dritter Teil, Anhang, S. 84.

Abt 5a/810]

**Johann Friedrich Ebner,** geb. 17. 8. 1748 in Stuttgart; gest. 15. 6. 1825 in Stuttgart. – Kaufmann. Kunstverleger.

Ältester Sohn des Handelsmannes Johann Jakob Ebner (1723–1811) und der Rosine Magdalene geb. Held (1724–1802); Bruder von Christian Gottlob Ebner (1755–1821), seit 1784 Inhaber der Stettinschen Buchhandlung in Ulm, und der Friederike Christiane Hölder geb. Ebner (1766 bis 1801), der Frau des Registrators Friedrich Hölder [Abt 4b/598].

Große gewölbte Grabplatte auf Sockel in rotem Sandstein für Ebner und seine zweite Frau (1825):

**IOHANN FRIEDERICH**
**EBNER**
**ward gebohren am 17. August 1748.**
**und gestorben am 15. Juni 1825.**
**IULIANE FRIEDERICA**
**EBNER**
**gebohrne Hebich**
**ward gebohren am 21. Juli 1757.**
**und gestorben am 28. Januar 1825.**
**Den unvergeßlichen Eltern**
**die dankbaren Kinder.**

Der erste Stuttgarter Kunstverleger! Ebner absolviert eine kaufmännische Lehre in Stuttgart; 1773 heiratet er Maria Elisabeth Walz, die nach zweijähriger Ehe kinderlos stirbt († 1775). Ebner heiratet noch im gleichen Jahr Juliane Friederike Hebich (1757–1825), eine Tochter des Bürgermeisters von Böblingen; 9 Kinder. 1780–1785 leitet Ebner das mit dem Ludwigsburger Waisenhaus verbundene Kunstinstitut, das sich, auf Initiative Herzog Carl Eugens, der Ausbildung von Malern und Modelleuren für die herzogliche Porzellanmanufaktur widmet. Ebner kehrt 1785 nach Stuttgart zurück und betreibt zunächst in der Grabenstraße 7, später in der Oberen Königstraße eine Handlung für Mal- und Zeichenbedarf, der 1810, nach der Schließung der Rapp-Cotta'schen Steindruckerei in der Alten Kanzlei in Stuttgart, unter der Leitung von Ebners Sohn Karl August (1779–1852) eine Stein- und Kupferdruckerei angeschlossen wird, die dieser in der Stuttgarter Christophstraße bald selbständig von Verlag und Handlung führt; 1839 gründet Karl August Ebner ebenda den Verlag Ebner & Seubert.
Autoren der Ebnerschen Kunsthandlung sind die Landschaftsmaler Eberhard Emminger, Karl Keller, C. F. Keller, Caspar Obach, Johannes Wölffle u. v. a. Ebner gibt seit 1800 das Stuttgarter Adreßbuch heraus und überläßt seinen Verlag im Jahre 1813 seinem Sohn Georg [s. Abt 9/1329].

Stammbaum der württembergischen Familie Ebner. Zusammengestellt von Dr. Julius Ebner … Dr. Max Ebner und Stadtpfarrer Rieber. Ulm: J. Ebner 1911. – Erich Kunter, Johann Friedrich Ebner – der erste Kunstverleger in Württemberg, in: Hie gut Württemberg, Beilage zur Ludwigsburger Kreiszeitung, Jg 7 Nr. 8 v. 15. 6. 1956. – Auskünfte Anne Metzler, Archiv Ebner, Ulm.

[Abt 5a/818]

Stele mit Sockel in grauem Sandstein nach dem Entwurf von August Beyer (1834–1899), dem Vollender des Ulmer Münsters (1880–1899). Das Medaillon und das Beschriftungs-Schild fehlen (1992).

**Auguste Fischer, geb. Neubert;** geb. 21.4.1811 in Bernstadt bei Ulm; gest. 15.6.1867 in Stuttgart.

Tochter des Pfarrers Ludwig August Neubert (1772–1857) und der Ernestine geb. Landerer (* 1780): erste Frau des Lehrers und Dichters Johann Georg Fischer (1816–1897) und Mutter von Hermann Fischer (1851–1920), dem Leiter des Stuttgarter »Litterarischen Vereins« (1891–1926); Hermann Fischer ist der Herausgeber des ›Schwäbischen Wörterbuchs‹ (1904–1920).

Hermann Fischer schreibt in seinen ›Erinnerungen an Johann Georg Fischer‹ über seine Mutter: »Meine Mutter hat jene Jahre der Aufregungen, der Erfolge, aber auch der Enttäuschungen, die zugleich an politischen Krisen so reich waren, noch erlebt und innerlichst mit erlebt« – was sich hauptsächlich auf die schriftstellerischen Erfolge und Mißerfolge ihres Mannes bezieht. Fischers literarische Produktion kannte keine Grenzen; er war als Redner auf Schillerfeiern geschätzt – Wilhelm Raabe porträtiert ihn in seinem Roman ›Der Dräumling‹; als Dramatiker ist er so vergessen wie als fruchtbarer Gelegenheitsdichter. So gibt es, natürlich, auch ein Gedicht ›Zum Begräbniß meiner Gattin‹ in der bei Cotta erschienenen Sammlung ›Den deutschen Frauen‹ (1869). Es braucht hier nicht mitgeteilt zu werden, dafür aber jener Brief Fischers an seine 32jährige Braut vom 30.1.1843, der wohl das späteste Zeugnis eines Besuchers im Tübinger Turm genannt werden kann.

Sigel, Das evangelische Württemberg. – Hermann Fischer, Erinnerungen an Johann Georg Fischer. Tübingen: Laupp 1897.

## Johann Georg Fischer
## an seine Braut, Auguste Neubert,

nach einem Besuch des kranken Hölderlin
am 27. Januar 1843. Fischer war begleitet
von dem Theologiestudenten Karl August Auberlen.

Am letzten Freitag habe ich den seit 36. Jahren wahnsinnigen Dichter Hölderlin besucht. Ich kann Dir nicht in Worte fassen, wie mich das angegriffen, diesen dichterischen Feuergeist, der in Schönheit der griechischen Form, in der Treue der Naturanschauung *pp* Schillern weit übertraf, diesen Geist so zerrüttet zu sehen – Du hast ja einst den Phaëton v. Waiblinger v. mir gelesen; das ist die Lebensgeschichte Hölderlins. Er hat einst ein Buch: »Hyperion« geschrieben, worin er mit der höchsten Glut dichterischen Feuers seine Leiden darüber schildert, daß ihm die Welt, das Leben *pp* nicht natürlich u. göttlich genug sey, d.h. daß nur falsche Bildung das Herrlichste des Menschen, seine reine Natur, verderbt. Namentl. aber schildert er darin so innig u. tief, daß ich ihn fast anbeten möchte, seine Liebe zu einer gewissen »Diotima«, die wenigstens ein Engel gewesen seyn muß.
Aber ihr Wesen war so zart, so himmlisch, daß sie bald starb; u. Hölderlin, in Verzweiflung über den Tod seiner Braut, u. schon vorher zerfallen mit der Welt –– wurde wahnsinnig.
Eines von seinen Gedichten: »Emilie vor ihrem Brauttag« behandelt ebenfalls die Geschichte seiner Liebe; –– theures Gustele! so herrlich u. wahr hab' ich nie was gelesen. – Und dieser Geist nun wahnsinnig; bis jetzt gerade die Hälfte seines Lebens wahnsinnig (er ist 72 Jahr alt.) das ist zum Wahnsinnig werden! vor einem solchen Räthsel der Vorsehung wird der Menschengeist wirr. – Ich besuchte ihn mit 2. guten Freunden. Er redete uns »Majestäten« u. »Heiligkeiten« an, u. sprach eine ganze Menge von Wörtern aus fremden Sprachen durcheinander. Nur selten hatte er lichte Augenblike, in denen er zugestand, daß er seine Gedichte geschrieben, u. daß Schiller sein guter Freund gewesen, daß er den Sophokles übersetzt *pp* Wenn man ihn an seine Geliebte erinnerte, so gab er zu, sie zu kennen, verwechselte sie aber alsbald mit der Frau, bei der er wohnt.
Seinen Namen Hölderlin erkennt er nicht an, sondern nennt sich »Bibliothekar Scardanelli«. Er trank Kaffee u. rauchte eine *Cigarre* mit uns. Er sieht

trotz seiner Zerstörung noch sehr geistvoll aus; ich hätt' ihn umarmen u. küssen mögen, diesen hohen Greis, der noch jetzt Spuren seiner einstigen Schönheit zeigt. Das merkwürdigste ist, daß er, so bald man ihn bittet, ein Gedicht macht, das zwar immer unzusammenhängend, aber voll von einzelnen guten Gedanken, u. richtig in Reim u. Metrum ist. Mir hat er ein Gedicht über »den Zeitgeist« u. Auberlen eines über »Griechenland« gemacht. Ich werde dieß Gedicht, und die Feder, mit der er's geschrieben, als ein Heiligthum verwahren.
Ich habe ihm beim Gehen mit aller Herzlichkeit seine welke Hand gedrückt, u. ihm bis ins Innerste seines blauen Auges geschaut. Aber 2 Tage lang war ich auf's Heftigste angegriffen! – Gott!! ein einst so großer, herrlicher Dichter in diesem Zustand!! Ich bat den Himmel, ihm doch bald sein Auge zu schließen, u. ihn mit seiner unendlich geliebten Diotima zusammenzuführen, daß er wieder werde hoch u. herrlich, daß die Engel jauchzen: siehe da, er ist geworden wie unser einer, u. daß er die Vollkommenheit schaue, deren Nacheiferung sein großer Geist erlag. – Wenn Du, geliebtes Gustele, ihn läsest u. sähest, Du hättest gewiß auch eine Thräne für ihn. – Ich liebe Dich so herzlich, wie er einst seine Braut; – wie glücklich sind wir gegen die Beiden, die in der Welt beide nicht Frieden fanden.

Brief vom 30. Januar 1843 aus Tübingen. Erstdruck: Hölderlin StA, Bd 7, 3, S. 292 ff.

[Abt 5a/819]

Gustav **Adolph Zumsteeg**, geb. 22.11. 1794 in Stuttgart; gest. 24.12.1859 in Stuttgart. – Musikalienhändler.

Große Grabplatte aus rotem Sandstein (1859):

**Charlotte Zumsteeg**
**geb. Rapp**
**geb. 13. Sept. 1792**
**gest. 25. Okt. 1835.**
**Gustav Adolph**
**Zumsteeg**
**geb. 22. Nov. 1794**
**gest. 24. Dez. 1859.**

Sohn des »berühmten Tondichters« und herzoglichen Konzertmeisters Johann Rudolf Zumsteeg (1760–1802), des Freundes von Schiller und Dannecker, des »Mozart Wirtembergs« (Friedrich Haug), und der Louise geb. Andreä (1760–1837); Bruder von Emilie Zumsteeg [s. Abt 3b/515]; Schwiegersohn von Gottlob Heinrich und Eberhardine Rapp [s. Abt 5a/829 und 833]; durch seine Frau mit Dannecker und Gustav Schwab verschwägert.

Nach dem frühen Tod des Vaters wächst Zumsteeg in bescheidenen Verhältnissen auf; Dannecker unterstützt die vaterlose Familie, indem er die Subskription einer Hermenbüste Johann Rudolf Zumsteegs auflegt (von Holst Nr. 94). Bei der Ausbildung zum Kaufmann in Berg bei Stuttgart nimmt sich Gottlob Heinrich Rapp in besonderer Weise des Knaben an, der dann in seiner Tuchhandlung und anschließend drei Jahre in Rotterdam arbeitet. 1820, nach der Rückkehr, unterstützt Zumsteeg Mutter und Schwester Emilie bei der Führung der 1802 gegründeten Musikalienhandlung, die er nach seiner Heirat mit Emilie Charlotte Rapp (1792–1835), einer Tochter Gottlob Heinrich Rapps, 1825 in eigener Rechnung übernimmt und 1830 durch eine Leihanstalt für Musikalien erweitert.
Mitte der zwanziger Jahre ist Zumsteeg die treibende Kraft bei der Gründung eines ersten deutschen Liederkranzes in Stuttgart: Der Gesang als Mittel der Volksbildung, seine identitätsstiftende Kraft und die Verehrung des »unsterblichen Sängers«, Friedrich Schiller, gehen dabei eine für die bürgerliche Selbstbestimmung im 19. Jahrhundert bedeutsame Verbindung ein. Auch an der Gründung des Schwäbischen Sängerbundes, 1849, ist Zumsteeg noch beteiligt. 1855 gibt er die Leitung seiner Musikalienhandlung an seine Söhne ab.

Deutsche Buchhändler. Deutsche Buchdrucker. Hrsg. von Rudolf Schmidt. Eberswalde: Schmidt 1908, Bd 6, S. 1063f. – Christian von Holst, Johann Heinrich Dannecker. Der Bildhauer. Stuttgart: Staatsgalerie 1987.

[Abt 5a/823]

Christoph **Friedrich** Carl von **Kölle (Koelle),** geb. 11. 2. 1781 in Stuttgart; gest. 12. 9. 1848 in Stuttgart. – Jurist, Diplomat, Publizist.

Stelenartiger neugotischer Grabstein von Johann Mathäus Mauch mit Eichenkranz, Zirkel und Eule für den »Meister vom Stuhl« der jüngeren Stuttgarter Loge in grauem Sandstein:

**Friedrich**
**v. Koelle**
**geb. 11 Febr 1781**
**gest. 12 Sept. 1848**

Sohn des Obertribunalrats, Stuttgarter Landschaftsassessors und Ersten Bürgermeisters von Tübingen, Johann Adam Christoph von Kölle (1745–1811) und der Luisa Friderika Johanna geb. Hauff (1763–1830); Vetter der Brüder Hermann [s. Abt 6a/1060] und Wilhelm Hauff [s. Abt 3b/508].

Kölle verbringt seine Kindheit in Tübingen, besucht nach vorausgegangenem Privatunterricht im Elternhaus die Schola anatolica und, 1795–1797, das Obere Gymnasium in Stuttgart. 1797–1802 studiert er die Rechte in Tübingen; 1802/03 setzt er sein Studium in Göttingen fort, wo er die Fächer Staatswissenschaften, neue Sprachen und Geschichte belegt. Die Bildungsreise führt ihn 1803 nach Berlin, Dresden, Regensburg und München; dann kehrt er nach Tübingen zurück, ist als Jurist in verschiedenen Berufen tätig und kultiviert seinen Umgang mit literaturbegeisterten Studenten und Professoren: mit Kerner, Uhland, Karl Philipp Conz, mit Leo von Seckendorf und Karl Mayer. In diesen Jahren entstehen eigene »Almanachpoesien«. In den Jahren 1806 bis 1813 ist Kölle als Diplomat in württembergischen Diensten in Paris, Den Haag, München, Karlsruhe und Dresden. Nach einer zweijährigen Unterbrechung, 1814–1816, die er wiederum in Tübingen als Sekretär am dortigen Obertribunal verbringt, übernimmt Kölle 1817 bis 1833 die Stelle des Württembergischen Geschäftsträgers beim Heiligen Stuhl in Rom. Zugleich vertritt er die in katholischen Kirchenangelegenheiten vereinten deutschen Höfe beim Vatikan. 1834 tritt er von allen Ämtern zurück; er lebt in Paris und läßt sich dann als Privatgelehrter und Schriftsteller in Stuttgart nieder.
Der Weltgewandte, der, wie Wolfgang Menzel verrät, seinen näheren Freunden »oft« gestanden habe, »in sehr früher Jugend« einen Roman veröffentlicht zu haben, über den bis heute nichts Gewisses bekannt ist, publiziert in den Cotta'schen Blättern seine »Reisebilder« aus Rom und Paris, die 1834 und 1836 anonym und pseudonym bei Cotta gesammelt erscheinen; er schreibt u. a. Grundsätzliches über Diplomatie (1838), räsonniert über das Gebet des Herrn (1836) und versteckt in den ›Aufzeichnungen eines nachgeborenen Prinzen‹ (1841) unter dem Pseudonym G. G. v. R. einen Fürstenspiegel für Zeitgenossen.

[3836]

**Todes-Anzeige.**

Den vielen Freunden des k. württembergischen Geh. Legationsraths

**Friedrich v. Kölle**

ertheilen wir die schmerzliche Nachricht daß derselbe, 67 Jahre alt, heute unerwartet schnell und sanft entschlafen ist.

Stuttgart, den 12 September 1848. **Ludwig v. Alberti. C. Grüneisen.**

Allgemeine Zeitung, Außerordentliche Beilage, Nr. 96 v. 13. 3. 1832, S. 384.

Kölle ist nicht nur ein literarisches Subjekt; als der »Adjunkt« des ›Rheinländischen Hausfreundes‹ von Johann Peter Hebel figuriert er – vor allem in seiner Karlsruher Zeit, 1809–1812 – als Objekt in der Literatur: »Der Adiunkt«, erklärt Hebel dem Pfarrer Markus Fidelis Jaeck im Juni 1811, »ist der württembergische Gesandtschaftssekretär Kölle dahier, der mir bisweilen Anekdoten für den Hausfreund zuträgt.« Kölle sei »ganz Hebeltrunken«, schreibt Uhland damals an Kerner, und Kölle selber bezeichnet sich später – nicht unwidersprochen – als Hebels »Schüler und Freund, täglicher Genosse und Vertrauter seines inneren Lebens«.

Als Wilhelm Waiblinger 1826 den württembergischen Geschäftsträger in Rom anzupumpen versucht, stößt er auf wenig landsmannschaftliche Gegenliebe. »Eine Krankheit, die mich in Genf überfiel und eine Woche lang im Zimmer hielt, leerte mir den Beutel mehr als hinlänglich«, klagt Waiblinger dem in Stuttgart weilenden Danneckerschüler Theodor Wagner am 1. 12. 1826 aus Rom. »Bald aber fühlt' ich mich wieder voll Stärke, in der Felsenwelt Savoyens. Ich war genötigt, Matthissons Empfehlung an Kölle gleich in gangbare Münze umzusetzen, bekam aber nicht weiter als – 12 Scudi ...«

Kölle stirbt an seiner »letzten und einzigen Krankheit«, einer Brustwassersucht, die er sich in der Folge der »Luxation des Fußgelenkes« bei einem Sturz auf dem »Bahnhof der rheinbayerischen Eisenbahn im Sommer 1847« zugezogen hat, wie Menzel im Nekrolog der ›Allgemeinen Zeitung‹ berichtet. Dort rühmt er noch Kölles praktischen Sinn ohne alle »Phrasenmacherei«, während er für seine ›Denkwürdigkeiten‹ (1877) Heines scharfes Urteil über Kölle wiederholt: »ein geistreicher Mann. Aber der größte Schwätzer dieser Erde, und der gewiß nie ein Staatsgeheimnis verschwiegen hat!« – was wohl als Antwort zu lesen ist auf Gustav Pfizers Schmähartikel in der von Kölle begründeten ›Deutschen Vierteljahrsschrift‹: ›Heines Schriften und Tendenzen‹, 1838, Heft 1.

Familienregister Stuttgart, 1808–1875, Bd 10, S. 124. – Wolfgang Menzel, Friedrich Kölle, in: Beilage zur Allgemeinen Zeitung Nr. 299 v. 25. 10. 1848. – Bernhard Zeller, Friedrich Kölle, Literat und Diplomat. Skizzen zu einer Biographie, in: Landesgeschichte und Geistesgeschichte. Festschrift für Otto Herding zum 65. Geburtstag. Hrsg. von Kaspar Elm, Eberhard Gönner und Eugen Hillenbrand. Stuttgart: Kohlhammer 1977, S. 396–418. – Wilhelm Waiblinger, Werke und Briefe. Hrsg. von Hans Königer. Bd 5, 1, Sämtliche Briefe. Stuttgart: J. G. Cotta 1982, S. 318. – Auskunft vom Kirchenregisteramt der Evangelischen Kirchenpflege Tübingen.

[Abt 5a/829]

Gottlob **Heinrich Rapp,** geb. 6. 2. 1761 in Stuttgart; gest. 9. 3. 1832 in Stuttgart (Sterbehaus: Stiftsstraße 7). – Kaufmann und Förderer der Künste.

Großes stehendes Grabmal, im Auftrag der Landesgirokasse 1978 erneuert durch Gebr. Schönfeld:

**GOTTLOB HEINRICH v. RAPP**
**KÖNIGL. HOFBANKDIREKTOR**
**6·FEBR·1761–9·MÄRZ 1832**

Sohn des Tuchhändlers Philipp Heinrich Rapp (1723–1783) und der Friederike Charlotta geb. Spring (1732–1756); Onkel von Gustav Schwab [s. Abt 7a/1141] und Schwager von Johann Heinrich Dannecker [s. Abt 5a/831]; Schwiegervater des Kaufmanns und Kunstsammlers Sulpiz Boisserée und des Musikalienhändlers Gustav *Adolph* Zumsteeg [s. Abt 5a/819].

[519] Todes-Anzeige.

Unser innig geliebter Gatte, Vater und Großvater, Heinrich v. Rapp, Ritter d. O. d. würtemb. Krone, Geh. Hofrath und pensionirter Hof-Bankdirektor, hat am 9 März um 11 Uhr Vormittags im 72sten Lebensjahre sein irdisches Daseyn beschlossen, von dessen vielfacher, edler Thätigkeit er, durch die Beschwerden des Alters genöthigt, seit anderthalb Jahren sich zur Ruhe und in die Pflege der Seinigen zurückgezogen hatte.

Seinen zahlreichen Freunden im In- und Auslande widmen diese Anzeige in tiefer Trauer

Stuttgart, die Hinterbliebenen.
den 10 März 1832.

Allgemeine Zeitung. Beilage, Nr. 258 v. 14. 9. 1848, S. 4103.

»Rapp starb infolge wiederholter Schlaganfälle im 72. Lebensjahre. Sein Dannecker erwies ihm, wie eine Schwester an Mathilde Boisserée schrieb, den letzten Liebesdienst und schloß die verklärten schönen Augen für diese Welt«, berichtet Albert Wintterlin über den Tod des Mannes, der von sich sagte, er sei Kaufmann »ohne besondere Vorliebe, aber mit Gewissenhaftigkeit«; Goethe nennt ihn den »wohl unterrichteten verständigen Kunstfreund«, dessen »verständige und wohlgefühlte Urtheile … über manche Gegenstände der Kunst« er »mit Vergnügen« gehört habe; und Charlotte Schiller schreibt 1810 an den Verleger Johann Friedrich Cotta, Rapp vereinige »so viel feine Bildung mit einem thätigen Leben« und er wisse »so viel Geist und Genuß in sein Leben zu legen. Und dabei die große Güte und Zartheit des Gemüths, die so selten ist und sein Talent. Er ist reich von Natur begabt.«

Die wohlmeinenden Äußerungen Schillers über den ihm durch Dannecker bekannt gemachten Rapp oder die Goethes, der wiederum durch Schiller ins Rappsche Haus in Stuttgart empfohlen wird, sind häufig zitiert worden. Sie

können deshalb hier übergangen werden. Rapps tätige Förderung der Künste folgt der Einsicht wechselseitiger Bedingung von schöpferischer Produktion und interessiertem Publikum, wie sie Goethe in seinem ›Horen‹-Beitrag ›Litterarischer Sansculottismus‹ (1795) so eindringlich beschreibt.
Heinrich Rapp besucht bis zur Konfirmation das (Stuttgarter?) Gymnasium und nimmt dann 1775 eine kaufmännische Ausbildung im elterlichen »Tuchausschnittgeschäft« auf; durch sie kommt er, an der Seite seines älteren Bruders, bereits früh auf die Messeplätze: in Frankfurt verkehrt er u. a. im Hause des Bankiers Gontard. Im Sommer 1783 bringt ihn eine Bildungsreise ins Rheinland, nach Holland und Frankreich; in Paris begegnet ihm der Stuttgarter Maler Philipp Friedrich Hetsch, der ihn damals und 1815 noch einmal porträtiert. Sein Reisetagebuch schreibt er für seinen Stuttgarter Freund, den späteren Poeten, Almanachredakteur und Anwalt, Gotthold Friedrich Stäudlin.
1785, nach der Übernahme des väterlichen Tuchhandels, heiratet Rapp *Eberhardine* Friederike Walz (1765–1834) [s. Abt 5a/833]; 8 Kinder. Als erfolgreicher Kaufmann übernimmt er bald öffentliche Ämter: die Verwaltung der herzoglichen Spiegelfabrik, 1789; die herzogliche Wechselgerichtsassessorenstelle, 1791; die Direktion der herzoglichen Tabakregie, 1808; die Kontrolle (1814) und Leitung (1818) der Hofbank; den Vorsitz der von Königin Katharina initiierten württembergischen Sparkasse.
»Was soll der vollendete Künstler unter einem Haufen, der ihn nicht versteht? Es ist also eine wechselseitige Übung die erste Bedingung für das wahre Gedeihen des großen Bildungsgeschäftes.« Im ›Morgenblatt‹ von 1812, anläßlich einer ersten, von ihm veranlaßten Kunstausstellung im Neuen Schloß in Stuttgart, formuliert Rapp seine Grundsätze, die seine mäzenatischen und kaufmännischen Handlungen erklären: die Beteiligung an der Gründung von Cottas ›Morgenblatt für gebildete Stände‹, 1807, wo er seine eigentliche Aufgabe im »Kunstfache« erkennt; die Zusammenarbeit mit Cotta bei der Errichtung der ersten kommerziell arbeitenden Steindruckerei nach Senefelders Entdeckung des lithographischen Verfahrens, 1807 – zur Vervielfältigung der Kunst (1810 übernimmt Johann Friedrich Ebner [s. Abt 5a/810] diese Einrichtung); die Propagierung der ›Geschichte der Malerei in Italien‹ von Franz und Johann Riepenhausen; die Gründung des ›Kunst-Blatts‹ zum ›Morgenblatt‹, 1816; die (auf Dauer mißglückte) Ansiedlung der Boisseréeschen Sammlung altdeutscher Kunst in Stuttgart, 1817; die Begründung des württembergischen Kunstvereins, 1827, dessen Vorsitz Rapp übernimmt.
Der Kaufmann Rapp vertritt seine kunstpolitischen Überlegungen auch publizistisch, etwa in dem Essay ›Das Geheimnis des Steindrucks in seinem ganzen

Umfange … beschrieben von einem Liebhaber‹ (Tübingen: Cotta 1810); er veröffentlicht in Cottas ›Taschenkalender … für Natur- und Gartenfreunde‹, 1793 (und Schiller rezensiert ihn), in der ›Flora‹, im ›Morgenblatt‹, im ›Kunstblatt‹; er zeichnet und lithographiert – oder läßt seine Zeichnungen jedenfalls lithographisch vervielfältigen. Dieser Kaufmann handelt mit dem Selbstbewußtsein einer Generation, die auf der Carlsakademie nicht Herkunft und Stand, sondern Bildung und Leistung als gesellschaftliche Kriterien kennengelernt und erprobt hat. »Mit dieser Zeit fängt eigentlich die Epoche an, die uns in vollem Maaße berechtigt, nun auch von vaterländischer Kunst zu reden«, schreibt Rapp 1821 im ›Kunst-Blatt‹. Cotta wünschte sich »die seltenen Talente dieses vortrefflichen Mannes, dessen Kunst-Kenntnisse und Beurtheilungs-Gabe nur durch die Genialität seiner Ideen aufgewogen werden, an der Spitze einer Kunst-Akademie« (1810), die dann freilich in der Danneckerschen Kunstschule von 1829 – auch wegen Danneckers Krankheit – fast ohne Wirkung bleibt.

Bei Danneckers Tod, 1841, erinnert Carl Grüneisen an den 1832 verstorbenen Rapp: »Von ihm rührten die frühesten Aufsätze des Morgenblattes über Kunstgegenstände her, und namentlich darunter wiederholte Mittheilungen über die neuesten Werke und Conceptionen seines Freundes Dannecker. Dieser hat ihm daher einen nicht geringen Antheil an der raschen und allgemeinen Verbreitung seines Namens in der gebildeten Welt zu verdanken … Der größere Horizont von Rapps wissenschaftlichen Kenntnissen und der geübtere künstlerische Tact Dannecker's kamen sich einander ergänzend entgegen, um die schönen Ideen, die in der Seele des Meisters erwacht … zur würdigsten Ausführung zu bringen.«

ADB, Bd XXVII, S. 290 ff. – Goethes Werke WA, Bd 12, 4, S. 297. – Morgenblatt, Nr. 127 v. 27.5. 1812, S. 506. – Kunst-Blatt Nr. 87 v. 29.10. 1821, S. 348. – Kunst-Blatt, Nr. 1 und Nr. 2 v. 4. und 6. 1. 1842, S. 1 ff. – Gottlob Heinrich Rapp, Das Geheimnis des Steindrucks. Mit einer Vorrede von [Johann Friedrich] Cotta. Tübingen: Cotta 1810. – Bernhard Zeller, Gottlob Heinrich Rapp und das kulturelle Leben in Stuttgart um 1800, in: Zeitschrift für Württembergische Landesgeschichte, Jg XXXI, 1972, S. 290 ff.

[Abt 5a/831]

**Johann Heinrich Dannecker,** geb. 15.10. 1758 in Stuttgart; gest. 8.12.1841 in Stuttgart. – Bildhauer.

Neben ihm seine früh verstorbene erste Frau Heinrike Charlotte geb. Rapp (1773–1823) [Abt 5a/830] – und seine zweite Frau, Auguste Friderike geb. Kolb (1797–1868) [Abt 5a/832].

Dannecker ist das 3. von fünf Kindern des »herzoglich württembergisches Maulthierknechts«, Vorreiters und Kutschers Johann Georg Dannecker (1718–1785) und der Anna Catharina geb. Schempp (1725–1803).

Drei Grabmonumente in Tumbaform aus rotem Sandstein auf vier Säulen mit Akeotarien, möglicherweise von Nicolas Thouret entworfen, für Dannecker und seine beiden Gattinnen:

IOH. HEINR.
DANNECKER
BILDHAUER
GEBOREN
D. 15. OCT. 1758.
GESTORBEN
D. 8. DEC. 1841.

links:

HEINRIKE CHARLOTTE DANNECKER
GEBORNE RAPP
GEBOREN D. 3. NOV. 1773.
GESTORBEN D. 21. MAI 1823.

rechts:

AUG. FRIDERIKE DANNECKER
GEBOREN D. 13. JUNI 1797
GESTORBEN D. 18. JUNI 1868

Einstimmig ist die Beurteilung des »herzlichen, offenen Manns« (Achim von Arnim), des »heiteren Bildners« (August Klingemann) der »schönen, frischen Frühlingsblume im späten Herbst« (Sulpiz Boisserée); Goethe schätzt ihn »als Künstler und Mensch, eine herrliche Natur«; Gottlieb Schick rühmt seine »Seelenheiterkeit«; für Canova ist Dannecker »il Beato«, der Selige. Aufgewachsen in Stuttgart und Ludwigsburg, findet der 13jährige Aufnahme in der Militair-Pflanzschule, nachdem er sich dem Herzog beim österlichen Eiersuchen für arme Leute vorgestellt hat; zunächst Tänzer, dann Bildhauereleve bei Adam Bauer, Johann Valentin Sonnenschein und Pierre François Lejeune, zusammen mit Scheffauer [s. Abt 4b/690]. Seit der Schulzeit befreundet mit Schiller, dem Offizier Georg Scharffenstein, dem Komponisten Rudolf Zumsteeg und dem Maler Philipp Friedrich Hetsch. Mit Scheffauer in Paris (1783–1785) und Rom (1785–1789); freundschaftlicher Umgang mit Trippel und Canova. 1790–1794 Professor der Carlsakademie; nach deren Aufhebung Lehrer an der »Academie des arts« im Neuen Schloß. 1790 heiratet Dannecker Heinrike Charlotte Rapp, die Schwester des wohlhabenden Kaufmanns Gottlob Heinrich Rapp [s. Abt 5a/829], der ihn anhaltend fördert und ganz unabhängig hätte machen können. Dannecker bleibt in Stuttgart, »einer sehr zahlreichen Verwandtschaft« wegen, »die ihn dort feßelt« (Schiller) und lehnt auswärtige Anträge und Einladungen nach St. Petersburg und München ab.

## Deutschland.

* **Stuttgart**, 8 Dec. Se. k. Hoh. der Prinz August wird unsre Stadt in wenigen Tagen verlassen, um nach Berlin zurückzukehren. Heute verloren wir den Veteran unsrer Künstler, D a n n e c k e r, welcher sich durch seine Ariadne (zu Frankfurt a. M. im Besitz der Familie Bethmann) und durch einige Büsten dauernden Ruhm erworben hat. Er war schon seit vielen Jahren für die Kunst verloren. — Der Gouverneur von Stuttgart, Generallieutenant v. Bangold, hatte wegen geschwächter Gesundheit um seine Pensionirung gebeten. Wir vernehmen aber, daß er dieses sein Gesuch aufgeschoben hat bis zur Rückkehr von einer Urlaubsreise nach Italien, wohin er sich demnächst begeben wird, und daß also Hoffnung vorhanden ist, diesen hochverdienten und vielfach gebildeten Mann dem Dienst zu erhalten.

Grüneisen

*** **Stuttgart**, 9 Dec. Gestern um Mittag verschied (wie wir schon erwähnt) D a n n e c k e r, nach einem kurzen Krankenlager. Er hatte vor zwei Monaten seinen vierundachtzigsten Geburtstag erlebt. Seit zwölf Jahren hatte er sich von der künstlerischen Thätigkeit zurückgezogen, und, obwohl bei gesundem körperlichem Befinden, war ihm das Gedächtniß beinahe ganz erloschen und sein geistiger Gesichtskreis immer enger geworden. Die reine Gesinnung aber und sein liebenswürdiger Humor leuchteten auch noch durch den verdunkelten Zustand der geistigen Kräfte. Seine Werke sind in die weite Welt verstreut und bewahren ihm den großen Ruf, den er sich als einer der Wiederhersteller der edleren Kunst erworben hat. Welche Bestimmung er dem Marmororiginal der kolossalen Schillerbüste gegeben habe, ist man sehr gespannt durch die Eröffnung seines letzten Willens zu erfahren. Uebermorgen wird seine Beerdigung stattfinden.

Allgemeine Zeitung, Ausgaben Nr. 345 v. 11. 12. 1841, S. 2757 (Kölle); Nr. 346 v. 11. 12. 1841, S. 2765 (Grüneisen).

1793/94, nach der Wiederbegegnung mit Schiller, entsteht sein »Meisterwerk«, Schillers Gewandbüste. Goethe geht bei seinem Stuttgartbesuch 1797 viel mit Rapp und Dannecker um, der darüber an Wilhelm von Wolzogen schreibt: »Täglich waren wir beysamen, und er machte mir ein Compliment, das ich vor gros halte, indem er mir sagte, nun habe ich hier Tage erlebt, wie ich sie in Rom lebte.« Goethes Versuche, Dannecker Aufträge zu verschaffen, bleiben vergeblich.

Nach Schillers Tod, im Mai 1805, beginnt Dannecker mit der Kolossalbüste des Dichters als Apotheose. »Ich freue mich kindisch darauf« (Dannecker an Wol-

Grabmäler Gottlob Heinrich Rapp, links vom Weg [Abt. 5a/828], Dannecker mit seiner ersten und zweiten Frau [Abt. 5a/831] und, dahinter, von Eberhardine Friederike Rapp [Abt. 5a/833]. Photographie Mathias Michaelis, 1991.

zogen, 14. 10. 1805). 1808 – Scheffauer war im gleichen Jahr verstorben – bezieht Dannecker sein von Thouret gebautes Haus am Schloßplatz, die »Danneckerei«: seine Stellung in Stuttgart ist unanfechtbar; sein Haus mit Kunstschule, Atelier und Museum ist gesucht und als Sehenswürdigkeit bestaunt. Doch die Differenz zwischen Danneckers großen künstlerischen Möglichkeiten und den fehlenden Aufträgen in der bilderfremden schwäbischen Residenz bleibt unauflösbar. 1817 ist er in Heidelberg mit Sulpiz Boisserée, dem großen Sammler, in Verbindung, der wenig später, nicht ohne Danneckers und Rapps parteiliches Interesse, Stuttgart für ein knappes Jahrzehnt zum Standort seiner Sammlung altdeutscher Malerei bestimmt. Boisserée heiratet, nach jahrelangem Verlöbnis, Danneckers Nichte Wilhelmine Rapp; Dannecker ehelicht nach dem Tod seiner ersten Frau, 1823, Friderike Kolb, die ihn fast um drei Jahrzehnte überlebt.

1819 kommt Bertel Thorvaldsen zum erstenmal nach Stuttgart; er übernimmt Mitte der dreißiger Jahre den Auftrag für das Stuttgarter Schillerdenkmal (1839), das der nach schwerer Krankheit langsam verdämmernde Dannecker nicht mehr ausführen kann. Seine 1829 noch begründete Kunstschule überläßt er in der Leitung mehr und mehr dem Architekten Nicolas Thouret. Der immer wieder erörterte Plan, seinem Hauptwerk, der Schillerbüste, ein Bildnis Goethes an die Seite zu stellen, kommt nicht zur Ausführung.

Carl Grüneisen schildert in seinem Nekrolog für das ›Kunstblatt‹ im Januar 1842 Danneckers Tod: In der Folge einer unnatürlich milden Witterung befällt ihn »ein starker Schnupfen mit Husten, der, weil sich der Kranke nicht wehren ließ, bisweilen das Fenster zu öffnen und vorübergehende Freunde mit entblößtem Haupte zu begrüßen, in ein Catarrhfieber überging und nach wenigen Tagen in einer Lungenlähmung sein Daseyn zum Ende brachte. Merkwürdig ist, daß der Kranke am Vorabend seines Todes in ungewöhnlichem Maaße die Kräfte des Geistes und der Erinnerung besaß und den alten liebenswürdigen Humor kundgab. Doch war er sich des nahen Zieles bewußt, und sprach davon nicht bloß mit dem Arzte ...«

»›Auch die Todten sollen leben!‹/ Sang einst *Schiller,* und errang's. / Deinem Meissel, Freund, gelang's, / Auferstehung ihm zu geben.« Friedrich Haug hat dieses Epigramm 1808 zur Einweihung der »Danneckerei« in Cottas ›Morgenblatt‹ veröffentlicht.

Morgenblatt für gebildete Stände, Nr. 150 v. 23.6. 1808, S. 599. – Kunstblatt zum Morgenblatt, Nr. 2 v. 6. 1. 1842, S. 3ff. – Christian von Holst, Johann Heinrich Dannecker. Der Bildhauer. Stuttgart: Staatsgalerie 1987. – Adolf Spemann, Dannecker. Berlin, Stuttgart: W. Spemann 1909, Anhang, Nr. 122.

[Abt 5a/833]

**Eberhardine** Friederike **Rapp,** geb. Walz; geb. 26.11.1765 in Stuttgart; gest. 6.5.1834 in Stuttgart.

Großes stehendes Grabmal, im Auftrag der Landesgirokasse 1978 erneuert durch die Gebr. Schönfeld:

**EBERHARDINE FRIEDERIKE RAPP**
**GEBORENE WALZ**
**26·NOV·1765**
**6·MAI·1834**

Tochter des Stuttgarter Apothekers Johann Gottfried Walz (1729–1787) und der Christiane Barbara geb. Betulius (1731–1779); Frau von Gottlob Heinrich Rapp [s. Abt 5a/829]; Mutter der Emilie Charlotte Zumsteeg geb. Rapp [s. Abt 5a/819]; Nichte von Katharina Barbara Steinkopf [s. Abt 1b/71].

In den Äußerungen der Zeitgenossen ist die Ehefrau eines Berühmten nur als Schatten anwesend, so etwa wenn Dannecker seinem Freund und Schillers Schwager – Wilhelm von Wolzogen – am 26.10.1797 über Goethes Stuttgarter Aufenthalt berichtet:
»Unsere gelehrten Männer spizten Ihre Nasen, die Sie ihn [Goethe] nur mit einem Bildhauer [Dannecker] oder Kaufmann [Rapp] gehen sahen und Sie nicht einmal von ihm Besuche erhielten. Für mich waren die Täge, die ich mit ihm durchbrachte, *Feste* und bleiben mir unvergeßlich. Meinem Schwager [Rapp] und seiner Frau, meinem lieben Weibchen und mir las er eines Abends seine Elegie [›Hermann und Dorothea‹] vor. Ach Gott wie schön, wie groß, wie voll Gefühl ist dieses Werk! Das heiß' ich zeichnen, mahlen, bilden, kurz ich war entzückt; es fatiguirte mich auch so, daß ich den andern Tag zu nichts taugte.«
Dem »Schwager Rapp« seine Frau hat Philipp Friedrich Hetsch porträtiert (1788). Die Mutter von 8 Kindern stirbt im 69. Jahr an Lungenlähmung.

Totenregister der Stiftskirche, 1833–1840. – Familienregister Stuttgart, 1808–1875, Bd 4, S. 299. – Nägele, Familienbuch Stuttgart, 1700–1820. – Adolf Spemann, Dannecker. Berlin, Stuttgart: W. Spemann 1909, Anhang, Nr. 122.

[Abt 5a/865]

**Anna Maria Helena Reinbeck geb. von Pallandt;** geb. 19. 8. 1762 in Danzig; gest. 20. [19.?] 10. 1816 in Stuttgart. – Erste Frau Georg Reinbecks [s. Abt 3b/450].

Große Grabstele mit Urne, 1992 stark verwittert:

**NACH 28 JAHREN ... [MONATEN]**
**EINER GLÜCKLICHEN EHE**
**DEM A[NDENKEN]**
**DER LIEB[WERTESTEN]**
**TREUESTEN GATTINN**
**ANNA MARIA HELENA REINBECK**
**GEBORNEN PALLANDT**
**GEB. ZU DANZIG D. 19. AUG. ... 2**
**GEST. D. ... OCT. 1 .. 6.**
**SANFT RUHE IHRE ASCHE**
**IN DER [FREMDEN ERDE]**

Die als wohlhabend geltene russische Baronin, die Georg Reinbeck während seines langjährigen Aufenthalts in St. Petersburg kennengelernt haben mag, tritt in seinen autobiographischen Schriften, den ›Reise-Plaudereien‹ nur einmal in Erscheinung, wenn er in dem Kapitel ›Ausflug nach Weimar im Oktober 1806‹ eine »Gesellschaft im Hause der Hofräthinn Schopenhauer« schildert, bei der »Bertuch, Vater und Sohn, Riemer, Falk, Fernow, Stephan Schütze u. m. und einige Damen zu finden« waren. Während die »Frau Geheimeräthinn v. Göthe«, eine »Frau von noch vielem materiellen Reiz«, noch der namentlichen Erwähnung für wert befunden wird, berichtet Reinbeck über die Begegnung seiner Frau mit dem Geheimen Rat Goethe lakonisch –: »Ich stellte ihm nun meine Frau vor, mit welcher er sich sehr freundlich unterhielt. – Göthe war in der besten Laune von der Welt.«

Georg Reinbeck, Reise-Plaudereien. Stuttgart: Fr. Brodhag 1837, Bd 2, S. 106ff.

[Abt 5a/873]

**Karl Heinrich Stirm,** geb. 22. 9. 1799 in Schorndorf; gest. 24. 4. 1873 in Stuttgart. – Theologe. Schriftsteller.

Sohn des Schorndorfer Spitalküfers Johann Heinrich Stirm (1760–1809) und der Maria Agnes geb. Zündelin (1768–1855).

Postament aus rotem Sandstein mit zwei eingelegten Schriftplatten in weißem Marmor und Grabkreuz. Schriftplatte für Stirms Frau Auguste geb. Weishaar (1806–1852) und Grabkreuz sind (1992) verloren:

**Oberconsistorialrath**
**Prälat Dr. Stirm**
**geb. 22. Sept. 1799,**
**gest. 24. April 1873.**

Als sein Hauptwerk gilt ein Buch, das im Jahr nach David Friedrich Strauß' ›Leben Jesu, kritisch betrachtet‹ (Tübingen: Osiander 1835) erscheint: ›Apologie des Christenthums, in Briefen für gebildete Leser‹ (Stuttgart: Belser 1836; ²1856). Der junge Theologe, der Vikar und Repetent im Seminar Schöntal, Repetent am Stift und 1828–1835 Pfarrer in Unterensingen war, wird 1835 als Hofkaplan (bis 1850) und Oberkonsistorialrat (bis 1873) einer der einflußreichsten Männer der Kirchenverwaltung in Württemberg, der über Jahrzehnte das evangelische Volksschulwesen leitet. 1828 heiratet er Auguste Weishaar; 1 Kind.

Als Student war er mit Hauff und Grüneisen befreundet; letzterer hört, seinem Beispiel folgend, bei Friedrich Schleiermacher in Berlin Vorlesungen. »O daß ich nur einige Tage bei Dir u. Reinfelder sein könnte, u. zu den Füßen Schleiermachers sitzen!« schrcibt Stirm am 20. 7. 1824 aus Schöntal an Grüneisen nach Berlin. 1851 sucht Eduard Mörike den Konsistorialrat auf, um mit ihm das Problem einer Heirat mit der katholischen Margarethe von Speeth zu erörtern: »Er glaubte, mich zunächst an mein theologisches Gewissen erinnern zu müssen; gemischte Ehen seien immerhin bedenklich und hätten oft mißliche Folgen, was ich für diesen Fall getrost ablehnte. Nach den bestehenden Gesetzen«, berichtet Mörike seiner Braut am 9. 8. 1851, »erleide meine bisherige Stellung durch eine solche Heirat keinen Nachteil; die Pension bleibe.«

Sigel, Das evangelische Württemberg, Nr. 19. 11. – Stirm an Carl Grüneisen, 20.7. 1824. DLA 40.202. – ADB, Bd XXXVI, S. 255 f. – Eduard Mörike. 1804 · 1875 · 1975. Marbach: Deutsche Schillergesellschaft ²1990, S. 297 f. – Auskunft der Evang. Kirchengemeinde Schorndorf.

[Abt 5b/995]

**Albrecht** Benjamin **Lebret (Le Bret),** geb. 21. 12 1778 in Stuttgart; gest. 27. 2. 1846 in Stuttgart. – Dr. med.; Lehrer. Journalist und Editor.

Stark beschädigtes, großes stehendes Denkmal (1992) aus Sandstein mit Sockel, eingelegte Schriftplatte aus Jurakalk:

**Professor**
**Benjamin Le Bret**
**geb. 21. Dezbr. 1778**
**gest. 27. Febr. 1846**

Sohn des Universalgelehrten und Historikers Johann Friedrich Lebret (1732–1807), des ersten Kanzlers der Carlsschule, nachmaligen Professors der Theologin in Tübingen und Universitätskanzlers und der Auguste geb. Bühler († 1817). Jüngerer Bruder der Elise Lebret (* 1774), Hölderlins Jugendfreundin, und des Regierungsrats *Christian* Immanuel Lebret (1777–1843) [Abt 5a/985], verheiratet mit der Schwester des Malers Eberhard von Wächter (1770–1846) [s. Abt 5b/1051]; älterer Bruder der Luise Marie Lebret (1783–1863) [Abt 5b/994]

Lebret, ein Schüler Karl Friedrich Kielmeyers [s. Abt 8/1303], studiert in Tübingen Medizin und promoviert 1803 mit einer Arbeit über den bei Sulz am Neckar vorkommenden braunen Gips unter dem Titel ›Dissertatio inauguralis sistens examen physico-chemicum gypsij caerulei sulzae ad nicrum nuper detecti‹ (Tübingen: Schramm); ob er je in seinem Fache praktizierte, war nicht festzustellen. Alle herangezogenen Quellen bestätigen ihn als Professor für Naturgeschichte am Stuttgarter Gymnasium illustre, bis er dann 1822, mit Rücksicht auf zahlreiche publizistische und editorische Aufgaben, den Schuldienst quittiert. Zwischen 1824 und 1843 dient er Cotta als Redakteur der ›Allgemeinen Zeitung‹ und des ›Ausland‹, auch als Korrektor und Redaktor der Ausgabe letzter Hand von Goethe. Therese Huber schildert ihn August Böttiger als »Anbeter Napoleons«. »Da thäte er sehr wohl daran«, ihn anbeten, »aber er ist es fanatisch, und hat für nichts anderes Sinn, liest, denkt hört nichts anderes – ein sehr *guter weicher* Mann, ... Cotas âme dammée, dem er nie zu widersprechen wagte ...« (14. 12. 1826).
Lebret ist zusammen mit Lindner [s. Abt 8/neben 1303] einer der »Helenier«, die in rheinbündlerischen Nachklängen schwärmen, für Regierungsliberalismus, Triaspolitik und Partikularismus eintreten. »Lauter Mißvergnügte« glaubt Sulpiz Boisserée vor sich zu haben, »offenbare Napoleonisten«, die den »alten Refrain gegen Geld und Adel« anstimmten. Das mit Lindner bewohnte Haus bekommt den Namen des »Hôtel Longwood«; im Schiedmayerschen Garten läßt Lebret Napoleon einen Denkstein setzen. In Cottas Verlag erscheinen neben den ›Oeuvres complètes de Napoleon‹ (1822–1823) die kommen-

[1247] **Todes-Anzeige.**

Sanft und ruhig verschied in Stuttgart am 27 Februar nach zweitägigem Krankenlager

**Professor Dr. Albrecht Benjamin Le Bret.**

Den vielen Freunden und Bekannten des Verewigten widmen wir diese Anzeige und bitten um stille Theilnahme an unserm unersetzlichen Verluste.

**Die Hinterbliebenen.**

Allgemeine Zeitung, Beilage, Nr. 65 v. 6. 3. 1846, S. 518.

tierten Übersetzungen ›Napoleon. Eine biographische Skizze‹ (1821) und die ›Poesie der Kriegskunst oder Feldzug der Franzosen in Egypten‹ (1824). Hier wird Napoleons Krieg gegen England als die eigentliche Veranlassung des ägyptischen Feldzugs gefeiert (wie noch einmal in der Geschichte!) und dann festgestellt: Dieser Krieg eröffne eine »Aegide der Cultur, der Würde des Zeitalters und der Menschheit«, indem er die »Wiege der Menschheit aus den Clauen der Barbarey« befreit habe.

Karl Riecke, Meine Voreltern. Stuttgart: 1896 Kohlhammer. – Therese Huber. 1764 bis 1829. Leben und Briefe einer deutschen Frau. Von Ludwig Geiger. Stuttgart: Cotta 1901, S. 365. – Sulpiz Boisserée, Tagebücher I. 1808–1823. Hrsg. von Hans.-J. Weitz. Darmstadt: Roether 1978, S. 549.

[Abt 5b/1017]

**Carl Ludwig August von Phull [Phul],** geb. 6.11.1757 in Ludwigsburg; gest. 25.4.1826 in Stuttgart. – Offizier.

Große Grabplatte über einem Grab in Tumbaform, russisch und deutsch beschriftet; der deutsche Text:

**NICHT UNS, DEM UNIVERSUM GEHÖREN WIR AN!/HIER IST BEGRABEN/CARL LUDWIG AUGUST FREIHERR VON PHULL;/ KAISERLICH RUSSISCHER GENERALLIEUTENANT,/GROSSKREUZ DER RUSSISCHEN ORDEN DES HEILIGEN/ ALEXANDER NEWSKSY, DES HEILIGEN WLADIMIR/ERSTER CLASSE, DER HEILIGEN ANNA ERSTER CLASSE,/ GROSSKREUZ DES NIEDERLAENDISCHEN GROSSEN LOEWEN/ORDENS, RITTER DES PREUSSISCHEN ORDENS POUR LE MÉRITE,/GEB. DEN 6 NOVEMBER 1757. GEST. DEN 25. APRIL 1826.**

Sohn des Generallieutenants und schwäbischen Kreiskommandanten Louis Wilhelm August von Phul (1724?–1797) und der Augusta Wilhelmina geb. von Keslau.

»Es war Ende Juni [1812], als Fürst Andrej im Hauptquartier eintraf«, erzählt Tolstoi im 9. Kapitel des Neunten Teils von ›Krieg und Frieden‹. »Die Truppen der ersten Armee, bei der sich auch der Kaiser befand, lagen in einer befestigten Stellung an der Drissa.« Tolstoi beschreibt im weiteren die Lage der einzelnen Truppenteile und ihre Befehlsstruktur und kommt dann – mit konsequent falscher Schreibweise »Pfuel« – auf den russischen Kriegsplan zu sprechen und auf die im Hauptquartier versammelten Offiziere: »Die Generaladjudanten befanden sich hier, weil sie stets da zu sein pflegen, wo der Kaiser ist, und endlich die Hauptperson, Pfuel, war da, weil er den Feldzugsplan gegen Napoleon aufgestellt und Alexander gezwungen hatte, an die Zweckmäßigkeit dieses Plans zu glauben, und weil er infolgedessen alle Kriegsoperationen leitete. Bei Pfuel, der ein scharfer Kabinettstheoretiker und so selbstbewußt war, daß er jede fremde Ansicht verachtete, hielt sich wiederum Wolzogen auf, der Pfuels Gedanken in greifbarere Form zu kleiden wußte als dieser selbst.«

Mit Wolzogen ist Ludwig von Wolzogen (1773–1845) gemeint, der jüngste Bruder von Schillers Carlsschulfreund und späterem Schwager, Wilhelm von Wolzogen (1762–1809). Ludwig von Wolzogen war 1807 aus preußischen Diensten nach Petersburg übergewechselt, wo er sich der besonderen Förderung durch Phull erfreut und dessen ›Versuch, junge Offiziers zum Studium der Kriegsgeschichte aufzumuntern‹ übersetzt (Stuttgart: Cotta 1809); darauf spielt Tolstoi an.

Phull stand seit 1777 in preußischem Dienst, »wurde in die Nähe Friedrichs II. gezogen, 1781 in dessen Generalstab«. 1793 beteiligt er sich am 1. Koalitionskrieg gegen Frankreich, doch die Rolle, die ihm als dem Ältesten der drei

Generalquartiermeisterlieutenants neben von Massenbach und Scharnhorst zufällt, veranlaßt ihn, 1806 in russische Dienste zu wechseln, wo er als »der Lehrer des Kaisers« Alexander großen Einfluß auf die Kriegsvorbereitungen gegen den Invasoren Napoleon gewinnt. »Pfuel und seine Anhänger«, so Leo Tolstoi, »glaubten, daß es eine Kriegswissenschaft gebe und in dieser Kriegswissenschaft unabänderliche Gesetze ... Nach diesen ... Gesetzen forderten Pfuel und seine Anhänger den Rückzug der Truppen bis ins Innere des Landes und betrachteten jede Abweichung von diesen Theorien als Barbarentum, Unbildung und Böswilligkeit.«

Die Auseinandersetzungen über die Taktik führen zu »tumultuarischen Auftritten« in der Generalität; Phull wird vorgeworfen, daß er »aus Verrath den Feind ins Herz von Rußland vordringen lasse«; Zar Alexander schickt ihn nach St. Petersburg zurück und bestimmt ihn, zu seinem eigenen Schutze, das Land heimlich zu verlassen. Erst nach dem Erfolg des »Skythenkriegs« (Tolstoi) wird Phull am 12.12.1813 mit dem Wladimir-Orden 1. Klasse und einem Brief des Zaren ausgezeichnet: »C'est vous qui avez conçu le plan qui avec l'aide de la providence a eu pour suite le salut de la Russie et celui de l'Europe.« 1814–1821 wird Phull Russischer Gesandter im Haag und in Brüssel. Als seine Frau, Henriette geb. von Wedell, einer Gemütskrankheit verfällt, tritt Phull von allen Ämtern zurück und lebt bis zu seinem Tode in Stuttgart.

Johann Gottlieb Metzger, Denkmahl Der Göttlichen Vorsehung über die Evangelische Kirche ... Ludwigsburg. Ludwigsburg 1758: Schreitmüller. – ADB, Bd XXVI, S. 93 f. – Carl Ludwig Freiherr von Phull, Versuch einer systematischen Anleitung für das Studium der Kriegs-Operationen ... Stuttgart, Tübingen: Cotta 1852. – Leo N. Tolstoi, Krieg und Frieden. München: Winkler 1972, S. 865 f., 935. – Taufbuch, 1738–1763, der Evangelischen Kirchenpflege Ludwigsburg.

[Abt 5b/1051]

Georg Friedrich **Eberhard Wächter,** geb. 6.[28.?/29.?]2. 1762 in Balingen; gest. 14. 8. 1852 in Stuttgart. – Maler.

Sohn des Oberamtmanns (und späteren Rats und Konsistorialdirektors) Friedrich Christoph Wächter (1733?–1807) und der Sibylle Regine geb. Harpprecht (1737–1793).

Große Stele als Säule für Wächter, seine Frau und Tochter:

**HIER RUHEN:**
**EBERHARD v. WÄCHTER**
**HISTORIENMALER**
**GEBOREN DEN 28 FEBRUAR 1762.**
**GESTORBEN DEN 14 AUGUST 1852.**
**UND SEINE GATTIN**
**FRANZISKA WÄCHTER**
**GEBOREN DEN 16 MÄRZ 1779.**
**GESTORBEN DEN 13 JANUAR 1854.**
**DEN THEUREN ELTERN**
**GEWIEDMET, VON DEN**
**DANKBAREN KINDERN.**
**HENRIETTE WÄCHTER**
**GEBOREN DEN 12. JULI 1800.**
**GESTORBEN DEN 11. SEPT. 1873.**
**SIE RUHEN IM FRIEDEN**

Eberhard Wächter hat die Carlsschule elf Jahre lang besucht, zunächst als Cameralist, dann – unter Anleitung von Guibal und Harper – in der Malklasse. Als er 1784 abgeht, reist er nach Paris; dort lebt er zehn Jahre im Umkreis des Malers David. Ein Romaufenthalt schließt sich an, 1794–1798. Wächter steht im Verkehr mit Canova, Fernow, Koch und dem Baumeister Weinbrenner. Er sieht sich den strengsten Anschauungen der klassizistischen Kunstrichtung verpflichtet, doch der »ernste, schwerfällige Mann« lebt in dauerndem Zweifel, seinen eigenen Ansprüchen zu genügen. 1796 heiratet er in Rom Franziska Petronilla Clementine Bandini (1779–1854) und konvertiert zum Katholizismus; 6 Kinder. Das Stuttgarter Kirchenregister nennt ihn höchst zutreffend »Geschichtemaler«.

Die Rückkehr nach Stuttgart bleibt ihm lange verwehrt, wie manchem seiner Studiengenossen: Es fehlt an Aufträgen. So weicht Wächter 1798 für zehn Jahre nach Wien aus, das ihm durch Empfehlung des aus Heilbronn stammenden Heinrich Friedrich Füger, dem Akademiedirektor, anziehend erscheint. Cotta ist fast der einzige Auftraggeber Wächters. Als Wächters Vater stirbt, hofft der Sohn mit seinem väterlichen Erbe nach Rom zurückkehren zu können. Doch der Krieg überrascht ihn in Stuttgart, wo er mit dem demütigenden Amt eines Inspektors der Kupferstichsammlung (bis 1817) und der Hoffnung auf ein Lehramt in der neuzuschaffenden Kunstakademie hingehalten wird. In einem Gutachten, das kaum beachtet wird, obgleich es mit der schließlich getroffenen Entscheidung übereinstimmt, votiert Wächter gegen den Ankauf der Boisseréeschen Sammlung durch den König. – Etwa in dieser Zeit – genau am: 25.7. 1828 – schreibt Eduard Mörike »in den Scharen dieser fürstlichen Einsamkeit«

des Taxisschen Schlosses von Untermarchtal an der Donau »ein klein Sonett«, wie er seiner Braut Luise Rau später mitteilt. Es schildert den aus der Zeit gefallenen, »Fern von dem Markt der Künste«, den weder Lob noch Tadel mehr erreichen. Mörike hat den Text später überarbeitet! Das Sonett ist ›Eberhard Wächter‹ überschrieben.

In seine hohen Wände eingeschlossen,
Mit traurig schönen Geistern im Verkehr,
Gestärkt am reinen Athem des Homer,
Von Goldgewölken Attikas umflossen,

So stets vor seinen Tüchern unverdrossen,
Fern von dem Markt der Künste, sitzet er;
Kein Neid verlezt, kein Lob berauscht ihn mehr:
Die Nachwelt ist's, wo seine Lorbeern sprossen.

Der Kranz, den auch die Lebenden ihm geben,
Ist hold vom Licht der Menschlichkeit verklärt,
Wenn diese Stirne, sich der Wunderschwingen

Des Genius erwehrend, nun so eben
Sich munter zu dem Alltagskreise kehrt,
Den Gattin, liebe Kinder um ihn schlingen.

Familienregister Stuttgart, 1808–1875, Bd 5, S.723. – ADB, Bd XL, S.431 ff. – Paul Köster, Eberhard Wächter. Bonn 1968: Rheinische Friedrich-Wilhelms-Universität. – Vollmer, Allgemeines Lexikon der bildenden Künstler. Leipzig: Seemann 1942. Bd 35, S.16. – Morgenblatt für gebildete Leser, Nr. 202 v. 3.9. 1818. – Eduard Mörike, Briefe an Luise Rau. Hrsg. von Friedhelm Kemp. München: Kösel 1965, S.162. – Auskunft des Evangelischen Kirchenregisteramts Balingen.

Grabmal Johann Gotthard Müller [Abt. 5b/1056]. Photographie aus dem Stadtarchiv Stuttgart, undatiert.

[Abt 5b/1053]

Johann **Gotthard Müller,** geb. 4. 5. 1747 in Bernhausen/Fildern; gest. 14. 3. 1830 in Stuttgart. – Lehrer für Kupferstich an der Carlsschule und an der Kunstakademie; Inhaber einer Kupferdruckerei in Stuttgart.

Sohn des Amtsschultheißen, Landschaftsdeputierten und herzoglichen Schäfereiverwalters Johannes Müller (1707–1779) und der Maria Regina geb. Bischoff (1719–1773).

Postament aus grauem Sandstein mit aufgesetztem großem Kreuz, 1952 teilweise erneuert, für Müller, seine zweite Frau, seinen Sohn und dessen Frau:

**IOHANN GOTTHART v. MÜLLER**
**geb. d. 4. May 1747. gest. d. 14. Merz 1830.**

auf der Rückseite:

**ROSINE CATHERINE MÜLLER**
**geb. Schott,**
**geb. d. 20. Decbr. 1761. gest. d. 7. April 1834.**

Die Inschriften auf dem Postament für Sohn und Schwiegertochter sind nicht mehr zu entziffern (1992).

»Je crois le premier de ce temps dans le portrait.« Nicolas Guibal, seit 1755 »premier peintre« am herzoglichen Hof in Stuttgart, bei dem Müller 1761 Zeichenunterricht an der Academie des Arts zu nehmen beginnt, rühmt gegenüber dem jüngeren Heinrich Friedrich Füger, der damals nach Rom geht, 1776 seinen Schüler als herausragenden Kupferstecher. Gotthard Müller, zwischen 1770 und 1776 als Stipendiat des Herzog Carl Eugen in Paris bei Johann Georg Wille zum Stecher ausgebildet, kehrt damals – ausgezeichnet durch die Mitgliedschaft der Academie Royale – nach Stuttgart zurück. Er wird Premier Graveur und steht als Professor der neugeschaffenen Klasse für Kupferstich zwanzig Jahre lang vor, 1776–1796. Seine Stecherkunst ist gesucht, bei Autoren und ihren Verlegern. Aus seiner Schule kommen u. a. sein ältester Sohn, Johann Friedrich Wilhelm Müller; Wilhelm Christian Ketterlinus; Johann Friedrich Leybold; Christian Schlotterbeck; Friederich August Seyffer.

Müller ist in erster Ehe, 1777, mit Charlotte Katharina Schnell (1760–1781), der Tochter des Stuttgarter Adlerwirts verheiratet; nach deren Tod heiratet er Rosine Catherine Schott (1761–1834); 4 Kinder.

Schiller trifft im März 1794 – auf seiner Reise ins Württembergische – auch mit »Miller« zusammen, dem er im Adler schon früher hätte begegnen können, denn dort verkehrte auch der Regimentsarzt Schiller. Müller sticht damals dessen Porträt nach Anton Graff, das, als es dann fertig ist, Schiller nicht ganz gefällt: »Der Millersche Kupferstich von mir ist fertig ... Zur völligen Aehnlichkeit fehlt freilich noch viel, doch ist ziemlich viel davon erreicht, und der Stich ist sehr schön«, meldet er Christian Gottfried Körner am 12. 6. 1794. Dieser Kupferstich von Schillers Bild mit der aufgestützten Hand, in Nachstichen und Reproduktionen hunderttausendfach verbreitet, prägt das Schillerbild bis auf den heutigen Tag.

Auch Schiller revidiert offensichtlich sein erstes, kritisches Urteil, denn als Cotta 1801 mit Müller nach Jena kommt, wünscht sich Schiller bald darauf »ein Bild nach Danneckers Büste« für die Sammlung seiner Bühnenwerke. Einen anderen Stecher mag er sich gar nicht vorstellen. An Goethe schreibt er unter dem 28. April 1801: Müller »ist ein braver Mann, aber der Mann und seine Kunst erklären einander wechselsweise, er hat ganz das sorgfältige, reinliche, kleinliche und delikate seines Griffels«. Müller, seinerseits beeindruckt von der Begegnung mit Schiller, läßt ihm durch Cotta seinen berühmten Stich ›Schlacht bei Bunkershill 1775‹, nach John Trumbulls Gemälde, zukommen: Mit dieser Schlacht hatte der amerikanische Unabhängigkeitskrieg begonnen.

Briefwechsel zwischen Schiller und Cotta. Hrsg. von Wilhelm Vollmer. Stuttgart: J. G.Cotta 1876. – Schiller, NA, Bd 27, S. 12; Bd 31, S. 32. – ›Die Hohe Carlsschule‹. Stuttgart: Turmhaus-Druckerei GmbH 1960. – Schwaben sehen Schwaben. Stuttgart: Staatsgalerie 1977.

[Abt 6a/1060]

**Hermann Hauff,** geb. 22. 8. 1800 in Stuttgart (Geburtshaus: Eberhardstraße 23); gest. 16. 8. 1865 in Stuttgart (Sterbehaus: Hospitalstraße 13). – Arzt, Redakteur, Schriftsteller, Bibliothekar.

Liegende Platte aus rotem Sandstein, zersprungen und restauriert (1992):

**Hermann Hauff**
**.....August 1800**
**gest..........**

Sohn des Regierungssekretärs August Friedrich Hauff (1772–1809) und der Hedwig Wilhelmine geb. Elsäßer (1773–1845); der ältere Bruder des Dichters Wilhelm Hauff [s. Abt 3b/508]; seine Frau, Friedericke Braun, war eine Base 2. Grades von Georg, Karl [s. Abt 2b/294] und Justinus Kerner.

Hermann Hauff, seit der Geburt seiner Schwester Marie, der späteren Frau von Julius Klaiber, im großelterlichen Haus in Tübingen erzogen, besucht dort die Schola anatolica und studiert 1817–1821 ebenda Medizin. Dabei begegnet ihm Karl Ludwig Sand, der Mörder Kotzebues, der in Tübingen wie Hauff zur Burschenschaft gehört. Hauff promoviert 1822 mit einer Arbeit ›Ueber das gelbe elastische Gewebe des thierischen Körpers‹, geht 1822/23 für ein Jahr auf Reisen – nach Paris und Berlin – und läßt sich noch 1823 in Schwaigern bei Heilbronn als Stadtarzt nieder, »mit nicht gemeinem Glück«, wie es heißt. 1827 heiratet er *Friedericke* Caroline Christiane Charlotte Braun (1811–1880) aus Schwaigern, ein Patenkind jenes Knittlinger Präzeptors Christoph Friedrich Braun, bei dem Justinus Kerner unterrichtet wurde. (Dessen Tochter Friederike Braun, von Rahel Varnhagen »eine schöne Helena« genannt, wurde 1822 die Frau von Rahels Bruder Ludwig Robert). Hermann und Friedericke Hauff haben 3 Kinder.
1827 tritt Hermann Hauff überraschenderweise in die von Wilhelm Hauff geleitete Redaktion von Cottas ›Morgenblatt für gebildete Stände‹ ein und gibt seinen Arztberuf auf. Nach Wilhelms Tod im November 1827 führt Hermann Hauff die Zeitung bis August 1865 weiter. Seit 1847 ist er zugleich Bibliothekar der Kgl. Öffentlichen Bibliothek in Stuttgart.
Als Redakteur und Schriftsteller gelten Hauffs Interessen mehr den sich ausbreitenden Naturwissenschaften und dem sozialen Leben als der »neuesten Belletristik«. Seine erste Aufsatzsammlung behandelt, dem Vetter Friedrich Kölle [s. Abt 5a/823] gewidmet, ein anthropologisches Thema: ›Moden und Trachten‹, das in Zeiten politischer Umbrüche über die »Verschiedenheiten und Aehnlichkeiten der menschlichen Oberfläche« Rechenschaft zu geben sucht. Auch heute könnte der Untertitel kaum besser gewählt werden: ›Fragmente zur Geschichte

Grabmal Hermann Hauff [Abt. 6a/1060]. Photographie Mathias Michaelis, 1991.

des Costüms‹. Hauff ist Mitherausgeber einer Reihe ›Reisen und Länderbeschreibungen‹ (1835–1860) und Autor der Bücher ›Die Natur und ihre Geheimnisse‹ (1837f.), ›Skizzen aus dem Leben der Natur‹ (1840). 1859f. gibt er, noch in Verabredung mit dem neunzigjährigen Gelehrten, Alexander von Humboldts ›Reise in die Aequinoctial-Gegenden des neuen Continents‹ in deutscher Bearbeitung heraus. Cotta ist stets der Verleger.
Zeitlebens verteidigt der »im mündlichen Verkehr« als unfreundlich geltende Mann – der deshalb eine umfangreiche Korrespondenz zu führen hat – sein ›Morgenblatt‹ gegen den wachsenden Einfluß des Feuilletons in den Tageszeitungen und die Illustrierten-Presse. Der Tod erlöst ihn aus einem Kampf, der nicht zu gewinnen ist: In der ›Allgemeinen Zeitung‹, der Cotta-eigenen Kon-

kurrenz zum ›Morgenblatt‹, erscheint am 18.8.1865 ein kurzer Nachruf: »Stuttgart, 17 Aug. Gestern Abends vor 8 Uhr verschied, nach längerm Brustleiden, Dr. Hermann Hauff. Geboren zu Stuttgart am 22 Aug. 1800 und in Tübingen im Hause des Großvaters erzogen, das sein Bruder Wilhelm in den ›Phantasien im Bremer Rathskeller‹ so anmuthig geschildert hat, studierte er mit dem lebhaftesten Eifer Medicin, und ließ sich dann, nach einer größern Reise, in der Nähe von Heilbronn – in Schwaigern – als praktischer Arzt nieder. Im Jahr 1827 mit dem zwei Jahre jüngern Bruder Wilhelm an die Redaction des ›Morgenblattes‹ berufen, hat er diese 38 Jahre lang bis zu seinen letzten Augenblicken fortgeführt. Seine letzte Arbeit war das Motto für die nächste Nummer zu wählen, worin sich bekanntlich eben so seine großartige Belesenheit wie die treffende Schärfe seines Geistes zu bekunden pflegte. Die Nachricht von seinem Tode wird nicht nur die vielen welche in so langer Wirksamkeit seine Liberalität im literarischen Verkehr schätzen gelernt haben, sondern auch die Leser des Morgenblattes schmerzlich berühren, die ihm Dank wissen für den gediegenen Ton in dem er dieses älteste aller belletristischen Journale gehalten hat. Das letzte was er geschrieben, war, so viel wir wissen, der geistvolle Aufsatz über die Zukunft der Naturwissenschaft, mit dem er den gegenwärtigen Jahrgang eingeführt hat.«

Das ›Morgenblatt‹ wird in Hauffs Todesjahr eingestellt. Julius Klaiber (1834–1892), der Nachfolger Friedrich Theodor Vischers (1807–1887) auf dem Lehrstuhl des Stuttgarter Polytechnikums, kommentiert den Vorgang mit bitterem Sarkasmus in der Weihnachtsnummer des ›Morgenblatts‹:

»Und nun da er hinübergeschlummert ist und der Tod den schönen Bund getrennt hat, kann die alte Matrone [das ›Morgenblatt‹] sich nicht mehr entschließen, einem neuen Manne ihre Hand zu reichen, wiewohl manch wackerer und stattlicher Freier erschienen ist. Gleich einer ehrsamen Handwerkerswittwe, hat sie mit Hülfe eines Gesellen [d. i. Julius Klaiber], der schon zuvor den Verstorbenen dann und wann vertreten durfte, das Geschäft so lange fortgeführt, als die schickliche Rücksicht auf die Kunden es gebot. Jetzt ruft sie ihnen ... ein herzliches Lebewohl zu ...«

Familienregister Stuttgart, 1808–1875, Bd 6, S. 989. – Julius Klaiber, in: Beilage Nr. 230 zur ›Allgemeinen Zeitung‹ v. 18.8. 1865, S. 3740. – Morgenblatt für gebildete Leser Nr. 37 v. 10.9. 1865, Titelblatt. – Julius Klaiber, Dr. Hermann Hauff, in: Beilage Nr. 262 zur Allgemeinen Zeitung v. 10.9. 1865, S. 4253ff. – Julius Klaiber, An die Leser, in: Morgenblatt für gebildete Leser Nr. 52 v. 24.12. 1865, S. 1225ff. – Auskunft des Evangelischen Pfarramts Schwaigern.

[Abt 6a/1068]

**Karoline** Franziska Heinrike **Notter,** geb. Freiin von Naso; geb. 2. 4. 1780 auf dem Bergheimer Hof unter der Solitude; gest. 30. 5. 1844 in Stuttgart.

Große liegende Grabplatte aus Sandstein (1844):

**KAROLINE NOTTER**
**GEBORNE FREIIN VON NASO**
**GEB. DEN 2. APRIL 1780**
**GEST. DEN 30. MAI 1844.**

**DER GERECHTEN SEELEN SIND IN GOTTES HAND / UND KEINE QUAL RÜHRET SIE AN / IHR ABSCHIED WIRD FÜR EINE PEIN GERECHNET / ABER SIE SIND IN FRIEDE.**
**WEISH. 3.1 – 3**

Tochter des Obristlieutenant und Kammerherrn von Naso und der Maximiliane von Woellwarth; Witwe des württembergischen Generalstabsoffiziers Jakob Friedrich Notter (1777 bis 1812), der im russischen Feldzug Napoleons fällt. Mutter des Mediziners, Juristen, Politikers und Schriftstellers Friedrich Notter (1801–1884); mit ihm ist Mörike seit der gemeinsamen Ludwigsburger Schulzeit befreundet. – Dem Grab benachbart die Grabstätte von Hermann Weishaar (1824–1839) [Abt 6a/1069], dem Sohn des Ministers Jakob Friedrich Weishaar (1775–1834), dem sein Oheim Friedrich Notter die Distichen widmet:

Zweierlei Stätten sind übrig von deinem Verweilen auf Erden:
  Eine ein dunkelndes Grab, eine ein mütterlich Herz.
Neu in einem erwachst du mit jedem erwachenden Morgen,
  Doch einen Traum nur ließ Gott hier im andern zurück.

Familienregister Stuttgart 1808–1875, Bd 4, S. 21. – ADB, Bd XXIV, S. 44 f. – Eduard Mörike. 1804 · 1875 · 1975. Marbach: Deutsche Schillergesellschaft [2]1990, S. 396. – Auskünfte von Wolf Freiherr von Woellwarth, Lauterburg.

Quelle zu Georg von Memminger:
NNekrD, Jg 18, 1840. – ADB, Bd. XXI, S. 309 f. – Auskünfte von Andreas Theurer, Tübingen.

[Abt 6a/1079]

Johann Daniel **Georg von Memminger,** geb. 16.4.1773 in Tübingen; gest. 21.2.1840 in Stuttgart. – Geograph und Statistiker; der erste Landeshistoriker Württembergs.

Sohn des Tübinger Schuhmachers Johann Georg Memminger (1722 bis 1772) und der Marie Friederike geb. Kierecker (1745–1787).

Zwei liegende Grabplatten aus rotem Sandstein für Memminger und seine Frau [Abt 6a/1078]:

**JDGvMemminger**
**geboren d. 16. April 1773**
**gestorben d. 21. Febr. 1840**

**Louise v. Memminger**
**geborne Klett**
**geb: d. 14. Octob: 1786.**
**gest: 28. Octob: 1842.**

**Von neuem vereint mit dem**
**Gatten ist sie der Sehnsucht**
**längerem Schmerz entrückt.**

»Im gerechten Bewußtseyn seiner Leistungen war er nicht gleichgültig gegen Anerkennung; aber uneigennützig förderte er auch fremde Bestrebungen, wenn sie irgend der Sache, für die er mit ganzer Seele lebte, der Erweiterung der Vaterlandskunde dienten.« So wird Memminger von seinem Biographen im ›Neuen Nekrolog der Deutschen‹ charakterisiert: ein überaus fruchtbarer, fleißiger Schriftsteller und Gelehrter sei er gewesen, der auf dem von König Wilhelm I. 1820 für ihn geschaffenen Posten des »Statistisch-Topographischen Bureaus« Außerordentliches bewirkt habe. Der einstige Zögling des Gymnasium illustre in Stuttgart und Absolvent des Maulbronner Seminars (1792–1794), der Stiftskopf (1794–1798), der seit 1798 als Adjunkt und dann als Hauptlehrer bis 1820 an der Lateinschule in Cannstatt unterrichtet, wird durch sein ›Württembergisches Jahrbuch‹ (1818 ff.; ›Württembergische Jahrbücher für Statistik und Landeskunde‹, 1822 ff.) und die Oberamtsbeschreibungen (1822 ff.) der Initiator und Motor einer Landeskunde in Fortsetzungen. Vorausgegangen waren Monographien über Cannstatt, Stuttgart und Ludwigsburg. 1820 kommt seine mehrfach nachgedruckte und erweiterte Landesbeschreibung heraus. Mit Bedacht gelten die ersten der 64 Oberamtsbeschreibungen, die zwischen 1822 und 1886 erscheinen, den neuwürttembergischen Gebieten zwischen Donau und Bodensee: Memminger will mit Hilfe der Landesbeschreibung die Integration des Königreichs Württemberg fördern.

Dem erfolgreichen Schriftsteller versagt sich das Lebensglück im Privaten. Seit 1805 mit Louise Klett verheiratet, sterben seine fünf Kinder im Kindesalter. »Sein Leben und sein Wirken ist von bleibendem Werthe«, rühmt einer der Redner an seinem Grabe. An ihm erfahre man, »was ein Mann zu leisten vermag, der das, was seyn und werden soll, mit ganzer Seele ergreift.«

[Abt 6b/1086]

Johann Carl **Ludwig** Friedrich Amandus **Bauer,** geb. 15. 10. 1803 in Orendelsall; gest. 22. 5. 1846 in Stuttgart (Sterbehaus: Gymnasiumstraße 51). – Pfarrer. Lehrer. Schriftsteller.

Große liegende Grabplatte aus grauem Sandstein:

**Hier ruht**
**Professor Ludwig Bauer**
**geb. 15. Oct 1803 gest. 22. Mai 1846**

Fünftes Kind des Pfarrers Johann Friedrich Ludwig Bauer (1759–1815) und der Eleonore Friederike geb. Fenninger (1772–1843).

»Ludwig soll sein gewöhnl. Name seyn, Amandus ... der guten Bedeutung wegen« vor seinem Namen stehen, vermerkt sein Vater beim Eintrag in das Taufregister. In der Gestalt des »Pfarrer Amandus« läßt Mörike den Freund, mit dem er das Phantasieland Orplid erfunden hat, in seinem Roman ›Maler Nolten‹ (1832) auftreten. Mörike sagt dort über ihn: »Ich hatte in der Zeit ... einen Freund, dessen Denkart und ästhetisches Bestreben mit dem meinigen Hand in Hand ging ...«; Bauer berichtet in seinen Erinnerungen aus der Studienzeit, daß er mit Mörike, Wilhelm Waiblinger, Christoph Blumhardt, David Friedrich Strauß, Friedrich Theodor Vischer und Wilhelm Hauff verkehrt habe: »Ich lernte viele Freunde kennen, die mir seither theuer geworden sind, vor allem Einen, welcher die innersten Regungen meines Gemüthes verstand. Wir verbargen uns nichts, und während wir wechselseitig uns kennen lernten, wurden uns Blicke geöffnet in die menschliche Natur ...«
Bauer, der früh Waise geworden war, wird in Ernsbach von (seinem Taufpaten) Pfarrer Johann Knapp erzogen, von Präzeptor Wilhelm Friedrich Ludwig Mögling in Brackenheim auf das Blaubeurer Seminar vorbereitet, das er als Primus 1817–1821 durchläuft. In Tübingen schließt er sich besonders Mörike und – bis zum Bruch im Dezember 1824 – Wilhelm Waiblinger an, der am 7. 7. 1823 noch an Uhland schreibt: »Ich habe hier nur zwei Menschen, die ein Licht in meine Seele werfen – einen feurigen Jüngling voll Geist und Leben, ... Baur von Orendelsall, und Hölderlin.«
Der »feurige Jüngling« ist 1825–1831 Pfarrer in Ernsbach im Hohenlohischen. 1826 heiratet er Marianne Rommel (1795–1836), Kammerfrau der Prinzessin Sophie von Hohenlohe-Ingelfingen; 5 Kinder. Dann wird er Lehrer an der Privat-Erziehungsanstalt Stetten im Remstal (1831–1835), für kurze Zeit Professor am Stuttgarter Katharinen-Stift, und von 1837 an bis zu seinem Tod der Nachfolger von Gustav Schwab am Oberen Gymnasium in Stuttgart.
Und der Schriftsteller Ludwig Bauer, der Mörike als der Dichter schlechthin erschienen war: 1828 erscheint ein früher entstandenes Schauspiel, ›Der heimli-

Grabmal Ludwig Bauer [Abt. 6b/1080]. Photographie Mathias Michaelis, 1991.

che Maluff‹ bei den Gebr. Franckh; ›Die Überschwänglichen‹, ein Roman, kommt 1836 bei Hallberger in Stuttgart heraus. Dann erscheinen Brotarbeiten: die bereits früher entstandene Trilogie ›Alexander der Große‹ (ebda. 1836); ›Allgemeine Weltgeschichte für alle Stände ...‹, Bd 1 (Stuttgart: Belser 1836); ›Schwaben, wie es war und ist‹, hrsg. von Bauer (Karlsruhe: Macklot 1842); ›Kaiser Barbarossa‹ (Stuttgart, Tübingen: Cotta 1842); als Hrsg. ›Panorama der deutschen Klassiker ...‹, Bd 1 (Stuttgart: Göpel 1844) u. a. m. Nach seinem Tod sammelt Carl Wolff im Auftrag der Freunde Bauers ›Schriften‹, die ohne Herausgebervermerk erscheinen (Stuttgart: Blum und Vogel 1847).
Eduard Mörike empfängt die Nachricht vom Tode Bauers, der an einer Lungenentzündung stirbt, als »diese schreckliche Botschaft ... Mir schwindelt und wenn ichs denke – wer kanns ausdenken! weder Anfang noch Ende ist da« (an Wilhelm Hartlaub, am 25. 5. 1846).

Sigel, Das evangelische Württemberg, Nr. $281^{b}$.15. – Familienregister Stuttgart, 1808–1875, Bd 7, S. 815. – Totenregister der Hospitalkirche, 1845–1850. – ›Worte am Grabe ... Gesprochen von Diakonus [Wilhelm] Mehl‹. Stuttgart 1846: Carl Hoffmann. – Eduard Mörike, Werke und Briefe. Bd 3: Maler Nolten. Hrsg. von Herbert Meyer. Stuttgart: Klett-Cotta 1967, S. 95. – Ludwig Amandus Bauer, Briefe an Eduard Mörike. Hrsg. von Bernhard Zeller und Hans-Ulrich Simon. Marbach: Deutsche Schillergesellschaft 1976, S. 5ff. – Wilhelm Waiblinger, Werke und Briefe. Hrsg. von Hans Königer. Bd 5,1 Briefe. Stuttgart: Klett-Cotta 1982, S. 190, 192.

[Abt 6b/1092]

**Friedrich Ludwig Rieger,** geb. 29. 3. 1806 in Stuttgart; gest. 23. 8. 1854 in Stuttgart. – Verlagsbuchhändler.

Sohn des Stuttgarter Metzgers Friedrich Ludwig Rieger (1777–1853) und der Dorothea Friederike geb. Schleicher (1784–1854).

Liegende Grabplatte aus rotem Sandstein mit starken Witterungsschäden (1992):

**Friedrich Ludwig Rieger**
**geb. 29. März 1806 gest.... Aug....**

**Mathilde Rieger geb. Scharpf**
**geb. 10. März 1815 gest... Februar**

**Gewidmet von ihrer treuen Tochter**

1835 begründen Friedrich Ludwig Rieger und Friedrich Gustav Schulz die Verlagshandlung »L. F. Rieger & Comp.« in Stuttgart mit einem kunstwissenschaftlichen Programm. Als zu Michaelis 1838 der erste Verlagskatalog ausgegeben wird, ist Schulz bereits aus dem Unternehmen ausgeschieden. Rieger heiratet 1839 *Mathilde* Rosine Maria Anna Scharpf (1815–1865), 4 Kinder, und gründet für sein mittlerweile recht buntes Verlagsprogramm eine Filiale in Leipzig; dort figurieren Metternichs Vertrauter Friedrich Gentz als Autor neben Carl von Rotteck, Canova neben Victor Hugo.
1842 verkauft der Verleger Friedrich Franckh [s. Abt 4a/zwischen 575 und 587] seine Anteile an der Brodhagschen Verlagshandlung, um sich abermals selbständig zu machen. Nun bildet Rieger mit J. Scheible und Paul Sattler für sechs Jahre die Firma »Scheible, Rieger & Sattler« in Stuttgart. Sie wird dann an Adolph Benedict veräußert und Friedrich Ludwig Rieger gründet 1848 die »Riegersche Verlagshandlung«, die bis 1869 besteht. Der Verlag Ebner & Seubert, der inzwischen auch die Verlagsrechte aus den verschiedenen Gründungen der Brüder Franckh an sich gebracht hat, übernimmt nun auch die Riegersche Verlagshandlung.

Familienregister Stuttgart, 1808–1875, Bd 4, S. 340; Bd 10, S. 185. – Deutsche Buchhändler. Deutsche Buchdrucker. Hrsg. von Rudolf Schmidt. Eberswalde: Schmidt 1908, Bd 5, S. 823f.

Allgemeine Zeitung, Nr. 81 v. 22. 3. 1871, S. 1372.

**Todes-Anzeige.** Theilnehmenden in Nah und Fern die Trauerbotschaft, daß der Herr heute Abend 7 Uhr unsern lieben Gatten, Vater und Bruder,

**Professor Dr. Mährlen,**

von langem, schmerzvollem Leiden durch einen sanften Tod erlöst hat. Der Schmerz um unsern theuern, bei Champigny gefallenen Johannes nagte an seinem Leben und beschleunigte seinen Tod.

Stuttgart, den 19 März 1871.

Die trauernde Wittwe:
**Elise Mährlen,** geb. Conradi,
im Namen der Kinder und Schwestern.

(2603)

[Abt 7a/neben 1130; Grabstätte verloren]

**Johannes Mährlen,** geb. 14.9.1803 in Ulm; gest. 19.3.1871 in Stuttgart. – Pfarrer. Journalist. Lehrer.

Ältestes von zehn Kindern des Ulmer Baurats Johannes Mährlen (1778–1828) und der Anna *Katharina* geb. Gerber (1779–1827).

Bei Pfeiffer (1912) zwischen Grabnummer 1122 (Rueff) und 1130 (Gok) aufgeführt:

**Johannes Mährlen, Professor am Polytechnikum, Redakteur, Gewerbestatistiker, 1803–1871; Elise M., geb. Conradi, 1816–1871.**

Kompromotionaler Eduard Mörikes seit der gemeinsamen Uracher Seminarzeit und dessen lebenslanger Freund, Vertrauter und Berater in literarischen und verlegerischen Fragen: Der Bogen reicht von der Zustimmung zu dem Gedicht ›Besuch in Urach‹, das Mörike »mit der verlornen Schwungfeder eines Uracher Felsenbewohners geschrieben« habe, bis zu dessen Kondolenz für den in Frankreich gefallenen Sohn Mährlens (1870).
Nach dem Studium der Theologie in Tübingen (1822–1826) und einem kurzen Vikariat in Zell u/Aichelberg gelingt Mährlen der von Mörike vergeblich gesuchte Absprung vom Pfarramt: Er arbeitet als Korrektor bei Cotta in Augsburg (1827–1830) und promoviert zum Dr. phil. in Tübingen (›Über Katholicismus und Protestantismus und die in ihnen heut zu Tage vorherrschenden Parteien‹). Nach journalistischen Aufgaben (›Hochwächter‹, ›Beobachter‹) findet Mährlen 1832 eine provisorische Anstellung als Lehrer für Religion, Geschichte und Geographie an der Stuttgarter Gewerbeschule; 1836 wird der Lehrauftrag für »Deutsche Sprache« erweitert.
Bei Schweizerbart, dem Verleger des ›Maler Nolten‹ Mörikes, redigiert Mährlen die Reihe ›Geschichte unserer Tage‹ (Bd 2–20), 1832ff. 1838 wird er zum Professor für Deutsche Sprache und Literatur an das Stuttgarter Polytechnikum bestellt. Mährlen heiratet *Elise* Auguste Emilie Conradi (1816–1871); 3 Kinder. 1847 vollzieht sich noch einmal ein einschneidender Berufswechsel, als er die Leitung des Bergwerks in Wolfach übernimmt; 1855 kehrt er als Lehrer für Nationalökonomie und Gewerbestatistik ans Polytechnikum nach Stuttgart zurück. Auch seine Veröffentlichungen über die ›Bedeutung der Eisenbahnen für den deutschen Zollverein‹ (Stuttgart: Metzler 1842) und Fragen der Papierherstellung in Württemberg (Stuttgart: Neff 1861) gelten wirtschaftlichen Themen.

Mörike-Archiv, Marbach am Neckar.

[Abt 7a/1130]

**Karl** Christoph Friedrich **Gok (Gock),** geb. 29.10.1776 in Nürtingen; gest. 27.10.1849 in Stuttgart. – Verwaltungsbeamter; Altertumsforscher.

Großes stehendes Denkmal in neugotischem Stil aus grauem Sandstein (1850):

| | |
|---|---|
| **Carl Chr. Fr. Gock** | **geb. den ..................** |
| **HofdomänenRath** | **gest.den .................** |
| **Eberhardine Gock** | **geb.den ..............77** |
| **geb. Blöst** | **gest.den 20 .........53** |

Auf dem Sockel:

**Die Liebe, die du verbreitet, hat dir den Altar in unserem Herzen errichtet.**

Sohn des Kammerrats und späteren Nürtinger Bürgermeisters Johann Christoph Gok (1748–1779) und der Johanne Christiane geb. Heyn (1748–1828), der im Juli 1772 verwitweten Mutter Friedrich Hölderlins. Stiefbruder Hölderlins.

Karl Gok, der nach dem frühen Tod seines Vaters die Nürtinger Lateinschule besucht, bleibt das Studium der Schreiberei, d. h. einer gründlichen zivil- und verwaltungsrechtlichen Ausbildung für den mittleren Dienst aus finanziellen Bedenken der Mutter verschlossen. So wird er zunächst in Nürtingen, 1797–1800 in Markgröningen zum Schreiber ausgebildet, arbeitet 1800 als Rechnungsprobator in Lichtenstern bei Löwenstein, 1802 als Substitut in Nürtingen. 1803 wird er Amtsschreiber und Amtspfleger im neuwürttembergischen Zwiefalten; nun heiratet Gok eine jüngere Base seiner Mutter, Marie *Eberhardine* Blöst (1777–1853); 2 Kinder. 1810 ist Gok Stadt- und Amtsschreiber in Tettnang, 1811 Kameralverwalter in der aufgehobenen Reichsstadt Schwäbisch Gmünd, 1816 Hof- und Finanzrat beim Departement des Innern und ein Jahr später Hof- und Domänenrat der Hofdomänenkammer bis zu seiner Pensionierung 1842.
Von Hölderlin haben sich große und von erzieherischem Ethos durchdrungene Briefe an den jüngeren Bruder erhalten, bis in die zwanziger Jahre des vorigen Jahrhunderts. Gok scheint zuweilen Hölderlins Postadresse gewesen zu sein. »Hat Schiller noch nichts an mich geschikt?« fragt der Bruder am 11.2.1796. Er schildert ihm seine Vorhaben und erzählt von der Resonanz seiner Dichtungen; setzt auch voraus, daß er die ›Horen‹ oder Schillers Almanache lese und lädt ihn 1797 sogar nach Frankfurt ein, wo er ihn mit Hegel und Sinclair bekanntmacht und mit ihm nach Homburg, auf den Feldberg und nach Mainz reist. Als Gok sich im Alter der Schriftstellerei endlich zuwendet, die schon dem jungen Mann als Lebensziel vor Augen gestanden hatte, erinnert er sich: »Der Verfasser der vorliegenden Abhandlung hatte schon in seinen Jugendjahren das Vergnügen, jene herrliche Höhe und die Umgebungen der ›Krone des

Taunus‹, des erhabenen Feldbergs mit seiner unermeßlichen Fernsicht bei einem kurzen Ausfluge von Frankfurt aus zu besuchen.«

Der Besuch des Bruders in Frankfurt mag für den Markgröninger Schreiberlehrling höchst anregend gewesen sein. Das Vorbild des Bruders läßt andere Berufspläne entstehen. Hölderlin erkundigt sich am 12. Februar/14. März 1798 fast besorgt: »Ist es Dein Ernst, als Schriftsteller auf den deutschen Karakter zu wirken und diß ungeheure Brachfeld umzuakern und anzusäen, so wollt' ich Dir rathen, es lieber in oratorischen, als poëtischen Versuchen zu thun. Du würdest schneller und sicherer zum Zweke gelangen. Ich wunderte mich schon oft, daß unsere guten Köpfe nicht häufiger darauf gerathen, eine kraftvolle Rede zu schreiben, z. B. über den Mangel an Natursinn bei den Gelehrten und Geschäfftsleuten, über religiöse Sclaverei p. p.«

Und im gleichen Briefe steht die resignierte Bemerkung des Dichters Hölderlin: »Lieber Karl! ich spreche wie einer, der Schiffbruch gelitten hat. So einer räth nur gar zu gerne, daß man im Hafen bleiben soll, bis die beste Jahrszeit zu der Fahrt vorhanden sei. Ich hatte offenbar zu früh hinausgestrebt, zu früh nach etwas Großem getrachtet, und muß es wohl, so lange ich lebe, büßen; schwerlich wird mir etwas ganz gelingen, weil ich meine Natur nicht in Ruhe und anspruchsloser Sorgenlosigkeit ausreifen ließ.«

Karl Gok bleibt seinem Bruder anhänglich verbunden. Als 1826 die ›Gedichte‹ erscheinen, schreibt er nach Tübingen: »So sind nun die Früchte Deiner trefflichen Dichtung der Welt erhalten, und Dein Angedenken wird in diesen von jedem tief fühlenden gebildeten Menschen stets verehrt werden.« 1828, nach dem Tod der Mutter, kommt es zu einem Erbstreit unter den Geschwistern, bei dem Gok mit seiner Auffassung unterliegt. Doch dann beteiligt er sich, im Verein mit Cotta und Schwab, an der Vorbereitung der ›Sämmtlichen Gedichte‹ (1846), liefert Skizzen zu einer Biographie, vor allem zur Widerlegung »von Waiblinger und einigen anderen jungen schreibseligen Lausbuben« (die »Lausbuben« werden gestrichen und durch »Männer« ersetzt; Gok an Cotta, 12. 2. 1841). In seinem Nachlaß sind die Briefe Diotimas an Hölderlin überliefert.

Gok selber hat sich inzwischen auf zwei Felder als anerkannte Kapazität ausgewiesen; er gilt als hervorragender Kenner der Kulturgeschichte des württembergischen Weinbaus, über den er seit 1827 mehrere Schriften herausbringt (›Die Weinrebe mit ihren Arten und Abarten‹, Stuttgart: Mäntler/Heidelberg: Groos 1829; ›Über den Weinbau am Bodensee, an dem oberen Neckar und der schwäbischen Alp‹, Stuttgart: Löflund & Sohn 1833; ›Die Wein-Rebe und ihre Früchte‹, Stuttgart: Ebner 1836–1839). Vaterländische Frühgeschichte in ihren

Quellen und Urkunden ist das andere Feld, das den schriftstellerischen Neigungen Goks Nahrung gibt (›Urkunden und Beiträge zur älteren Geschichte von Schwaben und Südfranken‹, Stuttgart: Köhler 1846, 1847).
»Theuerster Bruder!« beginnt der von Beißner auf 1822/23 datierte Brief Hölderlins an seinen Bruder Karl, »Du wirst es gut aufnehmen, daß ich Dir einen Brief schreibe. Ich bin überzeugt, daß Du es glaubst, daß es ein wahres Vergnügen für mich ist, wenn ich weiß, daß es Dir gut geht und daß Du gesund bist. Wenn ich Dir nur sehr wenig schreibe, so nehme den Brief als ein Zeichen der Aufmerksamkeit von mir an. Ich merke, daß ich schließen muß. Ich empfehle mich Deinem wohlwollenden Angedenken und nenne mich Deinen Dich schäzenden Bruder Hölderlin.«
Vermutlich ist dies der letzte erhaltene Brief des Dichters.

Hölderlin, StA, Bd 6,1, S. 201, 263, 469; Bd 6,2, S. 517, 833; Bd 7,1, S. 188; Bd 7,3, S. 214ff.

[Abt 7a/1141]

**Gustav** Benjamin **Schwab,** geb. 19.6.1792 in Stuttgart (Geburtshaus: Königstraße 39/41); gest. 4.11.1850 in Stuttgart (Sterbehaus: Rothestraße 10); beerdigt am 6.11.1850. – Theologe, Philologe. Schriftsteller, Übersetzer; Verlagsberater bei Cotta.

Stehendes Denkmal mit Sockel aus rotem Sandstein von Johann Mathäus Mauch (1851), Oberteil um 1965 durch Bildhauer Schönfeld erneuert:

**GUSTAV SCHWAB**
**Dr. der Theologie,**
**Oberconsistorialrath**
**geboren 19. Juni 1792**
**gestorben 4. Nov. 1850**
**SOPHIE SCHWAB**
**geb. Gmelin**
**geboren 17. Febr. 1795**
**gestorben 20. Aug. 1865**

linke Seite:

**Christus ist mein Leben**
**und Sterben ist mein Gewinn**

rechte Seite:

**Selig sind die Todten**
**die in dem Herrn sterben**

Jüngster Sohn des Professors der Philosophie an der Carlsschule, Johann Christoph Schwab (1743–1821) und der Johanne Philippine geb. Rapp (1758–1831), der Schwester des Kaufmanns Gottlob Heinrich Rapp [s. Abt 5a/829]; dadurch auch mit Dannecker [s. Abt 5a/831] und Zumsteeg [s. Abt 5a/819] verschwägert. Bruder des württembergischen Justizministers Carl Heinrich Schwab [Abt 4b/647]. Schwager von Georg Friedrich Jäger [s. Abt 1b/143]. Gustav Schwabs Frau Sophie geb. Gmelin ist die Schwester von Kielmeyers Frau [s. Abt 8/1303].

»Der Abend des 3 Novembers hatte eine kleine Gesellschaft ihm nahe stehender Verwandten und Freunde um ihn versammelt und verfloß in ungetrübter, milder Heiterkeit«, heißt es in dem von Gustav Pfizer verfaßten, ungezeichneten Nekrolog des ›Schwäbischen Merkur‹. »Wie gewöhnlich von seinem Geiste belebt, berührte das Gespräch Fernes und Nahes, Hohes und Tiefes. Schwab zeigte nicht die mindeste Erschöpfung, noch irgend Unruhe oder Aufregung. Er las auf Verlangen noch einmal den gestern gesprochenen Prolog für Schleswig-Holstein und ward von einem der Anwesenden an ein früheres Neujahrsgedicht erinnert (1826), worin er den Todesengel, der damals rasch hinter einander die Throne Bayerns und Rußlands erledigt hatte, unter andern in folgender Strophe feiert:

Einem Fürstengreise
Schob er jüngst den Arm
Unters Haupt, das leise
Fortschläft ohne Harm.

Sieben Stunden später lag er selbst da, ein ewig Schlafender; in derselben Nacht, um drei Uhr, hauchte er, aus tiefem Schlafe plötzlich auffahrend, nach wenigen Augenblicken mit einem kurzen innigen Lebewohl an seine Geliebten, mit einem frommen Anruf der Seele aus ... und niedergelegt ist er jezt, unter dem trauernden Geleite von Tausenden, mit Lorbeeren und Thränen bedeckt, in der vor mehr als 40 Jahren von ihm besungenen ›stillen Stadt, die den ewigen Frieden hat‹.«

»In der ganzen Stadt verbreitete die Nachricht von Schwab's plötzlichem Tode Bestürzung und von allen Seiten äußerte sich innige Theilnahme«, erinnert sich Schwabs Sohn Christoph Theodor. »Am 6. November fand die Beerdigung auf dem Hoppenlaukirchhofe statt. Viele auswärts wohnende Freunde, worunter auch Uhland, kamen dazu und ein unermeßlicher Trauerzug folgte dem Sarge. Von den nächsten Angehörigen war nur der Schwiegersohn Klüpfel anwesend, da die Söhne nicht schnell genug von der Todesbotschaft erreicht werden konnten ... Die Rede am Grabe hielt Stadtdekan Mehl [Abt 1 b/145], Oberhofprediger Grüneisen fügte im Namen der Freunde und Collegen einen Nachruf hinzu«, in dem er Schwab als Lehrer der antiken Welt rühmt, der sich zugleich als Förderer der zeitgenössischen Literatur ausgezeichnet habe; auch an den Politiker und an den Prediger der Stuttgarter Leonhardskirche erinnert Grüneisen. Noch im Todesjahr erscheint – vermutlich unter einem sprechenden Decknamen – ein über 100 Seiten starkes Schriftchen eines alternativen Mediziners, in dem Schwabs frühes Hinscheiden auf eine falsche ärztliche Behandlung zurückgeführt wird: ›Gustav Schwab, der edle Barde Schwabenlands. Gerechte Bedenken über seinen schnellen Tod, welcher durch eine verfehlte medizinärztliche Behandlung mittelst Aderlaß herbeigeführt worden ist. Hydriatisch beleuchtet und bewiesen von Gottlob Wassermann, Naturarzt‹ (St. Gallen und Bern: Huber und Compagnie 1851). Das mit einem »Geschützpark zum Wasserkrieg« (das sind Zitate aus Äußerungen Dritter) bewehrte Pasquill nennt Schwabs Ärzte mit Goethe »freche Mörder«, deren »mörderischer Heilkunst« er erlegen sei: »Nur im Wasser ist Heil! Fort mit der Medizin!«

Gustav Schwab studiert in den Jahren 1809 bis 1814 in Tübingen Theologie, nachdem er das Stuttgarter Gymnasium illustre durchlaufen hat. In Tübingen hört er Vorlesungen bei Karl Christian und Johann Friedrich Flatt und Ernst Gottlieb Bengel, hat Umgang mit Uhland und Justinus Kerner. Auf ein kurzes Vikariat in Bernhausen auf den Fildern folgt eine Bildungsreise nach Norddeutschland, insbesondere nach Berlin, wo er sich mit Adelbert von Chamisso bekannt macht, auch mit Savigny und Franz Horn. Dann kehrt er für drei Jahre als Repetent ins Tübinger Stift zurück, 1815–1817. 1818 wechselt Schwab als

Grabmal Gustav und Sophie Schwab [Abt. 7a/1141]. Photographie Mathias Michaelis, 1991.

Lehrer für alte Sprachen ans Stuttgarter Gymnasium illustre, für fast zwei Jahrzehnte. Er heiratet *Sophie* Caroline Gmelin aus dem Tübinger Gelehrtengeschlecht; 5 Kinder. In diesen Jahren gewinnt Schwab als Berater von Johann Friedrich Cotta großen Einfluß auf die literarische Szene Stuttgarts und – durch Cottas ›Morgenblatt‹ – weit darüber hinaus. Er übersetzt Lamartine, sammelt eigene Gedichte (1828/29) und das Verstreute von Hölderlin, das in die mit Uhland veranstaltete Ausgabe eingeht (1826); zusammen mit Chamisso gibt er den ›Deutschen Musenalmanach‹ heraus. Schwab begeistert sich für die griechische Freiheitsbewegung (er lernt Neugriechisch!), propagiert die Ideen der französischen Julirevolution und feiert die Erhebung der Polen. Große Wirkung – über Generationen – haben seine Nacherzählungen klassischer und deutscher Sagen: ›Das Buch der schönsten Geschichten und Sagen‹, 1836; ›Die schönsten Sagen des klassischen Alterthums‹, 1838–1840. »Dem gelehrten Schulmann und Dichter, dem rührigen Herausgeber der ›Deutschen Volksbücher‹ und Förderer und Berater vieler Schriftsteller und Dichter seiner Zeit«, schreibt Johannes Bobrowski im Vorwort zu seiner Schwab-Auswahl 1954, »gelang damit ein Werk, das in seiner Anschaulichkeit und Schönheit nicht leicht übertroffen werden kann.«

1833 bewirbt sich Gustav Schwab vergeblich auf die Pfarrei Lustnau bei Tübingen; erst vier Jahre später gelingt der Absprung aufs Land: Schwab übernimmt die Pfarrei Gomaringen mit Hinterweiler am Fuße der Alb, die er 1823 vor allem auf ihrer Neckarseite beschrieben hat. Nun erscheinen ›Wanderungen durch Schwaben‹ bei Wigand in Leipzig (1837). Doch das Landleben wird zur Qual, als im Herbst 1840 Schwabs zehnjähriger Sohn Ludwig während einer gemeinsamen Reise an den Rhein in Heidelberg stirbt. Schwab kehrt als Leonhardspfarrer und Amtsdekan nach Stuttgart zurück, läßt sich 1845 von allen Predigtverpflichtungen befreien und widmet sich als »kgl. Oberstudienrath des Konsistoriums« Aufgaben der kirchlichen Verwaltung. Politisch bleibt der Kopf hellwach – doch besteht ganz offensichtlich ein Unterschied zwischen den Hoffnungen der französischen Februarrevolution, die er unterstützt »mit frischer, feuriger Seele« und den demokratischen Forderungen der Paulskirchenversammlung, die einer höchst skeptischen Beurteilung standhalten müssen. Justinus Kerner, der Freund aus Tübinger Studententagen, erlebt die Paulskirche »als schwere Last« – doppelt schwer, weil sich sein Sohn Theobald Kerner an die Spitze der Heilbronner Revoluzzer habe stellen lassen (er muß dafür auf den Hohenasperg). Schwab dagegen erscheint ihm durch seinen Tod von solchen Betrübnissen befreit. (›Nach Gustav Schwab's Tod‹).

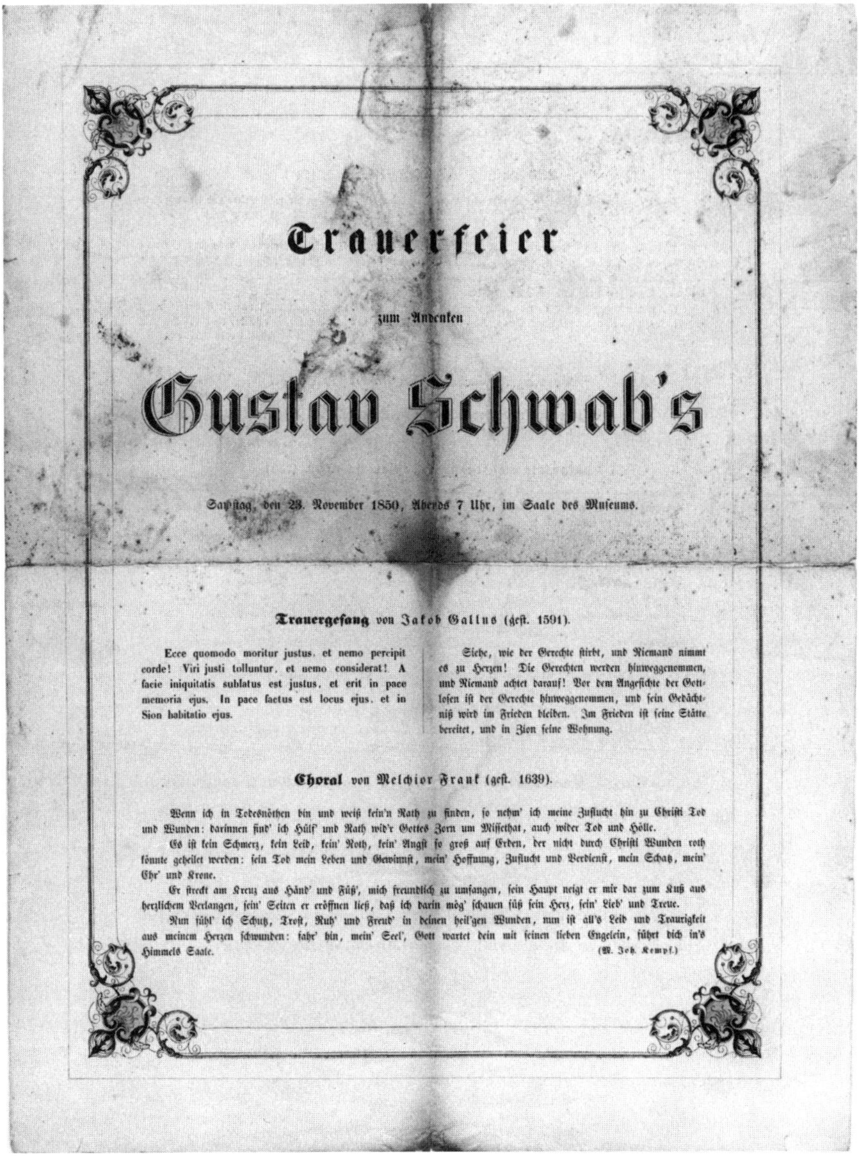

# Trauerfeier

zum Andenken

# Gustav Schwab's

Samstag, den 23. November 1850, Abends 7 Uhr, im Saale des Museums.

**Trauergesang** von Jakob Gallus (gest. 1591).

Ecce quomodo moritur justus, et nemo percipit corde! Viri justi tolluntur, et nemo considerat! A facie iniquitatis sublatus est justus, et erit in pace memoria ejus. In pace factus est locus ejus, et in Sion habitatio ejus.

Siehe, wie der Gerechte stirbt, und Niemand nimmt es zu Herzen! Die Gerechten werden hinweggenommen, und Niemand achtet darauf! Vor dem Angesichte der Gottlosen ist der Gerechte hinweggenommen, und sein Gedächtniß wird im Frieden bleiben. Im Frieden ist seine Stätte bereitet, und in Zion seine Wohnung.

**Choral** von Melchior Frank (gest. 1639).

Wenn ich in Todesnöthen bin und weiß kein'n Rath zu finden, so nehm' ich meine Zuflucht hin zu Christi Tod und Wunden: darinnen find' ich Hülf' und Rath wid'r Gottes Zorn um Missethat, auch wider Tod und Hölle.

Es ist kein Schmerz, kein Leid, kein' Noth, kein' Angst so groß auf Erden, der nicht durch Christi Wunden roth könnte geheilet werden: sein Tod mein Leben und Gewinnst, mein' Hoffnung, Zuflucht und Verdienst, mein Schatz, mein' Ehr' und Krone.

Er streckt am Kreuz aus Händ' und Füß', mich freundlich zu umfangen, sein Haupt neigt er mir dar zum Kuß aus herzlichem Verlangen, sein' Seiten er eröffnen ließ, daß ich darin mög' schauen süß sein Herz, sein' Lieb' und Treue.

Nun fühl' ich Schutz, Trost, Ruh' und Freud' in deinen heil'gen Wunden, nun ist all's Leid und Traurigkeit aus meinem Herzen schwunden: fahr' hin, mein' Seel', Gott wartet dein mit seinen lieben Engelein, führt dich in's Himmels Saale.

(M. Joh. Kempf.)

Trauerfeier zum Andenken Gustav Schwabs. Programm. Deutsches Literaturarchiv Marbach.

**Lied** von Johann Rosenmüller (gest. 1686).

Welt, ade, ich bin dein müde, ich will nach dem Himmel zu! Da wird seyn der rechte Friede und die ewig stolze Ruh'. Welt, bei dir ist Krieg und Streit, Nichts denn lauter Eitelkeit, in dem Himmel allezeit Friede, Freud' und Seligkeit.

Wenn ich werde dahin kommen, bin ich aller Krankheit los und der Traurigkeit entnommen, ruhe sanft in Gottes Schoos. In der Welt ist Angst und Noth, endlich gar der bittre Tod; aber dort ist allezeit Friede, Freud' und Seligkeit.

Unaussprechlich schöne singet Gottes auserwählte Schaar, heilig, heilig, heilig klinget in dem Himmel immerdar. Welt, bei dir ist Spott und Hohn und ein steter Jammerton; aber dort ist allezeit Friede, Freud' und Seligkeit.

O, wer mir dahin gelanget, wo jetzund der schöne Chor in vergüld'ten Kronen pranget und die Stimme schwingt empor! Denn die Welt hat Krieg und Streit, all ihr Thun ist Eitelkeit, in dem Himmel allezeit Friede, Ruh' und Seligkeit.

(Joh. Georg Albinus.)

---

**Vortrag** von Herrn Professor Dr. Gustav Pfizer.

**Nachruf eines Freundes** (Hrn. Staatsrath von Köstlin).

---

**Cantate** von Johann Sebastian Bach (gest. 1750).

Sonatine.

Allgemeiner Chor. Gottes Zeit ist die allerbeste Zeit. In ihm leben, weben und sind wir, so lange er will. In ihm sterben wir zu rechter Zeit, wenn er will.

Tenor-Chor. Ach Herr, Herr! lehre uns bedenken, daß wir sterben müssen, auf daß wir klug werden.

Baß-Chor. Bestelle dein Haus! denn du wirst sterben und nicht lebendig bleiben.

{ Alt-, Tenor- und Baß-Chor. Es ist der alte Bund, Mensch, du mußt sterben.
{ Sopran-Chor (zugleich). Ja, komm', Herr Jesu, komm'!

Eine Altstimme. In deine Hände befehl' ich meinen Geist; du hast mich erlöset, Herr, du getreuer Gott!

{ Eine Baßstimme. Heute, heute wirst du mit mir im Paradiese seyn.
{ Alt-Chor (zugleich). (Choral:) Mit Fried' und Freud' fahr' ich dahin in Gottes Willen; getrost ist mir mein Herz und Sinn, sanft und stille, wie Gott mir verheißen hat; der Tod ist mein Schlaf worden.

Allgemeiner Chor. Glorie, Lob, Ehr' und Herrlichkeit sey dir, Gott Vater und Sohn, bereit, dem heil'gen Geist mit Namen! Die göttlich' Kraft macht uns sieghaft — durch Jesum Christum. Amen!

---

**Gedicht** von **Gustav Schwab**, vorgetragen von Herrn Hoftheaterregisseur Grunert.

---

Aus den Oratorien: **Paulus** und **Elias**, von Felix Mendelssohn-Bartholdy (gest. 1847).

Chor. Siehe, wir preisen selig, die erduldet haben! Denn ob der Leib gleich stirbt, doch wird die Seele leben.

Choral. Dir, Herr, dir will ich mich ergeben,
Dir, dessen Eigenthum ich bin!
Du nur allein, du bist mein Leben,
Und Sterben wird mir dann Gewinn.
Ich lebe dir, ich sterbe dir,
Sey du nur mein, so g'nügt es mir.

Arie. Ja es sollen wohl Berge weichen und Hügel hinfallen, aber deine Gnade wird nicht von mir weichen, und der Bund deines Friedens soll nicht fallen!

Chor. Sehet! welch' eine Liebe hat uns der Vater erzeiget, daß wir sollen Gottes Kinder heißen.

---

Buchdruckerei der J. G. Cotta'schen Buchhandlung in Stuttgart.

Der Dichter Peter Gan hat unter seine »Preislieder« ein Gedicht ›Auf Gustav Schwab‹ aufgenommen, 1935 in der Sammlung ›Die Windrose‹ (Freiburg: Atlantis) erschienen. Dort heißt es in den ersten beiden Strophen:

Dank dir, guter edler Mann aus Schwaben!
Griechenfreund wie Hölderlin und Voß
bringst du uns der Alten Wundergaben
als der Knaben Führer und Genoß.

Schaffst aus wirrem Trümmerfeld der Teile
eines Sagengartens reine Huld,
und der Knabe mißt am Donnerkeile
Jupiters den eignen Katapult.

. . .

Familienregister Stuttgart, 1808–1875, Bd 4, S. 1095. – Totenregister der Hospitalkirche, 1845–1850. – [Gustav Pfizer], Nekrolog Gustav Schwab. Sonderdruck aus: Schwäbischer Merkur, 1850, Nr. 275 und 276. – Zum Andenken an Gustav Schwab. Stuttgart: J. B. Metzler [1850]. – Gustav Schwab's Leben. Erzählt von seinem Sohne Christoph Theodor Schwab. Freiburg i. B., Tübingen: Akademische Verlagshandlung J. C. B. Mohr (Paul Siebeck) 1883. – Justinus Kerners Gesamtwerke. In 4 Bänden hrsg. vom Justinus Kerner-Verein in Weinsberg. Weinsberg: Justinus Kerner-Verein [1909], Bd 4, S. 60 f. – Johannes Bobrowski, Gesammelte Werke in sechs Bänden. Berlin: Union 1987, Bd 4, S. 345 ff. – Peter Gan, Preis der Dinge. Wiesbaden: Insel 1956, S. 15 f.

[Abt 7a/1148]

Johann **Gottfried von Pahl,** geb. 12.6. 1768 in Aalen; gest. 18.4. 1839 in Stuttgart (Sterbehaus: Leonhardsplatz 13). – Pfarrer. Schriftsteller.

Auf einem Sockel aus grauem Sandstein ein großes gußeisernes Kreuz (1839):

**Johann Gottfried v:Pahl, Praelat.**

Auf der Rückseite:

**geb:d: 12. Juni 1768 gest:d: 18. Apr. 1839.**

Sohn des Lebküchners und Kaufmanns Georg Caspar Pahl (1736–1809) und der *Helene* Christina geb. Simon (1732–1789).

»Gottfried! werde ein ganzer Kerl und mache deiner Vaterstadt Ehre wie – sezte er mit seiner bekannten Eitelkeit hinzu – wie ich!« Christian Friedrich Daniel Schubart habe ihn mit diesem Wort in die Pflicht genommen, berichtet Pahl in seinen ›Denkwürdigkeiten‹, als er ihm, etwa neunjährig, in Aalen vorgestellt worden sei: »Diese Worte wirkten auf mich, als hätte sie ein Heiliger gesprochen; der Eindruck derselben wurde auch nicht geschwächt, als der Dichter unmittelbar darauf das Lessingsche Gedicht ›Gestern Brüder! könnt ihr's glauben?‹ unter Musikbegleitung sang ...«

Pahl macht seiner Vaterstadt Ehre: der Vikar, der sein Theologiestudium in Altdorf »aus Mangel an Hilfsmitteln« 1786 hatte aufgeben müssen, ist am Ende seines Lebens Prälat, Ritter des Ordens der württembergischen Krone und Mitglied mehrerer Gelehrtengesellschaften. Als Schriftsteller, der sich, wie nach ihm Tucholsky, in »fünf PS« versteckt, hinterläßt er eine Publikationsliste von anderthalbhundert Nummern. Er schreibt als »Bruder Thomas«, »Sebastian Käsbohrer«, »Willibald Panshaf«, »Alenthinos« oder »Athanasius Wurmsamen« politische Pasquille und satirische Libelli; hier verteidigt er den Adel, dort schmäht er die Jakobiner oder das »französische Kaiserthum«, das die Unterdrückung seiner politischen Zeitschrift ›Nationalchronik der Deutschen‹ »unter den unzartesten Formen herbeiführte«. Man müsse dem »im Fache der Politik herumirrenden Pfarrer« das Maul stopfen, soll der im Rheinbund mit Napoleon liierte König Friedrich von Württemberg gesagt haben. Pahl, der sich auch mit erbaulichen Erzählungen und belehrenden Traktaten einen Namen macht, der Reisebeschreibungen liefert und Historisches sich zutraut, vermerkt mit besonderem Stolz, wenn man seine Produktionen einmal Friedrich Haug, ein andermal Schillers Freund Petersen oder dem Prediger Grüneisen zurechnet; als er der Verfasserschaft der berühmten antinapoleonischen Schrift ›Deutschland in seiner tiefen Erniedrigung‹ verdächtigt wird, die den Buchhändler Johann Philipp Palm (1766–1806) Kopf und Kragen kostet, kann er sein Leben nur unter Mühen retten.

Grabmal Gottfried Pahl [Abt. 7a/1148]; dahinter das Grabmal Gustav Schwab. Photographie Mathias Michaelis, 1991.

Pahl ist 1786–1787 Vikar in Fachsenfeld, 1787–1790 in Essingen nahe Aalen. Sein »Privatstudium mit einem oft seine Gesundheit zerrüttenden Eifer« bringt seine Pfarrkinder auf die Vermutung, »ihr Vikar müsse wenig in der Fremde gelernt haben, weil er den ganzen Tag über lese und schreibe«. Pahls Patronatsherr, der in »Hohen-Roden lebende Freiherr [Karl] von Wöllwart«, versorgt ihn mit Büchern »der teutschen schönen Literatur« aus seiner Bibliothek, besonders mit dem »sehr ansprechenden Werke Wielands«. Als er 1790 in Neubronn aufzieht und 1791 Marianne Ernestine Ehrhardt (1764? 1769?–1850) heiratet, das Kammermädchen der Baronin Wilhelmine Dorothea von Woellwarth-Essingen, versucht er die schmale Hauskasse u. a. durch »eine Menge schriftstellerischer Produkte« aufzubessern. Das Paar hat 8 Kinder.

1801 übernimmt Pahl auch die politische Verwaltung von Neubronn. »Nirgends sey der Amtmann so fromm, noch dem Pfarrer zugethan, als in Neubronn«, spottet man über die Ämterhäufung. In der kirchenamtlichen Beurteilung wird seine Verwaltungstätigkeit hoch gerühmt: »Er war ein weiser Berater der Gemeinde in den bürgerlichen, zeitlichen Dingen«, vermehrte den Wohlstand und förderte die Armenfürsorge. Als die ritterschaftlichen Gebiete an Württemberg fallen, 1806, bemüht sich Pahl um einen Ortswechsel: 1808 wird er Pfarrer in Affalterbach, 1814 in Vichberg (heute: Fichtenberg) bei Schwäbisch Hall; dann ist er Dekan von Gaildorf, später Generalsuperintendent und, 1832, Vertreter der Altliberalen in der Zweiten Württembergischen Kammer.

»Seine Schriftstellerey«, so berichtet er selber, »nahm in ihrem Gange immer sichtbarer ihre Richtung auf sein Lieblingsfach, *die Geschichte,* und er widmet sich demselben nun ausschließend, in der Hoffnung, das Zutrauen des Publikums, durch reifere und vollendetere Produkte, immer mehr zu verdienen.« Eine ›Geschichte von Württemberg‹ in sechs Bänden (Stuttgart: Löflund 1827–1830) gilt als sein opus magnum. Pahl stirbt am Schleimfieber. An seinem Grabe sagt man dem Theologen und Schriftsteller nach:»Er gehörte ... zu den Glücklichen, die des Wissens Gut nicht mit dem Glauben zahlen.«

Totenregister der Leonhardskirche, 1839–1844. – Sigel, Das evangelische Württemberg Nr. 31, 2. – Johann Jacob Gradmann, Das gelehrte Schwaben. Ravensburg: Gradmann 1802, S. 426 ff. – NNekrD, Jg 17, 1839. – Johann Gottfried Pahl, Denkwürdigkeiten aus meinem Leben und aus meiner Zeit. Tübingen: Fues 1840. – Auskünfte von Wolf Freiherr von Woellwarth, Lauterburg.

[Abt 8/1212]

Johann Christian **Ludwig Gundert**, geb. 13. 8. 1783 in Stuttgart; gest. 11. 3. 1854 in Stuttgart. Kaufmann. Mitbegründer der Württembergischen Bibelanstalt.

Sohn des Lehrers am Stuttgarter Waisenhaus und Kantors an der französisch-reformierten Kirche Johann Christian Gundert (1747–1811) und der Regine geb. Ziegler (1744–1801); Vater des Missionars, Schriftstellers und Verlegers Hermann Gundert (1814–1893); Urgroßvater Hermann Hesses (1877–1962).

Stele mit Sockel aus grauem Sandstein für Gundert und seine Schwägerin [?]:

**Elisab. Kath. Friederike**
**MOHL, geb. D'ATRIN,**
**geb. 24. Febr. 1771.**
**gest. 28. März 1853.**

**Joh. Christ. Ludwig**
**GUNDERT.**
**geb. 13. Aug. 1783.**
**gest. 11. März 1854.**

Gundert, den man wegen seiner Beteiligung an der Gründung der Württembergischen Bibelanstalt, 1812, den »Bibel-Gundert« nannte, ist zunächst in verschiedenen kaufmännischen Stellungen tätig, bevor er als Kommis in der Lieschingschen Tuchhandlung in Stuttgart Arbeit bekommt. Nach seiner Heirat mit Christiane Louise Enßlin (1792–1833) im Jahre 1810 wird er Teilhaber des Kolonialwarenhandels seines Schwiegervaters, der Firma Enßlin & Gundert. Vom Knecht zum Herrn geworden, wendet der fromme Mann alles, was er erübrigen kann, der Missionsarbeit zu: Er wird Sekretär der Bibelgesellschaft; zwischen 1823 und 1843 gibt er im Auftrag der »Missions-Hülfs-Anstalt in Stuttgart« die illustrierten ›Nachrichten aus der Heidenwelt‹ heraus, die bis 1910 erscheinen. Auch sein ›Christliches Vergißmeinnicht‹ verlegt Steinkopf in zahlreichen Auflagen. Nach dem Tod seiner ersten Frau, 1833, heiratet Gundert Louise Emilie Mohl geb. d'Atrin.

Hermann Hesse. 1877–1962. Marbach: Deutsche Schillergesellschaft 1977.

[Abt 8/1236]

Carl **Heinrich** Gotthilf **Köstlin,** geb. 20. 6. 1787 in Nürtingen; gest. 18. 8. 1859 in Stuttgart. –Arzt.

Postament aus rotem Sandstein mit eingelegter beschädigter Schriftplatte in weißem Marmor, aufgesetztes Kreuz:

**Dr. KARL HEINRICH KÖSTLIN**
**OBERMEDICINALRATH**
**geboren den 20. Juni 1787**
**gestorben den 18. August....**

Sohn des Theologen Nathanael Köstlin (1744–1826) und der Sybille Friederike geb. Cleß (1751–1824), der Schwester der Gottliebin Schelling [s. Abt 2b/297] und Tante von Friedrich Wilhelm und Karl Eberhard Schelling [s. Abt 2b/297]; Philipp Friedrich Rieger (1722–1782), der Asperg-Kommandant, war sein Großonkel. Auf dem Hoppenlau-Friedhof liegen seine Brüder, der Theologe Nathanael Köstlin (1776–1855) [Abt 3b/517] und der Staatsrat August Köstlin (1792–1873) [Abt 3b/518], der mit der Schwester Karl Mayers verheiratet war; der jüngere Bruder, Professor für Kriminalrecht und Schriftsteller Reinhold Köstlin (1813–1856), gehört zum studentischen Freundeskreis von Hermann Kurz und Rudolf Kausler [s. Abt 3b/503].

1793–1801 Besuch der lateinischen Schule in Pfullingen; 1801–1803 Hospes in der Klosterschule Bebenhausen, wo Jakob Friedrich Märklin sein Lehrer ist. Beim Medizinstudium in Tübingen, 1803–1807, begegnet Köstlin Justinus Kerner und Karl Mayer; alle drei wohnen im Neuen Bau und geben am 11. 1. 1807 das handgeschriebene ›Sonntags-Blatt für gebildete Stände‹ heraus, an dem sich Köstlin unter dem Sigel »L. N.« beteiligt. »Das Morgenblatt«, berichtet Ludwig Uhland an Friedrich Kölle 1807 nach Paris, »wovon täglich, außer Sonntags, ein Stück herauskommt, veranlaßte Kerner ein Sonntagsblatt zu veranstalten, nehml. ein geschriebenes. Sie enthalten Aufsätze von uns beiden, von Schoder, von einem ungenannten trefflichen Mitarbeiter [d. i. Heinrich Köstlin]; u. aparte Correspondenz-Nachrichten; Musikbeilage; Zeichnungen u. s. w.. Jeder kann beitragen, man nimmt Critiken über das Blatt selbst auf.« Nach der Promotion bei Kielmeyer [s. Abt 8/1303], 1808, unternimmt Köstlin seine Bildungsreise nach Wien und München, wo er bei seinem Vetter Fr. W. Schelling wohnt; Herbst 1809 Niederlassung in Stuttgart als praktischer Arzt. Die von den Freunden der Studentenzeit eingeforderten Almanach-Beiträge gehen nun nicht mehr so leicht von der Hand: »Und ich solle Gedichte machen? O Gott! wie sollt' ich so groß Uebel thun und mich solcher Frevel vermessen und unterstehn?« erfährt Kerner am 12. 12. 1810. Das wenige, was noch gedruckt wird, erscheint unter dem Pseudonym Chrysalethes – der Decknamen »Sebastian Senf« wird verworfen.

Köstlin heiratet 1814 Mathilde geb. Otto verw. Storr (1794–1835); 7 Kinder. Im gleichen Jahr wird er Stadtdirektionsarzt, 1817 Medizinalrat, 1828 Obermedizinalrat, 1833 erhält er die Aufsicht über die Irrenanstalt Winnenthal, später auch über Zwiefalten; gerühmt werden die durch ihn veranlaßte Neuorganisation des Apothekerwesens und die erneuerte Pharmacopoe.

Sigel, Das evangelische Württemberg Nr. 816, 41 und 683, 6. – Zur Erinnerung an Dr. Carl Heinrich Gotthilf v. Köstlin. Stuttgart: J. B. Metzler [1859]. – Justinus Kerners Briefwechsel mit seinen Freunden. 2 Bde. Stuttgart, Leipzig: Deutsche Verlagsanstalt 1897. – Uhlands Briefwechsel. 4 Bde. Stuttgart, Berlin: Cotta 1911–1916, 1. Teil, S. 21.

[Abt 8/zwischen 1254 und 1236; Grabstelle verloren]

**Paul** Anton **Neff,** geb. 1.12.1804 in Mannheim; gest. 3.10.1855 in Stuttgart. – Buchhändler, Verleger.

Sohn eines Mannheimer Spezereiwarenhändlers.

Bei Pfeiffer (1912) zwischen Grabnummer 1254 (Faber du Faur) und 1236 (Köstlin) mit Steinkreuz nachgewiesen:

»Neff, Paul Anton, aus Mannheim, Buchhändler 1804–1855 und seine Schwester Babette, 1807–1870. Das Grabmal ›errichtet von seinem Sohn und Neffen‹.«

Paul Neff absolviert nach dem Besuch des Mannheimer Lyceums eine Buchhändlerlehre in der Löfflerschen Buchhandlung in Mannheim. Schon als Neunzehnjähriger, so will es sein Biograph, ist er Redakteur der ›Mannheimer Zeitung‹ und des mit ihr verbundenen Unterhaltungsblatts ›Phönix‹. Zeitweilig genötigt, das väterliche Geschäft am Ort zu führen, kommt Neff die Einladung, sich 1827 mit Carl Hoffmann in Stuttgart zur Übernahme der Sattlerschen Buchhandlung zu verbünden, zupaß. Nach der Trennung von Hoffmann, im Oktober 1829, eröffnet Neff eine Buchhandlung mit Antiquariat und Verlagsabteilung in der Calwer Straße in Stuttgart: Geschichte und Politik, Schul- und Reisebücher sind seine Brotartikel, aus deren Einerlei zwei Publikationen herausstechen: 1841 verlegt Neff in Gemeinschaft mit Hoffmann & Campe, Hamburg, Hoffmann von Fallerslebens ›Lied der Deutschen‹ im Erstdruck; Töpffers ›Komische Bilderromane‹ überraschen in seinem Programm kaum weniger. Neff redigiert bald auch die Stuttgarter ›Neckarzeitung‹ und begründet ein Kommissionsgeschäft. 1851 tritt sein Neffe, Paul Neff d. J., in den Verlag ein, den er zu einem vorwiegend sprach- und kunstgeschichtlichen Unternehmen ausbaut, das 1883 von der Firma Ebner & Seubert übernommen wird.

Deutsche Buchhändler. Deutsche Buchdrucker. Hrsg. von Rudolf Schmidt. Eberswalde: Schmidt 1907. Bd 4, S. 717ff. – Neff-Almanach 1954. Hrsg. zum 125jährigen Bestehen. Wien, Berlin, Stuttgart: Neff 1954.

[Abt 8/1275]

Viktor **Adolf Riecke,** geb. 7.7.1805 in Stuttgart; gest. 1.12.1857 in Stuttgart. – Praktischer Arzt. Schriftsteller.

Grabplatte aus schwarzem Granit:

**Dr. Adolf v. Riecke**
**Obermedizinalrat u. Hofarzt**
**geb. 7. Juli 1805**
**gest. 1. Dez. 1857.**

Dessen älteste Tochter:

**Elise Riecke**
**geb. 29. Mai 1837**
**gest. 11. Dez. 1874.**

Sohn des Arztes Johann *Viktor* Ludwig *Riecke* [Abt 1a/17] und der Rosine *Friederike* geb. Reuß (1776 bis 1830); Bruder von Christian Riecke [s. Abt 1a/18]; Freund von Wilhelm Hauff [s. Abt 3b/508] und Moritz Pfaff [s. Abt 3b/511].

Adolf Riecke kommt über das Obere Gymnasium in Stuttgart in den Jahren 1822–1827 zum Studium der Medizin nach Tübingen. Schon vorher gehört er als »Riecke II« zum Kreis der »Kleinen Compagnie«, der Burschenschaft der »Feuerreiter«. Bevor er sich in Stuttgart als praktischer Arzt niederläßt, unternimmt er die standesübliche Reise, die ihn 1827/28 nach München, Würzburg und Berlin führt.
Promoviert wird Riecke mit einer Arbeit über die »geburtshilfliche Topographie von Württemberg«, also über eine Frage nach der medizinischen Versorgung des Landes. Dieses Thema bestimmt nun auch in der Folge seine Veröffentlichungen: 1839 publiziert er über Hautkrankheiten; ›Ueber den Einfluß der Verwesungsdünste auf die menschliche Gesundheit und über die Begräbnißplätze in medizinisch-polizeilicher Beziehung‹ (1840) mag im Zusammenhang der vorliegenden Veröffentlichung von besonderem Interesse sein. Die preisgekrönte Untersuchung zeigt – bei allem Bedürfnis, verbindliche Normen zu schaffen – einen Arzt mit Verstand, der seine Ausarbeitung unter das pragmatische Motto stellt: »On ne ferait jamais tout ce que l'on peut, sans l'espoir de faire plus qu'on pourra.« In einem häufig nachgedruckten Handbuch beschreibt Riecke schließlich die »neuern Arzneimittel, ihre physischen und chemischen Eigenschaften« (1837, 1840, 1842).
1835 hatte Riecke *Julie* Marie Friederike Jäger (1816–1877), eine Nichte Georg Jägers [s. Abt 1b/143] und eine Base von Moritz Pfaff [s. Abt 3b/511], geheiratet. Nun wird er, 1840, in das Königl. Medizinalkollegium berufen und als Nachfolger Memmingers [s. Abt 6a/1079] in Anerkennung seiner landesgeschichtlichen Arbeiten ordl. Mitglied des Statistisch-topographischen Bureaus. 1842 nimmt Riecke seine Stuttgarter Arztpraxis wieder auf; seit 1853 ist er Hausarzt des Kgl. Katharinen-Stiftes. ›Das Medizinalwesen des Königreichs

Württemberg‹ (Stuttgart: J. B. Metzler 1856) ist seine letzte ins Gewicht fallende Veröffentlichung.

Adolf Christian, dem »Cocles« der »Kleinen Compagnie«, hat Wilhelm Hauff als Student ins Stammbuch geschrieben, was auch auf »Riecke II« gepaßt hätte: »Und wird dir einst die Nachricht zugesandt, / Daß zu den Vätern ich versammelt wäre, / So trink und sprich: ›ich hab ihn auch gekannt,‹ / Mach hier ein Kreuz und gieb mir eine Zähre! – Zusatz: Und wenn Dich auch manch schlechter Witz betrübte, / Du weißt ja doch, daß er Dich liebte.«

Nägele, Familienbuch Stuttgart 1700–1820. – ADB, Bd XXVIII, S. 512. – Karl Riecke, Meine Eltern, ihre Geschwister und Freunde. Stuttgart 1897: Kohlhammer.

**Todes-Anzeige.** [8295] Den Freunden und Bekannten meines Hauses im Auslande gebe ich tiefgebeugt die Nachricht daß mein theurer Gatte,

**Dr. Victor Adolph v. Riecke,**

kgl. württemb. Hofarzt und Ober-Medicinalrath,

an schwerem, durch eine Entzündung hervorgerufenen Brustleiden am 1 d. M. im 53sten Jahre seines Lebens sanft entschlafen ist.

Stuttgart, 3 December 1857.'

**Julie Riecke,** geb. Jäger.

Allgemeine Zeitung, Nr. 341 v. 7. 12. 1857, S. 5450.

[Abt 8/1303]

**Carl Friedrich Kielmeyer,** geb. 22.10. 1765 in Bebenhausen; gest. 24.9. 1844 in Stuttgart. – Mediziner; Professor der Chemie und Anatomie.

Sohn des herzoglichen Jagdzeugmeisters Georg Friedrich Kielmeyer (1724–1803) und dessen zweiter Frau, Anna Maria geb. Oberreuter (1744–1828). Schwiegervater von Carl Wolff [s. Abt 1b/121]; Schwager von Gustav Schwab [s. Abt 7a/1141].

Großes Postament aus grauem Sandstein – Grabkreuz fehlt (1992) – für Kielmeyer, seine Frau und die bei Pfeiffer (1912) noch erwähnte Tochter Marie Wolff (1810–1873) geb. Kielmeyer verw. von Breitschwert [s. Abt 1b/121]. Auf der rechten Seite nicht mehr vollständig zu entziffernder Sinnspruch, links Bibelwort.

**Hier ruht**
**Carl Fr. Kielmeyer**
**Staatsrath,**
**vieljähriger Lehrer**
**der Natur-Wissenschaften**
**in Tübingen**
**geb. den 22. Oct. 1765. gest. den .. Sept ... 44**

**Neben ihm**
**die treue Gattin**
**Charlotte geb. Gmelin**
**geb. [14. 12. 1782] gest. den [26.] Apr. 1852**

»Ich verspreche mir in Wahrheit alles von ihm.« Georg Christoph Lichtenberg, der sich im August 1789, nachdem Kielmeyer drei Semester in Göttingen bei ihm studiert hatte, so über seinen Schüler äußert, geht in seinen Erwartungen noch weiter: »Das ist meiner Einsicht nach unter allen Personen wenigstens, die ich kenne, der einzige, von dem sich etwas entscheidendes ... erwarten ließe, denn aufrichtig gesprochen habe ich soviel feinen über allen Schlendrian so weit erhabenen Beobachtungs-Geist in dem Alter noch bey Niemandem gesehen.« Im Konkreten geht es bei der hier erörterten Frage um die Erscheinung nach dem Sonnenuntergang phosphoreszierender Ringelblumen – und noch einmal bezeugt Lichtenberg Kielmeyer seine Hochachtung: »denn eine unbestechlichere Philosophie, als die seinige, gibt es wohl nicht.«

Carl Friedrich Kielmeyer kommt als Achtjähriger 1773 von der Bebenhäuser Lateinschule auf die Militair-Pflanzschule des Herzogs Carl Eugen, wo er nach dem üblichen Grundkurs die Kameralwissenschaften studiert. Nach dem ersten Studienjahr wendet er sich den Naturwissenschaften zu, »da ich einst gedenke, der Welt hierinn ... nüzliche Dienste zu leisten«, wie er seinen Eltern erklärend mitteilt. Er steht im Mittelpunkt eines Kreises von Schülern, die sich mit naturwissenschaftlichen Experimenten beschäftigen; zu ihnen gehört Georges Cuvier, der mit Kielmeyer sein Leben lang in Verbindung bleibt. 1786 promoviert er mit einer Untersuchung über den chemischen Gehalt der Mineralwässer von Berg und Göppingen zum Doktor der Medizin.

»... um meine Rolle einst in der Welt mit der großen Würde *des Menschen* recht zu spielen, muß ich notwendiger Weis auf Mittel denken, meinen hier gesammleten Vorrat von Kenntnissen zu vermehren«, schreibt Kielmeyer wiederum an die Eltern, um die Fortsetzung seiner Studien in Göttingen zu begründen: »Da nun meine Absicht dahin geht, die unbegreiflich große Natur jenen Spiegel der Größe Gottes näher kennen zu lernen, in die einzelnen Triebräder dieses großen Uhrwerks tiefer einzuschauen und eben dadurch ihren Urheber zu verehren (welches doch, wahrlich, jedes Menschen, jedes Bürgers dieses großen Ganzen Bestimmung ist), so ist näheres Anschauen der auffallendsten Natur Scenen, Umgang oder Belehrung von Männern, die in diese geheime Werke schon tiefer eingeschaut haben, eigenes eingezogeneres Studium wohl das beste Mittel.« So reist Kielmeyer mit einem Stipendium des Herzogs nach Göttingen, wo er bei Georg Christoph Lichtenberg Physik, bei Johann Friedrich Blumenbach Anatomie und bei Johann Friedrich Gmelin Mineralogie studiert. Über Berlin und die sächsischen Universitäten kehrt er nach Stuttgart zurück, um als Zoologe an der Carlsakademie zu lehren und das herzogliche Naturalienkabinett mitzuverwalten; 1792 ernennt ihn Carl Eugen zudem zum Professor für Botanik und Chemie. Am 11. 2. 1793 hält Kielmeyer in der Akademie jene Rede ›Ueber die Verhältniße der organischen Kräfte unter einander‹, die, damals sogleich gedruckt, als sein Hauptwerk gilt, und in der er seine Idee von der Gestaltlehre der Lebewesen und ihrer physiologischen Bedingungen entfaltet. Friedrich Kölle schreibt im Nachruf auf Kielmeyer in der ›Allgemeinen Zeitung‹, Cotta habe ihm den »zwanzigfachen Betrag seines Einkommens ... für ein vollständiges Manuscript seiner Vorlesungen geboten«, denn der Gelehrte vermeidet die schriftliche Ausarbeitung seiner Einsichten und »augenscheinlich tauchten seine prägnantesten Ideen während seines – meist freien – Vortrags auf«.

Als die Carlsakademie 1794 geschlossen wird, verbringt Kielmeyer zwei Jahre auf wissenschaftlichen Reisen und in Bebenhausen. 1796 nimmt ihn die Universität Tübingen als o. Professor für Chemie in ihren Lehrkörper auf, doch erst 1801 genießt er, nun als Professor für Medizin, die vollen akademischen Rechte: zu seinen Schülern gehören Johann Heinrich Ferdinand Autenrieth, der Lehrer Justinus Kerners und Arzt Hölderlins; Christoph Heinrich Pfaff; Georg Friedrich Jäger [s. Abt 1 b/143]; der Bruder des Philosophen Schelling, Karl Eberhard Schelling; Ferdinand Gottlob Gmelin; Heinrich Köstlin [s. Abt 8/1236] u. v. a. Nun erreichen ihn, über den Goethe gesagt hat, er scheine »nicht der völligen Freyheit zu genießen, die einem Manne von seinen Talenten zu wünschen wäre«, Berufungen nach Halle (1803, 1804), Göttingen (1805) und Berlin (1810), die er alle abschlägt.

Grabmal Carl Friedrich Kielmeyer [Abt. 8/1303]. Photographie Mathias Michaelis, 1991.

Kielmeyer heiratet 1806 *Charlotte* Wilhelmine Gmelin (1782–1852) aus der großen Tübinger Gelehrtenfamilie und folgt 1817 dem Ruf, Staatsrat und Direktor der wissenschaftlichen Sammlungen in Stuttgart zu werden, denen er bis 1839 vorsteht. Dort stirbt er, weithin berühmt und Mitglied zahlreicher wissenschaftlicher Gesellschaften, in den Räumen der ehemaligen Carlsakademie, der Stätte seines fruchtbaren Wirkens.
Was Kielmeyer bedeutenden Zeitgenossen war, sei an einigen Beispielen beschrieben. Alexander von Humboldt widmet ihm 1806 seine ›Beobachtung aus der Zoologie der vergleichenden Anatomie, gesammelt Auf einer Reise nach den Tropen-Ländern des neuen Kontinents‹. Goethe notiert in seinen Tagebüchern, nachdem er einen Tag mit dem Gelehrten in Tübingen verbracht hatte, unter dem 10. 9. 1797: »Über die Idee, daß die höhern organischen Naturen, in ihrer Entwicklung einige Stufen vorwärts machen, auf denen die andern hinter ihnen zurück bleiben. Über die wichtige Betrachtung der Häutung, der Anastomosen, des Systems der blinden Därme, der simultanen und successiven Entwicklung.« Nach Jahren wünscht er sich – wie übrigens auch Karl August Varnhagen – einige Zeilen von der Hand Kielmeyers für seine Handschriften-Sammlung. Und Eduard Mörike, der Anfang der siebziger Jahre des vorigen Jahrhunderts den Nachlaß dieses »herrlichen Mannes« durchblättert, trägt sich in einem späteren Druck der zitierten Carlsschulrede ausdrücklich Tag und Umstände ein, die ihm dieses Heftchen verschafften: »Ed. Mörike aus dem Nachlaß des Verf. von Freund Walther geschenkt erhalten – Stuttg. d. 30 Apr. 74«.
Friedrich Haug veröffentlicht in Cottas ›Morgenblatt‹ vom 26. 1. 1811 eine ›Charade‹:

Charade

Mein Erstes, eine segenreiche Gabe,
Spricht schweigend albern oder klug,
Spricht ohne Telegraph auch fernhin klar genug,
Und sichert Wort und Schuld und Habe:
In Menge wagt es himmelan den Flug;
Selbst Gans und Schwan vermögen's wie der Rabe,
Dich hinzuschwingen über'm Zeitengrabe,
Wohin noch keine Schwinge trug.
Auch schwebt's daher im raschen Wogentanze,
Ein Theil des Schiffs, und früher das Ganze.
Mein Zweytes ist eine wilde Pflanze,
Ein Major domus der mittleren Zeit,

Ausüber hoher Gerechtigkeit,
Besitzer nicht freyer Bauerngüter,
Und eines Freyhofs Untergebieter.
Mein Ganzes, hochverehrt im Staate,
Wie überall, ein Weiser, der Natur
Nachwandelnd auf geheimnißvoller Spur,
Macht seines Denkens Resultate
Nicht durch die Presse kund, vom Lehrsitz nur,
Zeigt tiefverborgne Wahrheit ohne Hülle,
Lebt sinnend, thätig, in bescheidner Stille,
Und (kühn vollbrachten's Geist und Kraft und Wille)
Erschuf ein neues bleibendes System.
Den goldnen Fund im Pulte zu besitzen,
Und öffentlich als Eigenthum zu nützen,
Fand mancher junger Nachkopist bequem. –
O daß mein Ganzes freundlich offenbarte,
Was ihm getreu mein Erstes aufbewahrte!

Totenregister der Hospitalkirche, 1851–1857. – ADB, Bd XXV, S. 721 ff. – Friedrich Kölle, Kielmeyer † 24 Sept. 1844, in: Beilage zur Allgemeinen Zeitung, Nr. 276 v. 2. 10. 1844, S. 2201. – Friedrich Haug, Charade, in: Morgenblatt für gebildete Stände, Nr. 23 v. 26. 1. 1811, S. 92. – Goethes Werke, WA, Bd III, 2 Tagebücher. – Goethe und Cotta. Briefwechsel 1797–1832. Hrsg. von Dorothea Kuhn. Stuttgart: J. G. Cotta'sche Buchhandlung Nachfolger 1979–1983, 4 Bde. – Dorothea Kuhn, Uhrwerk und Organismus, in: D. K., Typus und Metamorphose. Marbach: Deutsche Schillergesellschaft 1988. – Georg Christoph Lichtenberg. Briefwechsel. Hrsg. von Ulrich Joost und Albrecht Schöne. Bd III, 1785–1792. München: C. H. Beck 1990, S. 725.

[5043] **Todes-Anzeige.**

Am 24 September Morgens endete im fast zurückgelegtem 79sten Jahre

**Dr. K. F. v. Kielmeyer,**

königl. württembergischer Staatsrath a. D.,

sein der Erforschung der Natur gewidmetes Leben im Aufblicke zu Gott. Von diesem schmerzlichen Verluste benachrichtigen die zahlreichen Schüler und Freunde des Verewigten im In- und Auslande geziemend

Stuttgart, den 26 September 1844.

Die Hinterbliebenen.

Allgemeine Zeitung, Beilage, Nr. 273 v. 29. 9. 1844, S. 2182.

[Abt 8/neben 1303; Grabstätte verloren]

**Friedrich** Georg Ludwig **Lindner,** geb. 23.10.1772 in Mitau in Kurland; gest. 11.5.1845 in Stuttgart. – Arzt. Schriftsteller. Publizist. Agent oder Doppelagent in württembergischen und französischen (?) Diensten.

Bei Pfeiffer (1912) zwischen Grabnummer 1303 (Kielmeyer) und 1306 (Knoerzer) aufgeführt: »Lindner, Friedrich v., Bayr. Legationsrat, 1772 bis 1845, Publizist.«

Sohn des Mitauer Arztes Ehregott Friedrich Lindner (1733–1817), dem manche seiner Biographen fälschlich ein Predigtamt zuschreiben, das Lindners Großvater innehatte.

Karl August Varnhagen von Ense, den der württembergische König Wilhelm I. gerne aus den badischen Diensten in Karlsruhe nach Stuttgart verpflichtet hätte, empfiehlt Friedrich Lindner, den Kommilitonen von Rahels Freund David Veit, am 9.5.1818 an Johann Friedrich Cotta als einen »wohlgesinnten, heitern, milden, geist- und kenntnisreichen Mann, ... Freund und Universitätsbruder des Hrn. von Wangenheim, und auch sonst für württembergische Interessen lebhaft eingenommen«. In einem weiteren Brief – als gälte es ein unbeschriebenes Blatt ins rechte Licht zu rücken – ist zu lesen: »Von seinen früheren Verhältnissen bin ich selbst nur fragmentarisch unterrichtet, er hat Medizin studiert und sie zum Teil ausgeübt, in Wien besonders, wo ihn aber bald andre Lebenskreise und Tätigkeiten mehr anzogen ... Sein letztes Verhältnis war in Weimar, wo er mit Hrn. Legationsrat Bertuch in Verbindung stand; sein Anteil an der Herausgabe des Oppositionsblattes war ihm aber durch die Entfremdung vom Leben, die in Weimar keine politische Frische gestattet, ... verleidet, und er zog sich zurück, lebte seitdem als Privater im Elsaß ...« (11.6.1818).
Unwahrhaftigkeit ist Varnhagen nicht nachzuweisen, denn seine »fragmentarische« Unterrichtung schützt ihn. So muß man zwischen den gemachten Angaben alles zusammenlesen, was der Gewährsmann fortläßt: Zu bestätigen – und allenfalls zu ergänzen ist, daß Lindner 1791 in Jena zunächst Theologie, dann Medizin studiert und dieses Studium, nach Aufenthalten in Würzburg und Göttingen, 1797 in Jena mit der Promotion abschließt. Er hospitiert an der Berliner Charité, praktiziert (vermutlich) in Zeitz und Wörlitz, in Brünn und Wien, wo er sich mit Metternich bekanntmacht, und widmet sich – wahrscheinlich im Elsaß – einem Romanwerk, das, zunächst anonym, zwischen 1797 und 1800 in drei Bänden herauskommt: ›Wanderungen und Schicksale des Paters Abilgard‹ (Jena, Leipzig). 1813/14 kommt Lindner über Jena nach Weimar, wird Autor von Bertuchs Verlag, dem er binnen drei Jahren drei Manuskripte übergibt: über Süd- und Ostasien (1812), über die Türkei (1813) und Australien (1814).

Damals heiratete Lindner die Elsässerin Elise Reiffinger, eine »dicke Seele«, ein »Kind der Natur« (Lindner), von Rahel Varnhagen gutmütig Madame »Rondelette« genannt.
Um ein Auskommen zu sichern, wird 1814 Goethe um eine Empfehlung für eine Hofmeisterstelle angegangen. Vergeblich. Lindner kehrt nach Mitau zurück, wird dann aber 1817 von Ludwig Wieland, Christoph Martin Wielands Sohn, an dem bei Bertuch gegründeten ›Oppositions-Blatt oder Weimarische Zeitung‹ beteiligt, was dem gewandten Autor zugleich die Mitarbeit an anderen Bertuch-Blättern eröffnet, an der ›Nemesis‹ Heinrich Ludens und an ›Isis‹.
Als Lindner durch einen Zufall ein für den russischen Hof geschriebener Geheimbericht des Schriftstellers und Staatsrats August von Kotzebue in die Hand kommt, gibt er ihn ohne Bedenken an Luden weiter, der ihn veröffentlicht. Nicht fehlende »politische Frische« in Weimar, sondern diplomatische Schritte der russischen Regierung bedingen seinen Ortswechsel. Lindner wird abgeschoben und zieht sich ins Elsaß zurück. In dieser Situation tritt Varnhagen bei dem württembergischen König Wilhelm, dem Verleger Cotta, seinem Freund Uhland und anderen als Lindners Fürsprecher auf.
Lindners erster Auftrag in württembergischen Diensten, beim Kongreß in Aachen 1818, endet erneut mit einer Ausweisung nach einer Intervention des russischen Hofes. Aber offenbar hat der Diplomat sein Ziel erreicht, württembergische Interessen ins Spiel der Großmächte zu bringen. Jedenfalls gibt er zwischen Juli und Dezember 1819 bei Cotta ›Die Tribüne. Würtembergische Zeitung für Verfassung und Volkserziehung zur Freiheit‹ heraus, ganz offensichtlich im direkten Auftrag des Königs. Das Blatt bekommt Beifall, etwa von Wilhelm Hauffs Bremer Gastgeber Johann Smidt oder von Jean Paul; auch der württembergische Kultusminister Wangenheim läßt sich die vieldeutige Äußerung entlocken, ihm gefalle die ›Tribüne‹ weit öfter als sie ihm mißfalle. Doch dann bringt die ›Allgemeine Zeitung‹ Lindners Verrat der Kotzebueschen Agententätigkeit in einen Zusammenhang mit der Ermordung durch den Studenten Sand – was Cotta veranlaßt, sich Hals über Kopf von dem Redakteur zu trennen und die ›Tribüne‹ einzustellen.
Schon im September 1819 hatte Lindner Audienz bei Wilhelm I., der ihm nun – kaum zufällig – seit Februar 1820 ein monatliches Fixum bezahlt: Lindner leiht Wilhelm seine Feder für das ›Manuskript aus Süd-Deutschland‹, das ein fiktiver George Erichson bei Griphi in London im November 1820 erscheinen läßt. In unübersehbarer Anspielung auf das Napoleon zugeschriebene ›Manuscript de St. Hélène‹ wird darin ein Großwürttemberg propagiert, das nach dem Muster der napoleonischen Mediatisierungen geschaffen werden könne.

Lindner ist der Person Napoleons »wie dessen System sklavisch ergeben« (Wit genannt Dörring). Für diese Politik wirbt er nun durch die Herausgabe der Originalzeugnisse: 1822 beginnt in Stuttgart in Gemeinschaft mit Albrecht Lebret [s. Abt 5b/995] eine vierbändige französische Ausgabe ›Oeuvres complètes de Napoléon‹ zu erscheinen (Stuttgart, Tübingen: Cotta); das achtbändige ›Mémorial de Sainte Hélène‹ von Emmanuel Graf Las Casas folgt ab 1823; dazu kommen weitere Schriften der »Helenier«, die Heinrich Heine frech als die »Evangelisten des weltlichen Heiland« Napoleon bespöttelt. Lindner und Lebret, die in Stuttgart unter einem Dache wohnen, taufen ihr Haus ›Hôtel Longwood‹ nach dem Vorbild des großen Verbannten.
Die umfangreichen Verlagsprojekte, die Lindner ein Auskömmliches als Schriftsteller garantiert hätten, genügen nicht: 1822 greift er als Carl Heinrich Kollhammer (›Über die gegenwärtige Lage von Europa‹, Frankfurt, Leipzig) wieder in die Tagespolitik ein, um für die württembergische Sache zu werben. Doch über diesen unzeitgemäßen Vorstoß stürzt nicht nur der Minister Wangenheim, sondern, 1824, nach der Entdeckung seiner Autorschaft, auch Lindner, der seiner Verärgerung über die entstandene Lage in einem Vergleich zwischen dem unfähigen Wilhelm und dem weitblickenden Napoleon Luft schafft (›Geheime Papiere‹, 1824). Lindner wird daraufhin aus Württemberg ausgewiesen.
Wilhelm Hauff, der Stuttgarter Ereignisse oft nur mäßig verschlüsselt literarisiert, zieht im Ersten Teil seiner Satansmemoiren den Vergleich zwischen dem Teufel (Herr von Natas = Satan) und einem »fremden Arzt«, der überall, wo er auftritt, »ein bedeutendes Unglück« heraufbeschwöre. (Wit genannt Dörring, der die ›Mittheilungen aus den Memoiren des Satan‹ 1829 mit einem Dritten Theil fortsetzt, bringt einen Herrn von Nildern (= Lindner) ins Spiel, der »längere Zeit Geheimschreiber eines Monarchen gewesen sey«).
Von Paris aus bietet Lindner 1824 Metternich seine »guten Dienste« an, die der württembergische Hof, so läßt er den König wissen, verhindern könne, wenn er sein Auskommen sichere. Das Königreich Württemberg läßt daraufhin dem königlichen Ratgeber eine Rente auf Lebenszeit auszahlen, die ihm durch den Cotta Verlag zukommt. Es liegt nahe, gewisse Aufgaben damit zu verbinden. Zusammen mit Heinrich Heine gibt Lindner Cottas ›Politische Annalen‹ heraus; auch für die ›Allgemeine Zeitung‹ ist er ein ungewöhnlich vielseitiger Beiträger. 1831 arbeitet Lindner noch einmal in Stuttgart, für die ›Stuttgarter Zeitung‹, 1832 für die ›Bayerische Staatszeitung‹ erneut in München. Dann setzt er sich in der Stuttgarter Neckarstraße 28 als Privatgelehrter zur Ruhe, überträgt – immer »auf Befehl Seiner Majestät des Königs von Württemberg« – kleine

[2518] **Todes-Anzeige.**

Gestern Mittag um zwölf Uhr verschied nach langem und höchst schmerzlichem Leiden mein theurer unvergeßlicher Gatte, der königlich bayerische Legationsrath a. D.,

**Dr. Fried. Ludw. Lindner,**

in seinem dreiundsiebenzigsten Jahre.

Stuttgart, den 12 Mai 1845.

**Elise,** geb. **Reiffinger.**

Allgemeine Zeitung, Beilage, Nr. 136 v. 16.5. 1845, S. 1084.

Flugschriften aus dem Französischen, so etwa ›Die Eisenbahnen im Vergleich mit den Wasserstraßen‹ (Stuttgart, Tübingen: Cotta 1838), wo es heißt »Die Erfindung der Eisenbahnen ist eine der größten Wohltaten, welche die Wissenschaft, im Verein mit dem Gewerbfleiß, der menschlichen Gesellschaft in neueren Zeiten erwiesen hat.« Oder auch dies: ›Ueber Maulbeerbaumzucht und Erziehung der Seidenraupen‹ (Stuttgart, Tübingen: Cotta $^{2}$1844). – »Sein Uebergang in die zweite Welt«, berichtet B. Hain im ›Neuen Nekrolog der Deutschen‹ aus näherem Umgang »war leicht und schmerzlos«. Die ›Allgemeine Zeitung‹, der er über Jahrzehnte diente, meldet am 15. 5. 1845 hingegen: »Nach langem Leiden ist in diesen Tagen der berühmte Publicist und königl. bayerische Legationsrath Dr. Friedrich Lindner in seinem 73sten Lebensjahre gestorben. Seit langen Jahren hatte seine Feder gefeiert.«

ADB, Bd XVIII, S.703f. – NNekrD, Jg 23, 1845. – Allgemeine Zeitung, Nr. 135 v. 15.5. 1845, S. 1077. – Wilhelm Hauff, Mittheilungen aus den Memoiren des Satan. Teil I. Stuttgart: Franckh 1827. – Johannes Wit, genannt von Dörring, Fragmente aus meinem Leben und meiner Zeit. Leipzig: H. E. Gräfe 1830, I. Bd. – Mittheilungen aus den Memoiren des Satan. Hrsg. von Wit genannt von Dörring. Bd III. Stuttgart: Franckh 1829. –Briefe an Cotta. Im Zeitalter der Restauration, 1815–1832. Hrsg. von Herbert Schlüter. Stuttgart, Berlin: Cotta 1927, S. 18f. – Otto-Heinrich Elias, Friedrich Georg Ludwig Lindner, in: Lebensbilder aus Schwaben und Franken, XV. Stuttgart: Kohlhammer 1983. – ders., Das Bild des Kaisers. Literarischer und politischer Bonapartismus in Württemberg, in: Baden-Württemberg im Zeitalter Napoleons. Aufsätze. Bd 2. Dr. Cantz'sche Druckerei: Stuttgart-Bad Cannstatt 1987.

## Zéro zwischen Inten und Stella

### Der Hoppenlau-Friedhof in den Kriminalgeschichten Walter Serners

Als vierter Band der Sammlung ›Die tollen Bücher‹ des Elena Gottschalk Verlags Berlin erscheinen 1925 unter der Umschlagzeichnung von Hans Bellmer »zweiundzwanzig Spitzel- und Detektivgeschichten« von Walter Serner. ›Das Zéro‹, die Titelgeschichte des Bandes ›Der Pfiff um die Ecke‹, schildert auf ein paar Seiten eine Erpressung, die ihren Ausgangspunkt von einem vom Autor erfundenen Grabstein des Hoppenlau-Friedhofs nimmt. Das Zéro, der Erpresser, der sich Semmelhug nennt, redet sich ins Vertrauen einer »sehr vornehmen Familie« von Inten aus Stuttgart. »Ein von Inten war fünfzehn Jahre lang Bürgermeister.« Den Namen hat Semmelhug auf dem Hoppenlau-Friedhof aufgeschnappt, auf dem freilich seit den achtziger Jahren des vorigen Jahrhunderts niemand mehr beigesetzt wurde.

»Verdrießlich vor sich hin pfeifend gelangte er zu der schmalen Stiege, welche von der Rosenbergstraße zum Hoppenlau-Friedhof hinabführt. Dessen Bäume und die mit Recht gemutmaßte Stille zogen ihn an wie jeden, der mit sich nichts Wichtigeres anzufangen weiß.

Semmelhug erging sich sohin auf den engen sauberen Pfaden dieses einsamen Ortes, von Zeit zu Zeit gedankenlos vor einem Grab stehen bleibend. Nach einer Viertelstunde fiel ihm auf, daß er die Inschriften las, und gleichzeitig, daß er soeben eine sehr merkwürdige gelesen hatte. Er kehrte um, trat neuerdings vor den Grabstein und las laut vor sich hin: ›Heinrich von Inten, geb. am 3. März 1850, gest. am 10. März 1911 aus Gram über seinen verlorenen Sohn.‹

Kopfschüttelnd, aber grinsend ging Semmelhug weiter: sein Vater hatte sich in dieser Hinsicht beiweitem mehr beherrscht. Bald darauf verließ er, keineswegs heiterer als vordem, den Friedhof und gelangte langsamen Schrittes allmählich auf die Königsstraße. Nachdem er sie etliche Male passiert hatte, ermüdete er. Nie ist man mehr geneigt, Impulsen statt Überlegungen sich hinzugeben, als wenn das Lebenstempo sehr reduziert ist. Und so widerfuhr es auch Semmelhug, daß er in einem spontanen Anfall von galgenhumoresker Gleichgültigkeit sich kurzerhand entschloß, koste es, was es wolle, im Wilhelmsbau zu essen. Als dies nach einer Stunde in opulenter Weise geschehen war, befiel Semmelhug, der nun doch der wiederkehrenden Klarheit sich nicht länger zu entziehen

vermochte, eine wahre Katastrophen-Stimmung. Es war ihm, als müsse er unter allen Umständen Bewegung in seine Lage bringen, um eine erfreuliche Änderung herbeizuführen. Und da ihm, der Teufel weiß warum, just jene merkwürdige Inschrift auf dem Hoppenlau-Friedhof durch den Kopf ging, rief er den Kellner in der Absicht heran, irgendetwas zu provozieren...«
Der Kellner vermittelt zwischen dem angeblichen Bekannten des verlorenen Sohnes und der Familie. Semmelhug wird in das Haus geladen, wo ihm Frau von Inten, »von den Berichten über ihren immer noch geliebten Sohn stets wieder bis zu Tränen gerührt«, ihr Vertrauen und – gegen den Rat der eingeschalteten Polizei – ihr Geld gibt. »Semmelhug verließ am Abend darauf Stuttgart, dreitausend Mark in der Tasche, da Frau von Inten ihn nach langen Bitten zu bewegen vermocht hatte, *direkt* zu ihrem Sohn zu reisen.« Heinrich von Intens Schwester Stella hatte ihm ein Briefchen mitgegeben. »Als Semmelhug es gelesen hatte, bedauerte er nur zu sehr, daß er den Bruder der Schreiberin nicht persönlich kannte und daß er hier doch nur ein Zéro war.«

Walter Serner, Der Pfiff um die Ecke. Zweiundzwanzig Spitzel- und Detektivgeschichten. Berlin: Elena Gottschalk Verlag 1925, S. 9 ff.

Quellen zu Georg Ebner (S. 248):
Worte am Grabe des Kunsthändlers Georg Christ. Albrecht Ebner ... Gesprochen von Herrn Prälat v. Kapff. Stuttgart o. J.: Metzler. – Rede am Grabe der Frau Wilhelmine Friederike Ebner ... gehalten von Herrn Prälat v. Kapff. Stuttgart o. J.: Emil Ebner. – Conrad Lamparter, Geschichte der Lithographie in Württemberg, in: Württembergische Jahrbücher für Statistik und Landeskunde, Jg 1898, S. 47 ff. – Auskünfte Anne Metzler, Archiv Ebner, Ulm.

[Abt 9/1329]

**Georg** Christoph Albrecht **Ebner,** geb. 11. 8. 1784 in Ludwigsburg; gest. 17. 4. 1863 in Stuttgart. – Verleger.

Hohes neugotisches Denkmal mit Sockel, grauer Sandstein (1864). Aufgesetztes Kreuz fehlt (1992). Instandgesetzt (1954):

**Georg**
**EBNER**
**geb: 11 August 1784.**
**gest: 17 April 1863.**
**Wilhelmine**
**EBNER**
**geb: Kurz**
**geb: 7 April 1789.**
**gest: 15 Jan: 1865.**
**Familiengrab**
**wir leben oder sterben**
**so sind [wir des] Herrn**

Rechte Seite:

**Eduard**
**EBNER**
**geb. 28. Juli 1852**
**gest. 27. Dez. 1870.**
**Elise**
**EBNER**
**geb: 20. Oct: 1854.**
**gest: 6. Aug: 1869.**

Georg Ebner übernimmt nach seiner Ausbildung als Buchhändler in der Stettinschen Buchhandlung in Ulm und in der Ritterschen Buchhandlung in Dresden 1813 die väterliche Firma, die sich einen guten Namen – »G. Ebnersche Kunsthandlung« – als Bildverlag macht: hier erscheinen große Ansichtenwerke, so etwa die ›Erinnerungen oder interessante Ansichten Württembergs‹ (1816–1826); Ebner verlegt ein ›Bodensee-Album‹ (1824), ›Studien von Pferden verschiedener Raçen und Abkunft‹ oder ›Die Veredelung der Pferdezucht auf Alsen‹ (1844) und – offenbar mit gutem Erfolg – die frühesten Reisesouvenirs: ›Erinnerung an Berg und seine Umgebung‹, ›Erinnerung an Cannstatt ...‹ usw.; daneben geognostische Landkarten, Postlandkarten, Reisekarten.
Das Prosperieren des Verlags führt zur Gründung einer eigenen lithographischen Anstalt, die neben der von seinem Bruder Karl August Ebner [s. Abt 5a/810] geführten Firma eingerichtet wird. Nachdem Georg Ebner auch die Musikalienhandlung Franz Müller hinzuerworben hat, firmiert er als »G. Ebnersche Kunst- und Musikalienhandlung«.
Georg Ebner ist seit 1813 mit Wilhelmine Kurz (1789–1865) verheiratet; 12 Kinder. Wenige Wochen vor der Goldenen Hochzeit des Paares erliegt Ebner nach einem Unfall seinen dabei erlittenen Verletzungen. Prälat von Kapff sagt an Ebners Grab am 20. 4. 1863 darüber: »Am vorigen Freitag Abend wollte er bei dem Bauwesen in seinem Hause nachsehen, ein Brett, auf das er trat, wich und er stürzte zwei Stock hoch hinab, so daß er alsbald die Besinnung verlor und da alle angewendeten Mittel vergeblich waren, nach vier Stunden den Geist aufgab zum erschütterndsten Schrecken für die Seinigen und für Viele in unserer Stadt ...«

[Abt 10/1334]

**Auguste** Johanna **Steinkopf, geb. Schmid;** geb. 9. 7. 1794 in Leonberg; gest. 12. 5. 1866 in Stuttgart. – Witwe des Antiquars *Ferdinand* August Friedrich Steinkopf (1787–1828).

Tochter des Leonberger Präzeptors Johannes Schmid (1759–1809) und der Marie Elisabeth geb. Kreuzer (1770–1800).

Postament in rotem Sandstein mit aufgesetztem Kreuz in weißem Marmor:

Vorderseite:

**Offenb. Joh.**
**22.14**
**Auguste Steinkopf**
**geb. Schmid**
**geb. ... . Juli 1794**
**....... Mai 1866**

Linke Seite:

**Luc. 18,16**
**Fritz Steinkopf,**
**geb. 5. Juni † 9. Julii 1859**
**–•–**
**Julie Steinkopf**
**geb. 13. Mai 1862 † 1. Mai 1865**
**–•–**
**Maria Hauff**
**..b... Mai 1862 † 23. Mai ...**

Auguste Schmid heiratet 1820 den Antiquar und Buchhändler Ferdinand Steinkopf, den Bruder Johann Friedrich Steinkopfs (1771–1852) [s. Abt 1b/71]; er führt seit 1815 das Steinkopfsche Antiquariat in der Holzstraße 16 und macht sich 1819 am Postplatz im sogenannten Schumacherschen Haus unabhängig. Ferdinand Steinkopf stirbt in seinem 41. Lebensjahr überraschend. Gerühmt wird »seine anhaltende, geräuschlose Thätigkeit, verbunden mit großer Pünktlichkeit und mannigfaltigen Kenntnissen ... Aber die ungünstige äsopische Körperbildung des biederen Mannes bereitete ihm frühzeitig mannigfaltige Leiden ...« Johann Friedrich Steinkopf teilt in Zeitungsanzeigen bald daraufhin mit, daß seine Schwägerin, Auguste Steinkopf, »die fernere Besorgung der von ihrem verst. Gatten, meinem Bruder, besessenen antiquarischen Buchhandlung nebst Landkarten-Lager« übernommen habe. Die Handlung wird offensichtlich wieder dem Hauptgeschäft unterstellt, verbleibt aber »unter meiner besonderen Leitung durch einen Geschäftsführer« am alten Postplatz, wie Johann Friedrich Steinkopf mitteilt. Der Geschäftsführer Gustav Süskind (1809–1895), ein Neffe der Steinkopf-Brüder, führt das Antiquariat bis 1871, seit 1840 in eigener Rechnung. Nach dem Tod von Adolf Süskind, dem Sohn Gustavs, 1918, wird das Unternehmen wieder vom Stammhaus zurückgekauft.

NNekrD, Jg 6, 1828. – Aus der Chronik der Familie Steinkopf. Stuttgart: J. F. Steinkopf 1898. – Harald Schukraft, 200 Jahre J. F. Steinkopf in Stuttgart, in: Antiquariats-Katalog Nr. 88. Stuttgart: J. F. Steinkopf 1992. – Auskünfte des Evangelischen Pfarramts Holzmaden.

[Abt 13a/1374]

Wilhelm Heinrich **Theodor Plieninger,** geb. 17.11.1795 in Stuttgart; gest. 26.4. 1879 in Stuttgart. – Theologe. Mathematiklehrer und Schriftsteller.

Liegende Grabplatte aus schwarzem Granit:

**Dem Andenken**
**des**
**Oberstudienraths**
**Dr. Th. Plieninger**
**geb. 17. November 1795,**
**gest. 26. April 1879.**

Sohn des Professors an der Carlsakademie Theodor Plieninger (1756–1840) und der Rosine Regine Juliane geb. Harpprecht (1769–1832). Der ältere Theodor Plieninger studiert wie Schiller Medizin an der Carlsschule, nachdem ihm das Theologie-Studium versagt worden war. Schiller vermerkt über ihn in dem jedem Schüler abverlangten Bericht »über Mitschüler und sich selbst«, auch er habe den Wunsch gehabt, »die Theologie ... als seine Brotwissenschaft betrachten zu können«.

Theodor Plieninger, der ursprünglich Theologie studiert hatte, dann aber in den Jahren 1818–1822 am Uracher Seminar der Mathematiklehrer und Repetent Eduard Mörikes und Wilhelm Waiblingers ist, erscheint dem Owener Vikar Mörike im Traum. Am 20. Mai 1830 schildert Mörike seiner Braut Luise Rau einen »kleinen blumenhaften Traum«, der ihn ins Uracher Seminar zurückversetzt hatte: »Der jezige Professor Plieninger, unser damaliger Lehrer der Mathematik, gab eben Unterricht und schloß die Stunde, gleichsam zu unserer Erholung, indem er (was jedoch in der Wirklichkeit nie geschah) einige spielende sinnreiche Rechnungsstückchen Preis gab. Unter andern sagte er von einem artigen Gebrauch im Orient, wonach die Leute, zur Begrüßung der schönen Jahrszeit, Blumenkränze, bey Nacht, an die Hausthüren ihrer Nachbarn oder Geliebten aufhängen. In der Mitte des Kranzes werden kurze Sprüche, Fragen u. Artigkeiten angeschrieben, wobey jedoch die Buchstaben blos mit *der Zahl* angedeutet werden, welche sie jedesmal in der Ordnung des Alphabeths einnehmen ...«

»In der Wirklichkeit« ist Plieninger zwischen 1823 und 1838 Professor am Stuttgarter Katharinen-Stift, seit 1826 zugleich Schulinspektor. 1832–1848 steht der vielseitig interessierte und publizistisch tätige Mann als wissenschaftlicher Sekretär der Landwirtschaftlichen Centralstelle vor; 1858 wird er als Oberstudienrat ordentliches Mitglied des Statistisch-topographischen Bureaus; 1862–1873 schließlich Geheimer Sekretär der Königin Pauline von Württemberg.

Plieninger ist Herausgeber des ›Landwirthschaftlichen Correspondenzblattes‹, der ›Mittheilungen des Württembergischen Thierschutzvereins‹, der ›Jahresberichte über die Witterungs-Verhältnisse in Württemberg‹, der ›Jahreshefte des Vereins für vaterländische Naturkunde in Württemberg‹; er publiziert über »Leistungen und Bedürfnisse« des Mathematikunterrichts an den württembergischen Gelehrtenschulen und tritt u. a. mit einer vielfach nachgedruckten ›Gemeinfaßlichen Belehrung über den Maikäfer‹ an die Öffentlichkeit, die, in der Nachfolge Johann Peter Hebels, aufklärend zu wirken sucht und präventive Maßnahmen gegen die Maikäferplage popularisieren will. Als Herausgeber des ›Königlich Württembergischen Kalenders‹ erbittet er 1838 von Mörike das Märchen ›Der Bauer und sein Sohn‹ zum Abdruck – doch die Redaktion lehnt den Beitrag ab.

Familienregister Stuttgart, 1808–1875, Bd 4, S. 251. – ADB, Bd XXVI, S. 298. – Eduard Mörike, Werke und Briefe. Hrsg. von Hans-Ulrich Simon. Stuttgart: Klett-Cotta, 1985, Bd 11, S. 112f.; 1986, Bd 12, S. 162f. – Schiller NA 22, S. 11.

[Abt 13b/1384]

**Eduard Emil Koch,** geb. 30. 1. 1809 auf Schloß Solitude; gest. 27. 4. 1871 in Stuttgart. – Pfarrer. Hymnologe.

Sohn des Stabsarztes Friedrich Koch und der Margarethe geb. Sigrist.

Postament aus Kalkstein mit einem beschädigten Kreuz (1992):

**Eduard**
**Emil Koch**
**Dekan.**
**geb. d. 30. Jan. 1809.**
**gest. d. 27. April 1871.**

**Ich lebe und ihr sollt**
**auch leben.**
**Ev. Joh. 14. 19.**

Koch besucht das Stuttgarter Gymnasium illustre, das Seminar Urach (1822–1826) und studiert in Tübingen Theologie (1826–1830); der Tübinger Student ist einer »der thätigsten und flottesten Mitglieder der Burschenschaft; letzteres trug ihm eine zeitweilige Haft auf dem Tübinger Schlosse ein«, bleibt offensichtlich aber ohne Auswirkung auf seine kirchliche Anstellung: Er ist 1830–1837 Vikar in Ehningen bei Böblingen, 1837–1847 Pfarrer in Großaspach, 1847–1864 Pfarrer und schließlich Dekan von Heilbronn. Seit 1837 ist er mit *Marie* Auguste Speidel (*1812) verheiratet; 2 Kinder.

1847 erscheint in der Nachfolge von Balthasar Haugs Kommentar zum Kirchengesangbuch von 1780 eine zweibändige ›Geschichte des Kirchenlieds und Kirchengesangs‹, die 1854 in vier und 1869ff. in acht Bänden Neuausgaben erlebt. Als der Hymnologe die Aufführung von Haydns ›Schöpfung‹ in einer Kirche des Dekanats Heilbronn als »un- und widerkirchlichen« Vorgang verhindert und das Konsistorium den Beschluß des von Koch inspirierten Pfarrkirchengemeinderats aufhebt, bewirbt sich der Dekan aus Protest und »mit Vorbehalt seines Tit. & Rangs« auf die kleine Pfarrei Erdmannhausen bei Marbach, wo er sich der abermaligen Überarbeitung seiner ›Geschichte des Kirchenliedes und Kirchengesanges der christlichen, insbesondere der deutschen evangelischen Kirche‹, ungestört von den Amtsgeschäften der Verwaltung eines Dekanats, widmen kann.

Koch stirbt auf einer Reise nach Stuttgart an den Pocken. Ziel dieser Reise war, »sich völlige Enthebung von seinem Amte zu erwirken«.

Sigel, Das evangelische Württemberg, Nr. 277,19. – Totenregister der Hospitalkirche, 1869–1873. – ADB, Bd XVI, S. 373ff. – Rudolf Krauß, Schwäbische Litteraturgeschichte. Tübingen: J. C. B. Mohr 1899, Bd 2, S. 367.

[Abt 13b/1399]

Große Grabstele, in grauem Sandstein, verwittert, abgeschlagen und ohne Beschriftung (1992).

Karl **August** Christoph Friedrich **Zoller,** geb. 21.3.1773 in Deizisau; gest. 21.7.1858 in Stuttgart. – Pädagoge. Pfarrer. Schriftsteller. Berater der Königin Katharina von Württemberg.

Sohn des Deizisauer Pfarrers Johann Friedrich Zoller (1733–1803) und der Sophie Dorothea (Katherina?) geb. Beyer (*1740).

Zoller kommt von der Lateinschule in Kirchheim/Teck zugleich mit Friedrich Hölderlin in die Klosterschulen von Denkendorf und Maulbronn. Auch das Studium der Theologie in Tübingen, 1790–1793, fällt mit den Universitätsjahren Hölderlins zusammen, was Zoller in seinen ›Bildern aus Schwaben‹ (Stuttgart: Hallberger 1834) zu wenig authentischen »Erinnerungen« an den »berühmten« Kommilitonen verführt.

Zoller ist zunächst im Pfarramt tätig: 1794/95 amtiert er als Gehilfe seines Vaters, bis 1811 dann als dessen Nachfolger in seinem Geburtsort Deizisau, wo er 1799 Christiane Friderike Barrier (1777–1853) heiratet; 9 Kinder.

1811 wird er Schulinspektor in Stuttgart: Er unterrichtet die neueren Sprachen und wird 1818, nach Beratungen mit der württembergischen Königin Katharina, der Gründungsrektor des Kgl. Katharinen-Stifts in Stuttgart; er steht dem Hause bis 1840 vor und ist damit der Amtsvorgänger von Carl Wolff [s. Abt 1b/121]. Seit 1826 leitet er zugleich auch das Kgl. Waisenhaus in Stuttgart.

Zoller ist der Verfasser zahlreicher Schulbücher und schulpädagogischer Handreichungen sowie der Herausgeber einer ›Bibliothèque française‹ für die Jugend, die in zwei Reihen erscheint (Stuttgart 1850). In den dreißiger Jahren tritt er mit den schon genannten ›Bildern aus Schwaben‹ hervor oder einer Polemik gegen einen Theatermann, der glaubte, das Stuttgarter Hoftheater kritisieren zu sollen: ›Sendschreiben an Herrn Doktor Gustav Schilling. Aesthetische Beleuchtung der nicht ästhetischen Verdunkelung der Stuttgarter Hofbühne. Von August Zoller, quiescirendem Theater-Recensenten‹ (Stuttgart 1832: Wachendorf), wo er sich als treuer Leser Menzels zu erkennen gibt, wenn er etwa feststellt: »Wenn der Faust in Wien nicht gegeben worden ist, so liegt es nicht im Mangel an Mitteln, sondern an der Verwerflichkeit des moralischen Gehalts des Stückes.«

Sigel, Das evangelische Württemberg, Nr. 203, 20. – Familienregister Stuttgart, 1808–1875, Bd 5, S. 1097. – ADB, Bd XCV, S. 406 ff.

[Abt 13b/neben 1402; Grabstätte 1403 verloren]

**Agnese Schebest,** geb. 15.2.1813 in Wien; gest. 22.12.1870 in Stuttgart. – Opernsängerin.

Tochter des Oberminenführers Schebest († 1816) und der Rosalia geb. Ulrich; 1842–1848 Gattin von David Friedrich Strauß (1807–1874).

Bei Pfeiffer (1912) auf dem dort abgedruckten ›Lageplan 1880‹ neben dem Grab Wolfgang Menzels [Abt 13b/1402] am Ausgang zur Rosenbergstraße eingezeichnet. Kirchner (1978) verzeichnet noch eine 1945 zerstörte, verzierte Grabplatte in grauem Sandstein mit eingelegter Schriftplatte in weißem Marmor.

»Daß Strauß einer glücklichen Verbindung entgegengeht, freut mich besonders«, kommentiert Karl August Varnhagen von Ense am 15.7.1842 gegenüber Justinus Kerner die im Freundeskreis als Sensation kolportierte Nachricht von der Heirat David Friedrich Strauß'. Und er fährt fort – in Anspielung auf das folgenreiche Werk ›Das Leben Jesu, kritisch betrachtet‹ (Tübingen: Osiander 1835), das den Hegelianer Strauß um seine akademische Theologenlaufbahn gebracht hatte: »Fräulein Schebest wird die Katharina von Bora dieses Luthers unserer Tage.«

Agnese Schebest war neben Wilhelmine Schröder-Devrient (1804–1860) die berühmteste deutsche Bühnensängerin ihrer Zeit. Als Halbwaise unter der Obhut ihrer Mutter aufgewachsen in der nachmals so berüchtigten Festung Theresienstadt in Böhmen, erregt sie als junge Sängerin die Aufmerksamkeit eines in der Festung Internierten: Fürst Alexandros Ypsilanti, der an der Spitze der Hetairia Philikon 1821 den griechischen Freiheitskampf gegen die Türken anführte, flieht im Juni 1821 nach der Schlacht von Dragasani nach Österreich und wird bis 1827 inTheresienstadt interniert. Ypsilanti entdeckt die musikalische Begabung des Mädchens und fördert ihre Ausbildung.

So kommt Agnese Schebest zu dem »vielgerühmten Singmeister und Kammersänger« Johannes Micksch, dem Lehrer der Schröder-Devrient, nach Dresden, wo sie seit 1831 als Sängerin und Schauspielerin an der Hofbühne auftritt; zwischen 1832 und 1836 ist sie Mitglied der Pester Oper – sie brilliert in Frauen- und Männerrollen der Opern von Bellini, Rossini und Meyerbeer. Nun gastiert sie in Wien, Dresden, Graz, Karlsruhe, Stuttgart, in Mainz, Wiesbaden, Kassel und Breslau, in München und Straßburg, in Paris und Zürich, in Weimar, Berlin, Danzig, Königsberg, Riga, Warschau, Lemberg und Posen. Überall wird sie gefeiert und verehrt – unter anderen von David Friedrich Strauß, der dieser »anmutigsten Erscheinung« als Rezensent von Cottas ›Morgenblatt‹ zu Füßen liegt.

Am 20.8.1842 heiratet der Theologe ohne Amt die von der Bühne resignierte

Diva in dem Dörfchen Horkheim bei Heilbronn in aller Stille. Pfarrer Ernst Rapp, der Freund von D. F. Strauß, geht bei der Trauung, wie es heißt, »allem Christlichen aus dem Wege«. Der weitverstreute Freundeskreis des Hochzeiters tauscht alle Beobachtungen aus über Agnese Strauß. Kerner an Sophie Schwab, 7. 6. 1842: »eine sehr liebe, rechtschaffene Person.« Mörike an Hartlaub, 20. 3. 1843: Sie sei »in Wahrheit schön, von kräftigem Körper und ihr Gesicht von einer edlen Art, vollkommen gemacht für die Bühne ...« Von ihrem Gesang sagt er: »Es gab den Eindruck der Vollkommenheit und sättigte die Seele.« Strauß dagegen an Friedrich Theodor Vischer, 9. 12. 1842, über die Schebest als Hausmutter und Waschfrau: Er sehe »wie die weibliche Natur, wenn sie unverdorben sich treu geblieben, durch alle Abwege anderweitigen Berufs hindurch die Bestimmung zum Hausmütterlichen in sich« trage. Mörike sieht diese »Bestimmung« besser; noch einmal aus dem Brief an Hartlaub: »Eine nette kleine Szene, die sich von selbst ausmalt. Frau Strauß wollte am andern Tage zum Nachtisch Sträublein backen, kam aber nicht damit zurecht. Klara [Mörike] half mit, und endlich standen wir zu fünfen (die Magd mit eingerechnet) um den Herd herum, auf welchem ›die vollkommene Köchin‹ aufgeschlagen war. Die Sonne schien in die Küche hinein. Sowohl ich als auch Strauß studierten das Recept ...«

Zwei Kinder kommen zur Welt, doch die Ehe ist »prüfungsreich«; Strauß »zerarbeitet« sich an einer Lösung. Dann die gerichtliche Trennung: Agnese Strauß-Schebest zieht nach Stuttgart, was Strauß den Aufenthalt dort unmöglich macht. Mörike an Hartlaub, 1. 5. 1851: Er habe Agnese Strauß in Stuttgart besuchen wollen, doch habe man ihm dringend davon abgeraten, »wofern ich Strauß zum Freund behalten wolle. Kerner, der neuerdings auch bei ihr war, bekam deshalb einen grimmigen Brief, worin ihm erklärt wird, daß sie sich beide fernerhin als gestorben ansehen müßten. Die gutmütigscherzende Antwort war: Strauß wisse ja, daß sein Weinsberger Alter von je am liebsten mit Abgeschiedenen zu verkehren pflege, und so erschrecke er vor diesem Verhältnis gar nicht.«

Agnese Schebest schreibt ihre Erinnerungen ›Aus dem Leben einer Künstlerin‹ (Stuttgart: Ebner & Seubert 1857) und, mit vielen Beispielen von Schiller, Kerner und Mörike, »Studien über mündlichen Vortrag und plastischen Ausdruck« mit Porträt[?]-Zeichnungen von Franz Kugler unter dem Titel ›Rede und Geberde‹ (Leipzig: Ambr. Abel 1861).

Als sie siebenundfünfzigjährig stirbt, teilt Strauß dem Freund Vischer am 23. 12. 1870 mit: »Lieber Freund! So wäre ich denn nach Gottes unerforschlichem Ratschluß im Umsehen Witwer geworden. ›Der Engel is hinüber‹ ...«

Agnese Schebest, Aus dem Leben einer Künstlerin. Stuttgart: Ebner & Seubert 1857. – ADB, Bd XXX, S. 651 ff. – Briefwechsel zwischen Strauß und Vischer. Hrsg. von Adolf Rapp. Stuttgart: Klett 1953, Bd 1, S. 118, 122; Bd 2, S. 285. – Justinus Kerners Briefwechsel mit seinen Freunden. Hrsg. von seinem Sohn Theobald Kerner. Stuttgart, Leipzig: Deutsche Verlagsanstalt 1897, Bd 2, S. 216, 221.

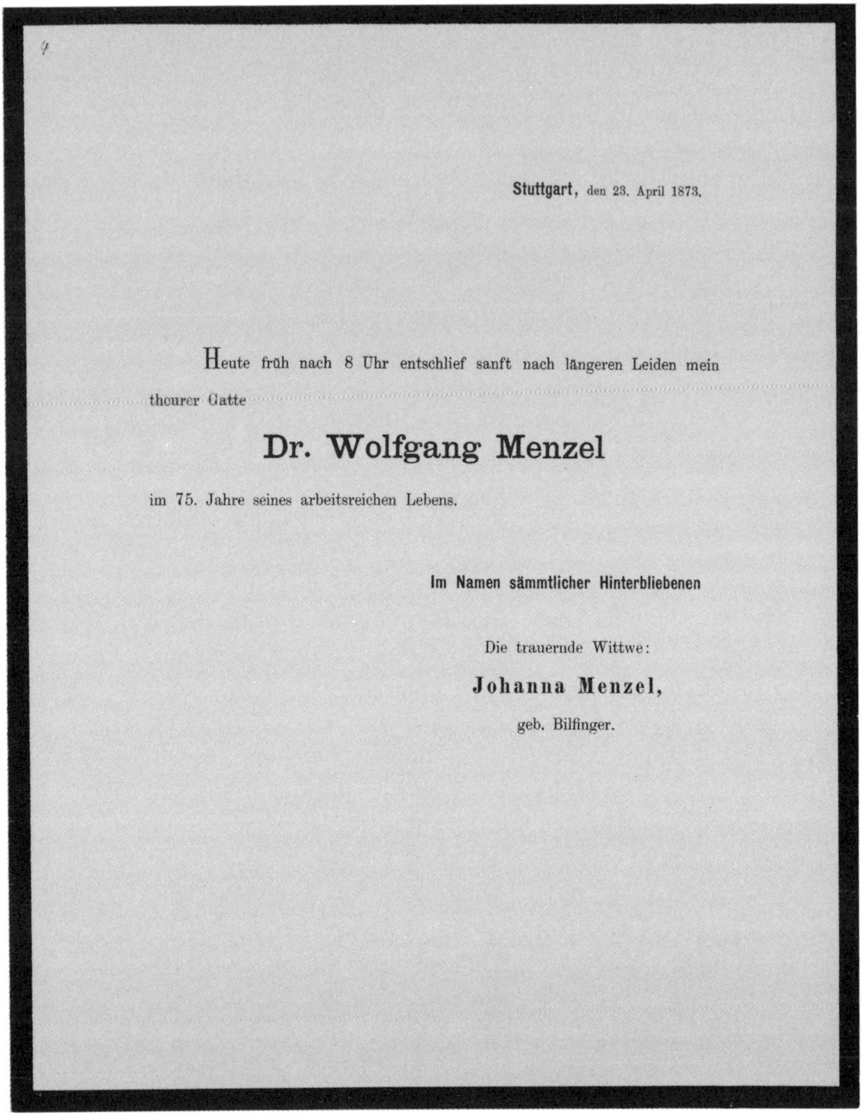

Stuttgart, den 23. April 1873.

Heute früh nach 8 Uhr entschlief sanft nach längeren Leiden mein theurer Gatte

**Dr. Wolfgang Menzel**

im 75. Jahre seines arbeitsreichen Lebens.

Im Namen sämmtlicher Hinterbliebenen

Die trauernde Wittwe:

**Johanna Menzel,**

geb. Bilfinger.

Traueranzeige Deutsches Literaturarchiv Marbach.

[Abt 13b/1402]

**Wolfgang Menzel,** geb. 21.6.1798 in Waldenburg/Schlesien; gest. 23.4.1873 in Stuttgart (Sterbehaus: Kasernenstraße 10). – Schriftsteller. Kritiker; fast ein Vierteljahrhundert der Redakteur von Cottas ›Literatur-Blatt‹ zum ›Morgenblatt‹.

Stele mit Sockel (1955 erneuert). Porträt-Medaillon Menzels in Bronze von R. Dietelbach ist jetzt von Bildhauer Schönfeld in Stein ausgeführt:

WOLFGANG MENZEL
1798–1873
JOHANNA MENZEL
GEB. BILFINGER
1806–1875

Sohn des Arztes Johann Gottlieb Menzel [Mentzel] (1770?–1802) und der Caroline Dorothea geb. Roell.

»Der einst so grimmige Feind Goethe's, der unversöhnliche Franzosenhasser, der gefürchtete Recensent und Kritiker, der Sitten- und Splitterrichter der ganzen, ganz besonders aber der neueren deutschen Literatur – Wolfgang Menzel, ist am 23. April d. J. in Stuttgart gestorben.« Todesursache lt. Familienregister: Gicht.

Gerstenberg, der die sicherlich nicht einfache Aufgabe des Nekrologs für die ›Allgemeine Zeitung‹ übernommen hat, verschanzt sich für seinen kritischen Bericht hinter der Meldung einer »der hervorragendsten deutschen Zeitungen« und verschafft sich damit auch »vor seinen Freunden« die Lizenz für sein »strenges« Urteil, das, wie der Schluß deutlich macht, aus näherem Umgang mit dem Verstorbenen gefällt wird:

»Menzels äußere Erscheinung durfte in Wahrheit eine imponirende genannt werden. Wer den stattlichen Mann, mit dem auf breiten Schultern sitzenden Kopf, von welchem das Haar bis zu dem Nacken herabrollte, mit einem einfachen grauen Rocke bekleidet, ein dickes spanisches Rohr in der Linken und unter dem rechten Arm einen Pack Bücher, aus dem kleinen freundlichen Häuschen, das in einem Obstgarten in der Nähe der alten Stadtmauer in einer wenig besuchten Straße Stuttgarts [Hospitalstraße 28] stand, heraustreten und festen Schrittes durch die Straßen dahin schreiten sah, mußte sagen daß derselbe ganz dazu geschaffen war eine gewisse Ehrfurcht einzuflößen und das Auge der ihm Begegnenden auf sich zu heften ...«

Wolfgang Menzel, der einflußreiche, gefürchtete »Literatur-Papst«, dessen romantischer Nationalismus sich aus den Erfahrungen eines burschenschaftlichen Patriotismus erklären ließe, befestigt seine moralischen Urteile und Verurteilungen – die unter Zeitgenossen durchaus Beifall finden – mit einem groben Protestantismus, in dem er das Vaterländische als Synonym der Moral ausgibt. Seine rüden Ausfälle gegen Goethe – seit 1823 in den aphoristischen ›Streckversen‹ publiziert – dem er politische Indifferenz, heidnische Weltanschauung und erotischen Libertinismus vorwirft, finden zunächst die lebhafte Zustimmung der Jungdeutschen, Heines und Börnes. Erst Menzels Angriffe gegen Frankreich, in denen er mit den alten Ängsten vor Napoleon die demokratischen Ideen der Julirevolution von 1830 herabsetzt, führen in die erbittertsten Auseinandersetzungen, die ihn immer eindeutiger zum Handlanger der politischen Reaktion machen: von nun an widerrät er allem Kosmopolitismus; er sieht sich als Gegner der Liberalen und als Rächer an den Ungläubigen.

Wolfgang Menzel wächst in seiner schlesischen Heimat in behüteten Verhältnissen auf; in Breslau, wo er seit 1814 das Elisabethianum besucht, nimmt er die Ideen der Jahnschen Bewegung und der Befreiungskriege gegen Napoleon gierig auf. Als er 1818 zum Studium der Philosophie nach Jena wechselt, wird er aktiver Burschenschafter; er verkehrt mit Sand, dem Attentäter Kotzebues, nach dessen Tod Menzel Jena verlassen und sein Studium in Bonn fortsetzen muß. Doch die Verfolgungen der Burschenschaften in der Konsequenz der Karlsbader Beschlüsse zwingen ihn im März 1820 zur Flucht in die Schweiz, wo er in Aargau als Lehrer für alte Sprachen und Turnlehrer sein Auskommen findet. Seit 1822 widmet sich Menzel ausschließlich literarischen Arbeiten; er sammelt seine Aphorismen zur Zeit unter dem von Jean Paul entliehenen Titel ›Streckverse‹ (Heidelberg: Winter 1823) und schreibt eine ›Geschichte der Deutschen‹ (Zürich: Geßner 1824/25). Gleichzeitig gründet er mit Troxler, List, Follen und Mönnich die Zeitschrift ›Europäische Blätter oder das Interessanteste aus Literatur und Leben für die gebildete Lesewelt‹ (bis 1825); die Zeitschrift liefert ihm weiteres Terrain für seine Schmähreden gegen Goethe.

Unterwegs von Heidelberg, wo er sich niederzulassen beabsichtigt, nach München, gewinnt ihn in Stuttgart der Verleger Johann Friedrich Cotta als Redakteur für das ›Literatur-Blatt‹ zum ›Morgenblatt‹ (1825) als Nachfolger Adolf Müllners, der als streitsüchtig, hämisch und arrogant gegenüber den Autoren gilt. »Die Hornisse mit den drei Stacheln« nennt ihn Jean Paul, und Böttiger spricht, seiner Herkunft wegen, vom »Weißenfelser Stachelschwein«.

Stuttgart bleibt nun – von zwei Reisen abgesehen – Menzels ausschließlicher Wohnort. Hier heiratet er 1826 *Johanna* Christiane Bilfinger (1806–1875), die Tochter des Pfarrers Johann Wenzel Bilfinger aus Oppelsbohm; 9 Kinder. Hier veröffentlicht er bei Franckh seine zweibändige Geschichte ›Die deutsche Literatur‹ (1828; erweitert 1836) mit ihren fanatisch einseitigen Angriffen gegen Goethe.

Als Menzel am 27. 11. 1829 mit einer ›Ankündigung‹ das künftige Programm des ›Literatur-Blatts‹ (das nun unter seinem Namen erscheint) anzeigt, in der

Grabmal Wolfgang Menzel. Photographie Mathias Michaelis, 1991 [Abt. 13b/1402].

das »ewig grüne Leben gegen die welke Theorie« und ein »Totalblick« auf alle Erscheinungen der Literatur ohne »Rücksichten« auf »Schulen und Parteyen« versprochen werden, klagt Justinus Kerner: welch »fürchterlicher Luftsprung«! Menzel hatte unmittelbar vorher die ›Seherin von Prevorst‹ in der Luft zerfetzt. Nun tritt der Kritikerrezensent unter der Vignette des »blitzeschleudernden Jupiter« hervor, der auch »Lorbeerkranz«(-Vignetten) zu verteilen hat. Er rühmt Novalis, Görres, Jean Paul, Tieck, Grabbe, die Droste, Gotthelf und vor allem Schiller, für dessen Stuttgarter Denkmalverein er wirbt und arbeitet; er rühmt (1827!) Hölderlin als »ächten Dichter voll göttlichen Feuers«, aber damit er Goethe im Tode nicht weiter schmähe, bedarf es der Einrede seines Verlegers, der ihm – nach jahrelangem Schweigen – entgegenhält: »De mortuis nil nisi bene!« und ihm erklärt: »Goethe ist seit langen Jahren mein Freund, ich gehöre mit Tausenden zu seinen Verehrern, meine Verehrung beruht nicht nur auf seinen *Schriften,* sondern auch auf seinen Handlungen.« Goethe selbst nimmt sich das Recht, »von allem was gegen mich geschieht keine Notiz zu nehmen« (An Zelter, 26. 8. 1828); sein Nachlaß enthält, in der Weimarer Ausgabe unter die ›Invectiven‹ aufgenommen, das späte Xenion auf Menzel und den Kritiker Garlieb Merkel (1769–1850): »Verwandte sind sie von Natur, / Der Frischling und das Ferkel; / So ist Herr Menzel endlich nur / Ein potenzirter Merkel.«
Aus dem Kritiker, der »den Standpunkt des Lebens« gegen die »welke Theorie« durchzusetzen sich vorgenommen hat, wird der »gehässige Denunciant« (Heine), als Menzel am 11. und 14. 9. 1835 ›Wally, die Zweiflerin‹, den Roman des von ihm abgefallenen Karl Gutzkow »voll kränklicher, raffinirter, ausgedüftelter Wollust« als blasphemisches, gotteslästerliches Musterbuch des Jungen Deutschland diffamiert. Der einst ins Exil getriebene Menzel vertreibt nach der von ihm zum Sündenfall erklärten Veröffentlichung die Jungdeutschen aus dem Paradies. Er wolle »den Kopf der Schlange zertreten, die im Miste der Wollust sich wärmt«, eifert er. Gutzkow und sein Verleger Löwenthal werden wegen »Gotteslästerung und Darstellung unzüchtiger Gegenstände« vor Gericht gezogen. Die Literatur der Jungdeutschen wird verboten. »Der wuchtige gegen das gesammte ›junge Deutschland‹ gerichtete Schlag war eine förmliche Denunciation«, schreibt Gerstenberg in Cottas ›Allgemeiner Zeitung‹, »die zur unmittelbaren Folge hatte, daß der Deutsche Bund sofort sämmtliche von den von ihm denunciirten Schriftstellern herausgegebene Bücher verbot.« Der Pfeil wendet sich gegen Menzel, der nun »selbst von dem Throne« herabstürzt. Seit Anfang der dreißiger Jahre vertritt Menzel den Landkreis Balingen im Württembergischen Landtag. Als er 1848 den Sprung in die Frankfurter Pauls-

kirche wagt, scheitert er. Und zum 1.7.1849 teilt die J. G. Cotta'sche Buchhandlung lakonisch mit: »Verhältnisse, welche ihre Ursache einzig in den auch auf dem literarischen Verkehr schwer lastenden Zeitumständen finden, veranlassen uns, vom 1. Juli ab das *Kunstblatt* und das *Literaturblatt* aufhören zu lassen.« 1852 gründet Menzel sein Blatt wieder, es »wurde aber durch Menzels Ungeschick abermals seinem Ende zugeführt«, schreibt Gerstenberg. »Diese Mißerfolge ... erbitterten ihn so sehr, daß er sich entschloß ins Lager der Reaction überzutreten.«

Familienregister Stuttgart, 1808–1875, Bd 6, S. 958. – Totenregister der Hospitalkirche, 1869–1873. – Wolfgang Menzel, in: Beilage zur Allgemeinen Zeitung, Nr. 142 v. 22. Mai 1873, S. 2173f. – Literatur-Blatt, Nr. 16 v. 23. 2. 1827, S. 61 f. – Literatur-Blatt, Nr. 95 v. 27. 11. 1829, S. 377ff. – Literatur-Blatt, Nr. 93 v. 11. 9. 1835, S. 369f und Nr. 94 v. 14. 9. 1835 S. 373ff. – Morgenblatt, Nr. 158 v. 3.7. 1849 S. 632. – Goethe WA, Bd I, 5, S. 202; Bd IV, 44, S. 289. – Goethe und Cotta. Briefwechsel 1797–1832. Hrsg. von Dorothea Kuhn. Stuttgart: J. G. Cotta'sche Buchhandlung Nachfolger 1983, Bd 3, 1, S. 28f.

**Verschiedenes.**

* **Stuttgart,** 23 April. Der Schriftsteller W o l f g a n g  M e n z e l ist im Alter von 75 Jahren heute hier gestorben.

Allgemeine Zeitung, Nr. 115 v. 25.4. 1873, S. 1748.

»Hier, sonst an keinem Orte
wohnt die ersehnte Ruh
nur durch die dunkle Pforte
geht man der Heimat zu.

Das arme Herz hienieden
von manchem Schmerz bewegt
erlangt den wahren Frieden
nur wenn es nicht mehr schlägt.«

1788 erschien das Gedicht ›Das Grab‹ von Johann Gaudenz von Salis-Seewis im Göttinger Musenalmanach. Grabmal der Therese von Lersner, 1793–1818 [Abt 5b/944].

# Udo Dickenberger
# Symbole auf klassizistischen Friedhöfen

Wer auf einem Friedhof der klassizistischen Periode um 1800 spazierengeht, der stößt auf beflügelte Genien mit gesenkten verlöschenden Fackeln und auf gebeugte Gestalten, die in antikische Gewänder gehüllt sind und trauern. Der Friedhofsbesucher wandelt zwischen kleinen Tempelbauten und Obelisken, zwischen abgebrochenen Säulen und Urnen. Auf den Grabmälern sieht er Kränze und Mohn, Sterne und Tränenfläschchen, sich in den Schwanz beißende Schlangen und stilisierte Schmetterlinge. Erscheinen auch auf anderen Grabsteinen Symbole, die aus der christlichen Ikonographie vertraut sind – der Anker und die Taube, die Weintraube und das Öllämpchen –, so ist doch die Beliebtheit antikischer Motive auf einem Honoratiorenfriedhof mitten im pietistischen Württemberg auffällig.

Lessing und Herder beschreiben in der zweiten Hälfte des 18. Jahrhunderts den Tod in heiteren Bildern und greifen dabei auf die antike Ikonographie zurück.

In seiner Schrift ›Wie die Alten den Tod gebildet‹ zeigt Gotthold Ephraim Lessing 1769, »daß die alten Artisten den Tod, die Gottheit des Todes, wirklich unter einem ganz andern Bilde vorstellten, als unter dem Bilde des Skeletts«. Der Tod, so Lessing, wird dargestellt als »ein geflügelter Jüngling, der in einer tiefsinnigen Stellung, den linken Fuß über den rechten geschlagen, neben einem Leichname stehet, mit seiner Rechten und dem Haupte auf einer umgekehrten Fackel ruhet, die auf die Brust des Leichnames gestützt ist, und in der Linken, die um die Fackel herabgreift, einen Kranz mit einem Schmetterlinge hält«.

Diesem Genius des Todes begegnen wir auf vielen Grabmälern historischer Friedhöfe, aber, oft in leicht abgewandelter Form und mit wechselnden Attributen, auch auf modernen Grabsteinen, am schönsten vielleicht und knapp lebensgroß auf einem Grabmal des Cannstatter Uff-Kirchhofs.

Gotthold Ephraim Lessing erklärt uns die Symbole: die umgestürzte verlöschende Fackel verweist auf das Ende des Lebens, das Flügelpaar auf den raschen und schmerzlosen Übergang, der Kranz ist ein Totenkranz, der Schmetterling ein Bild der Seele.

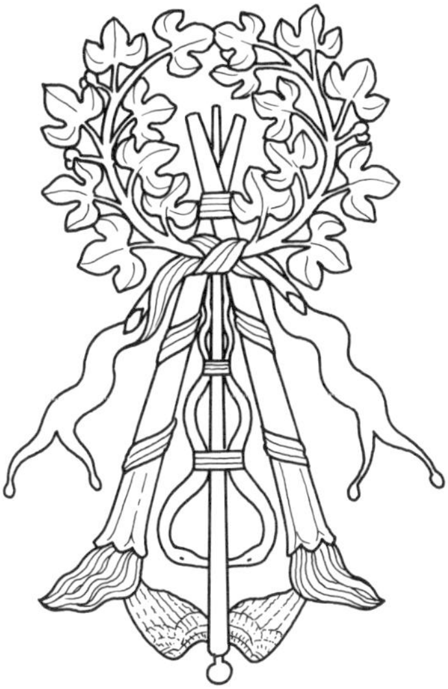

Lessing wendet sich gegen die christlichen Knochenmann-Darstellungen und fordert einen neuen Gebrauch des besseren antiken Bildes vom Tod: »So sehe ich nicht, was unsere Künstler abhalten sollte, das scheußliche

Gerippe wiederum aufzugeben, und sich wiederum in den Besitz jenes bessern Bildes zu setzen. Die Schrift redet selbst von einem Engel des Todes: und welcher Künstler sollte nicht lieber einen Engel, als ein Gerippe bilden wollen?«
Konflikte mit einem richtig verstandenen, nicht abergläubischen Christentum versucht

Lessing zu umgehen: »Nur die mißverstandene Religion kann uns von dem Schönen entfernen: und es ist ein Beweis für die wahre, für die richtig verstandene wahre Religion, wenn sie uns überall auf das Schöne zurückbringt.« Die rechte Religion führt immer hin zum Schönen.
Lessing findet mit seinem neuen Bild vom Tode große Resonanz. In den Gedichten der Musenalmanache um 1800 erscheinen immer wieder die von ihm beschriebenen fackeltragenden Genien. Einzelne Autoren vermerken ausdrücklich, daß sie sich auf Lessing beziehen. Der Tod ist in der Fiktion dieser Poesie sanft und ein Freund des Menschen geworden.
Johann Gottfried Herder, damals Lippischer Hofprediger und Konsistorialrat in Bückeburg, stimmt in seinem Aufsatz ›Wie die Alten den Tod gebildet? Ein Nachtrag zu Leßings Abhandlung desselben Titels und Inhalts‹ (1774) dem freundlichen Todesbild des Wolfenbütteler Bibliothekars zu. »Der Gedanke, ›Tod sei den Griechen in der Vorstellung ihrer Kunst nichts als ein Jüngling gewesen, der in ruhiger Stellung mit gesenktem trüben Blick die Fackel des Lebens über dem Leichnam auslöscht‹, dieser Gedanke hat so etwas Beruhigendes und Sanftes, daß wir uns gern bei ihm verweilen.« Es ist ein sympathischer Gedanke. Herder differenziert Lessings Bild: Die *Vorstellung* vom Tod sei sanft und beruhigend, sie sei ein Euphemismus. Herder unterscheidet zwischen dem Tod selbst und seinen Folgen. Der Tod sei schön; die Folgen aber müßten uns nicht ängstigen, denn sie beträfen uns nicht. »Kein Schreckgespenst also ist unser letzter Freund; sondern Endiger des Lebens, der schöne Jüngling, der die Fackel auslöscht und dem wogenden Meer Ruhe gebietet. Was darauf folgt, sind Folgen des Todes, die zu ihm selbst nicht gehören.« Die Genien bezeichnen die »Ruhe im Grabe« und sind so »brauchbare Gestalten für alle Völ-

ker«. Alle Menschen schlafen und sterben, der Tod und der Schlaf seien in ihrer Bedeutung »allen verständlich«, ihre Bedeutung könne »in kurzer Zeit allen verständlich werden. Auch in christlichen Tempeln können diese Bilder stehen: denn sie sind nicht heidnisch. Von keinem Thanatos, des Pluto Priester ist hier die Rede, sondern von einem reinen Symbol der Menschheit, dem Schlaf und seinem Bruder.«

Die fackeltragenden Genien sind, folgt man Herder, zwischen den Grabmalen mit Kreuzen und Bibeltexten durchaus am rechten Ort. Ein vom Aberglauben befreites Christentum sagt dasselbe wie der an der Antike orientierte Aufklärer Lessing: Der Tod ist nur ein Schlaf. Er ist ein Schlummer. Klopstock ergänzt auf einem Grabmal des Hoppenlau-Friedhofs:

Dieses Leben ist Schlaf
aus dem
ein letzter uns
aufweckt.
Klopstock

Karl Philipp Moritz versucht in seiner Schrift ›Götterlehre oder Mythologische Dichtung der Alten‹ (1791) Lessings Auffassung populär zu machen. Die Nacht, erläutert Moritz, habe das Licht geboren, aber auch die Mächte der Finsternis. Sie ist die Mutter des plötzlichen gewaltsamen Todes und des natürlichen

Todes. Moritz hat in die ›Götterlehre‹ eine Zeichnung aufgenommen, die nach einer Beschreibung des Pausanias angefertigt wurde. Die Nacht hüllt da den Tod und den Schlaf in ihren Mantel. »Der Tod ist durch eine umgekehrte Fackel und der Schlaf durch einen

Mohnstengel bezeichnet.« Der Tod ist ein Zwillingsbruder des Schlafes.

So wäre also zusammenfassend festzustellen: Der Genius des Todes trägt eine Fackel. Allgemeiner könnte man sie als Bild für die Hoffnung in finsterster Nacht deuten. Der Mohn ist Attribut des Schlafes. Der Stern steht für das Licht. Das Licht durchdringt die Finsternis, ebenso wird die Seele einmal zur Schau Gottes gelangen. Ein Stern, ließe sich in christlicher Sicht deuten, geleitete die drei Weisen nach Bethlehem, ein Stern wird die Seele zu Gott führen. Der Stern kann auch für den Glauben an neue Verkörperungen in kosmischen Gebilden stehen.

Die sich in den Schwanz beißende Schlange ist Symbol der Ewigkeit. Der Schmetterling war schon in der Antike Sinnbild der unsterblichen Seele. Das Märchen von ›Amor und Psyche‹ im ›Goldenen Esel‹ des Apulejus handelt davon. Die Urne enthält den Staub des Verstorbenen. Tränenfläschchen sind Zeichen für den Schmerz der Hinterbliebenen.

Der Hoppenlau-Friedhof kennt aber auch christliche Symbole. Die Taube war den Griechen Sinnbild des sublimierten Eros, im Christentum ist sie Bild des heiligen Geistes. Die Weintraube verweist auf die Glückseligkeit im Paradies. Der Anker ist Bild für die Hoffnung des Glaubenden auf die Seligkeit.

Ein Grabmal auf dem Friedhof zeigt die Ikonographie des Gottes Hermes mit Flügelschuhen und einem Stab, um den sich Schlangen mit Vogelköpfen winden; der Gott der Kaufleute und der Diebe, des Glücksspiels und der Redelust begleitet die Seelen ins Totenreich. Auf der Rückseite des Steins steht wiederum der bereits zitierte Vers aus Klopstocks ›Messias‹: »Dieses Leben ist Schlaf ...«

Die Grabplatte des Klopstock-Anhängers Christian Friedrich Daniel Schubart liegt nur wenige Meter von diesem Grab entfernt.

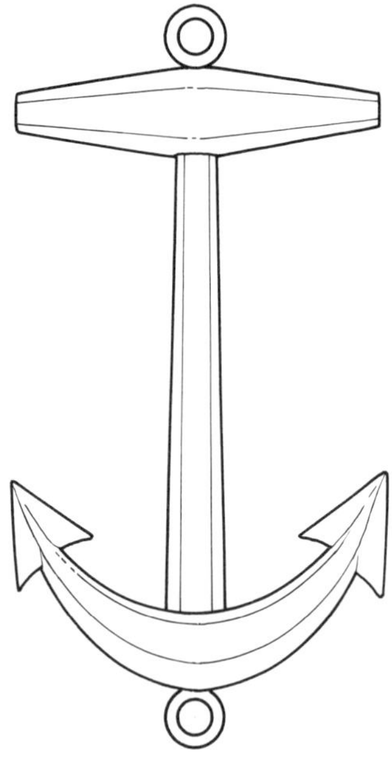

Schiller bezweifelt den Erfolg dieser Versuche, das Christentum mit der Antike zu versöhnen und den Knochenmann zum lieblichen Genius zu machen. Er schreibt ein Epigramm auf ›Den Genius mit der umgekehrten Fackel‹ und veröffentlicht es 1797 in seinem Musenalmanach:

Lieblich sieht er zwar aus mit seiner erloschenen Fackel,
Aber, ihr Herren, der Tod ist so aesthetisch doch nicht.

Doch Lessings und Herders Vorstellungen haben sich im frühen 19. Jahrhundert durchgesetzt, und andernorts stimmt auch Schiller ihnen zu. Eine Generation später schreibt Nikolaus Lenau sein Sonett auf den ›Salzburger Kirchhof‹ (1837), der als »schöner Ort« gepriesen wird, »wo die Schönheit Hüterin der Toten« sei.

O schöner Ort, den Toten auserkoren
Zur Ruhestätte für die müden Glieder!
Hier singt der Frühling Auferstehungslieder,
Vom treuen Sonnenblick zurückbeschworen.

Wenn alle Schmerzen auch ein Herz durchbohren,
Dem man sein Liebstes senkt zur Grube nieder,
Doch glaubt es leichter hier: wir sehn uns wieder,
Es sind die Toten uns nicht ganz verloren.

Der fremde Wandrer, kommend aus der Ferne,
Dem hier kein Glück vermodert, weilt doch gerne
Hier, wo die Schönheit Hüterin der Toten.

Sie schlafen tief und sanft in ihren Armen,
Worin zu neuem Leben sie erwarmen;
Die Blumen winken's, ihre stillen Boten.

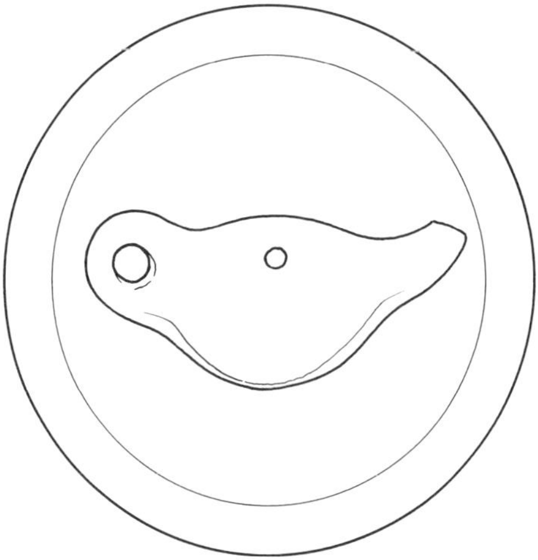

Zeichnungen: Rudolf Hungreder

# Alphabetisches Verzeichnis der beschriebenen Gräber

# Benutzerhinweise und Dank

Die Beschreibung der Gräber folgt dem von *Klöpping* angelegten Nummernschlüssel, also von den Gräberfeldern 1a, 1b usw. bis 14 von Südosten nach Nordwesten. Dabei wurde immer wieder das von *Pfeiffer* mehrmals überarbeitete Verzeichnis zum Vergleich herangezogen. In einigen Fällen wurden bewußt auch Grabstätten beschrieben, die heute verloren sind.

Verweise auf andere Gräber innerhalb der Beschreibungen nennen nach dem Gräberfeld [»Abt 8«] die Grabnummer [»1275«] und den Hinweis »s.« = »siehe«, wenn sich weiterführende Angaben innerhalb dieser Publikation befinden. Fehlt das »siehe«, so bedeutet dies, daß sich das Grab der erwähnten Person auf dem Hoppenlau-Friedhof erhalten hat, von einer Aufnahme in dieses Verzeichnis wurde indessen abgesehen.

Die Autoren haben sich für vielfältige Hilfen zu bedanken, innerhalb und außerhalb des Deutschen Literaturarchivs – für zeitraubende Recherchen, Literaturzusammenstellungen, für Zeichnungen und Photographien, für das Mit- und Gegenlesen mit buchenswerten Entdeckungen, Hinweisen und Funden, die Eva Dambacher, Petra Plättner, Ursula Weigl und Christine Wensiecki nicht Geringes verdanken. Dazu kommen Rudolf Hungreder, Mathias Michaelis, Ulrich Ott, Josua Reichert, Manfred Schmid, Paul Sauer, Gerhard Schuster und Reinhard Tgahrt.

Dieses ›Marbacher Magazin‹ erscheint als »Doppelheft«, um den auf mehr als das Dreifache eines normalen Heftes angeschwollenen Umfang einigermaßen zu fassen. Erscheinen kann dieses ›Magazin‹ aber nur durch großzügige Hilfe der Landesgirokasse Stuttgart und der Wüstenrot Stiftung, Deutscher Eigenheimverein e. V., Ludwigsburg. Den Nothelfern wird hiermit Dank gesagt.

F. P.

# Literaturverzeichnis. Auflösung der Abkürzungen

Für die biographischen Skizzen über die Toten im Hoppenlau-Friedhof wurden zahlreiche Veröffentlichungen aus dem Stadtarchiv Stuttgart, der Württembergischen Landesbibliothek und aus der Bibliothek des Deutschen Literaturarchivs in Marbach herangezogen. In Einzelfällen sind auch Nachlässe oder andere Quellenmaterialien benutzt worden, besonders aus dem Landeskirchlichen Archiv Stuttgart und dem Marbacher Cotta-Archiv (Stiftung der ›Stuttgarter Zeitung‹). Bei den Quellennachweisen wurden folgende Abkürzungen verwendet:

ADB Allgemeine Deutsche Biographie. Bd 1–56. Leipzig: Dunker & Humblot 1875–1912.

Allgemeine Zeitung Die von Johann Friedrich Cotta unter dem Titel ›Neueste Weltkunde‹ (1798) gegründete Tageszeitung, die in Tübingen, dann in Stuttgart und Ulm, vor allem aber in Augsburg und München unter dem Titel ›Allgemeine Zeitung‹ erschien und noch heute im Titel der ›Augsburger Allgemeinen Zeitung‹ erhalten ist, wurde im Redaktionsexemplar mit den Namensauflösungen benutzt (Cotta-Archiv, Stiftung der ›Stuttgarter Zeitung‹).

Chronik 1774–1777 und 1787–1791 herausgegeben von Christian Friedrich Daniel Schubart als ›Deutsche Chronik‹/›Teutsche Chronik‹, schließlich als ›Vaterländische Chronik‹/›Vaterlandschronik‹/›Chronik‹ in Augsburg und Stuttgart. Nach Schubarts Tod, zunächst unter Mitwirkung von Ludwig Schubart, bis 1793 herausgegeben von Gotthold Friedrich Stäudlin.

Familienregister Stuttgart Mikrofilm des Landeskirchlichen Archivs Stuttgart.

Goethes Werke WA (Weimarer Ausgabe) Herausgegeben im Auftrage der Großherzogin Sophie von Sachsen. Abt. 1–4. Weimar: 1887–1919.

Hahn Friedhöfe in Stuttgart. Bd. 2. Hoppenlau-Friedhof. Israelitischer Teil. Von Joachim Hahn unter Mitarbeit von Rolf Decrauzat, Richard Klotz und Hermann Ziegler. Herausgegeben von der Landeshauptstadt Stuttgart/Stadtarchiv in Verbindung mit dem Presse- und Informationsamt. Stuttgart: In Komm. Klett-Cotta 1988.

Hölderlin StA (Große Stuttgarter Ausgabe). Sämtliche Werke. Bd 1–8. Stuttgart: Cotta (Bd 2–6 und Bd 7ff. Kohlhammer) 1943–1985.

Kirchner Hoppenlaufriedhof in Stuttgart. Liste der Grabmale und Vorschläge zu ihrer Instandsetzung. Aufgenommen durch Heinrich Kirchner, Bildhauer, Gartenbauamt; Willibald Schneider, Technischer Angestellter, Friedhofsamt; Hermann Ziegler, früher Kulturamt. Manuskript vom 21.6.1978. Stadtarchiv Stuttgart Kc 749.

Klöpping Karl Klöpping, Historische Friedhöfe Alt-Stuttgarts. Sankt Jakobus bis Hoppenlau. Ein Beitrag zur Stadtgeschichte mit Wegweiser zu den Grabstätten des Hoppenlaufriedhofs. Herausgegeben von der Landeshauptstadt Stuttgart/Friedhofsamt in Verbindung mit dem Presse- und Informationsamt. Stuttgart: Klett-Cotta 1991.

Kunst-Blatt Das ›Kunst-Blatt‹ (seit 1840 ›Kunstblatt‹) zum ›Morgenblatt für gebildete Stände/gebildete Leser‹, 1820–1849, wurde im Redaktionsexemplar mit den Namensauflösungen benutzt (Cotta-Archiv, Stiftung der ›Stuttgarter Zeitung‹).

Literatur-Blatt Das ›Literatur-Blatt‹ (seit 1838: ›Literaturblatt‹), 1819–1849, zum ›Morgenblatt für gebildete Stände/gebildete Leser‹, 1819–1849, wurde im Redaktionsexemplar mit den Namensauflösungen benutzt (Cotta-Archiv, Stiftung der ›Stuttgarter Zeitung‹).

Morgenblatt Das ›Morgenblatt für gebildete Stände/gebildete Leser‹, 1807–1865, wurde im Redaktionsexemplar mit den Namensauflösungen benutzt (Cotta-Archiv, Stiftung der ›Stuttgarter Zeitung‹).

Nägele, Familienbuch Paul Nägele, Familienbuch Stuttgart 1700–1820. Maschinenschriftliches Exemplar im Stadtarchiv Stuttgart.

NNekrD Neuer Nekrolog der Deutschen. Herausgegeben von August Schmidt und Bernhard Friedrich Voigt. Ilmenau: Voigt 1824–1856.

Pfeiffer Der Hoppenlau-Friedhof in Stuttgart. Eine Studie zum Heimatschutz von Bertold Pfeiffer. Neue, erweiterte Ausgabe. Stuttgart: Kohlhammer 1912.

Rimmele Aus dem Hoppenlau-Friedhof in Stuttgart. Von Bauinspektor Fridrich Rimmele. Stuttgart: Strecker & Schröder 1913.

Schiller NA (Nationalausgabe). Schillers Werke. Nationalausgabe. Bd 1ff. Weimar Böhlau 1943ff.

Sigel, Das evangelische Württemberg Das evangelische Württemberg. 2. Hauptteil: Generalmagisterbuch. Mitteilungen aus dem Leben der evangelischen Geistlichen von der Reformation an bis auf die Gegenwart. Ein Nachschlagewerk in alphabetischer Ordnung. Gesammelt und bearbeitet von Christian Sigel, früher Pfarrer in Gebersheim. O. O., o. J.
Die Nummern beziehen sich auf die im Landeskirchlichen Archiv vorhandenen Personalakten. Manuskript im Landeskirchlichen Archiv Stuttgart.

Thieme-Becker Allgemeines Lexikon der bildenden Künstler von der Antike bis zur Gegenwart. Herausgegeben von Ulrich Thieme und Felix Becker (Bd 16ff.: Hans Vollmer). Bd 1–37. Leipzig: Engelmann (Bd 5ff.: Seemann) 1907–1950.

# Personenregister

Verzeichnet werden alle natürlichen Personen sowie Verlage, Buchhandlungen oder andere Firmen, die für das Wirkungsfeld der beschriebenen Personen von Interesse sind, auf den Seiten 2–267; Angaben im Anhang bleiben unberücksichtigt. **Halbfett** gesetzte Seitenzahlen kennzeichnen einen Haupteintrag, *kursive* Seitenzahlen weisen auf Abbildungen hin. Tauchen Namen in mehreren Einträgen nacheinander auf, so wird jeweils die entsprechende Seitenzahl aufgeführt; mehrere Namensnennungen im gleichen Beitrag werden mit f. oder ff. beschrieben.

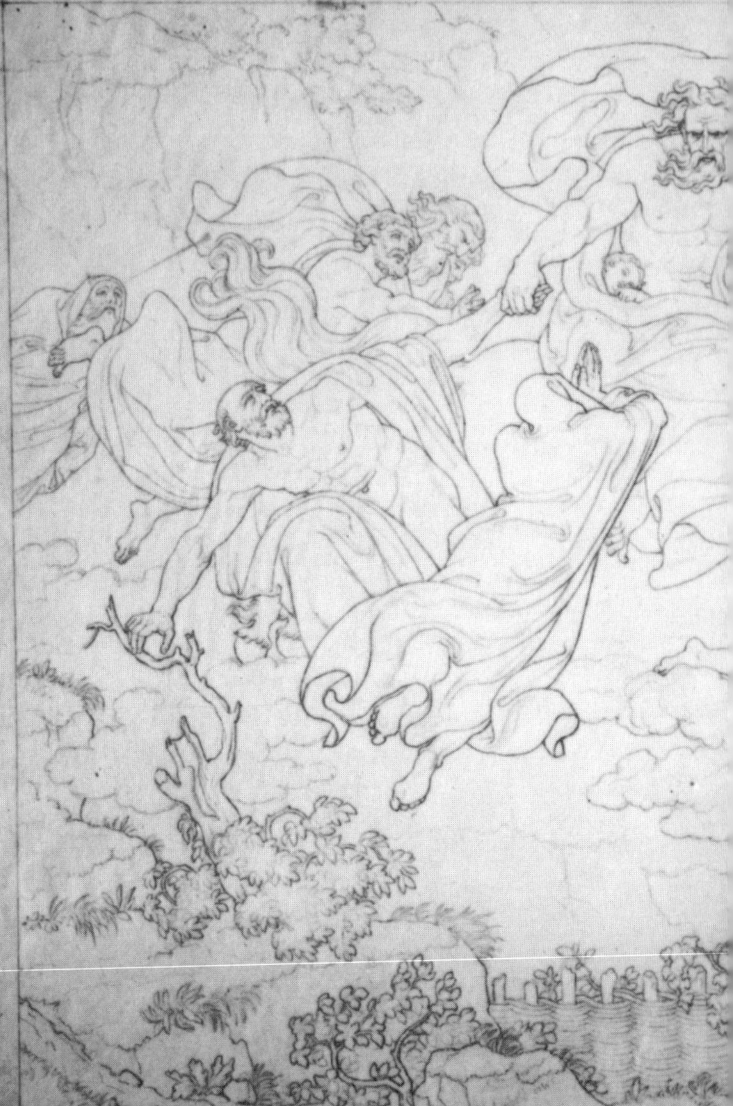

**Karl Jakob Theodor Leybold,** geb. 19. 3. 1786 in Stuttgart; gest. 20. 7. 1844 in Stuttgart. – Maler, Illustrator. Sohn des Malers und Kupferstechers Johann Friedrich Leybold (1755–1838) und der Maria Friderika geb. Baumann (1765?–1822).

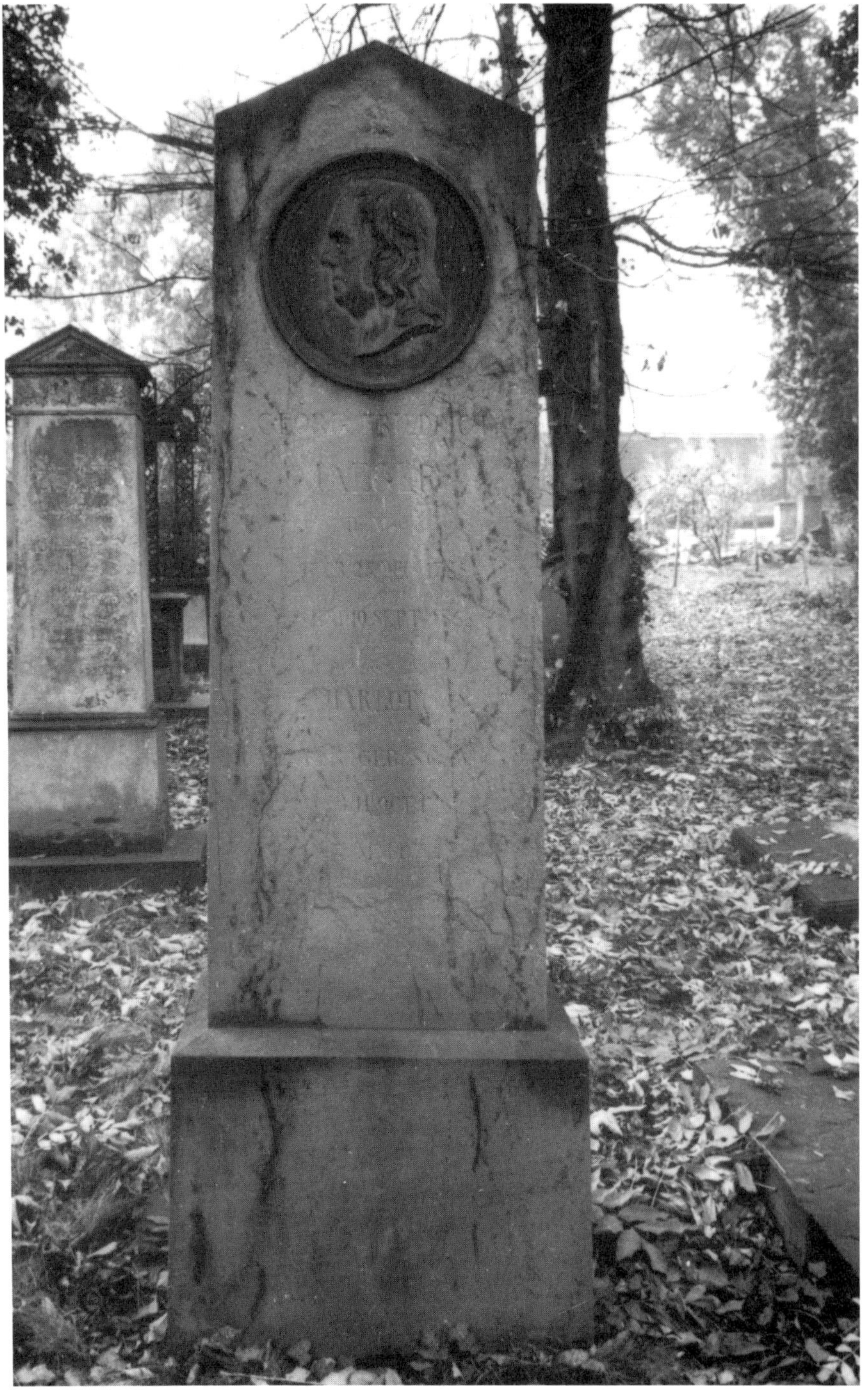

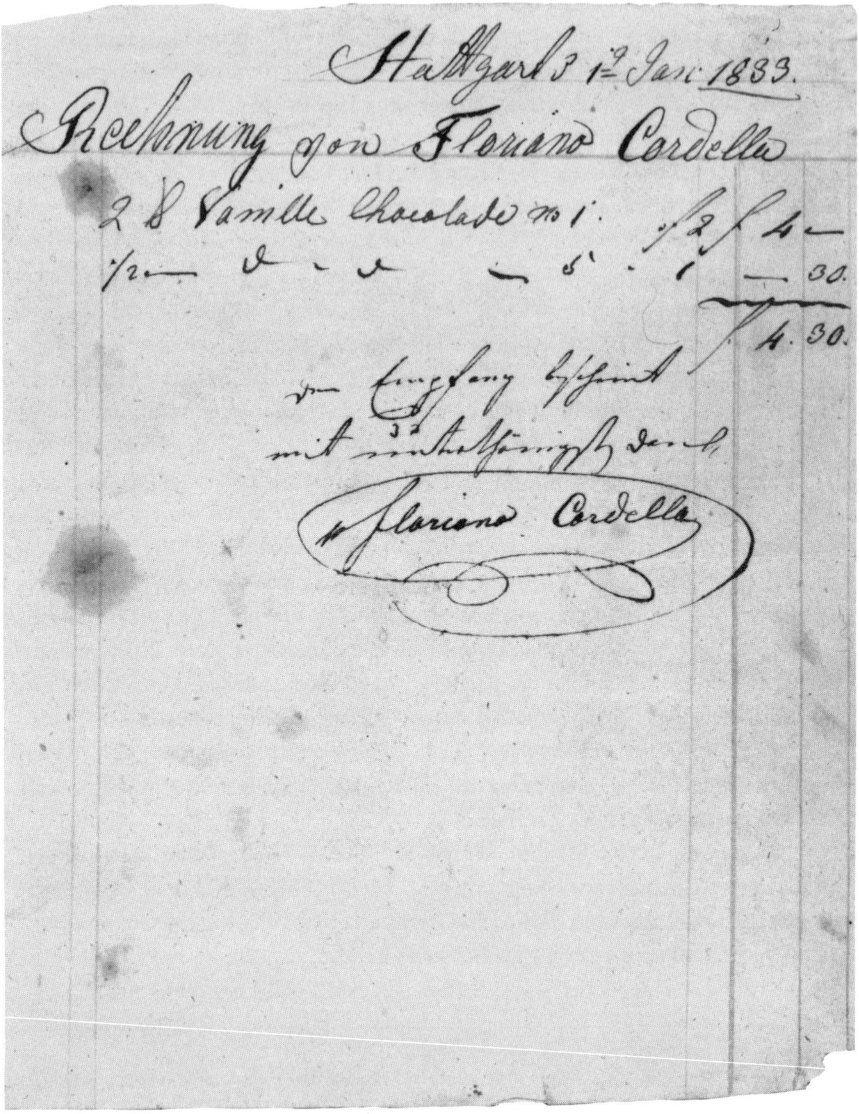

| | | |
|---|---|---|
| O. Dsella [illegible] für die [illegible] | " | 5. 3. |

| | |
|---|---|
| Transpt. | f 266.53. |
| Für Brod kommen bezahlt . . . . | — 22. |
| An Herrn Fr. Cordella . . . . | 4.30. |
| — — C. Jm Reiniger . . . . | 4.25. |
| | f 276. 10. |
| Trinkgeld für 2 Frauen fürs Leichentuch u. das Läuten der großen Glocke . . . . . | — 48. |
| An Herrn Schlosser Stieker | 6. — |
| | f 282.58. |

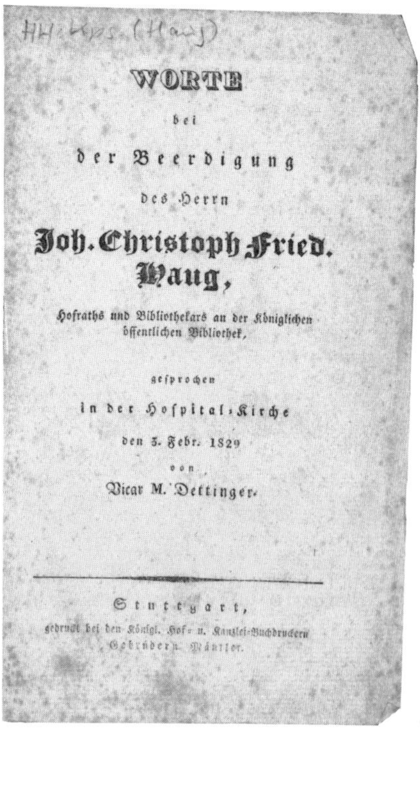

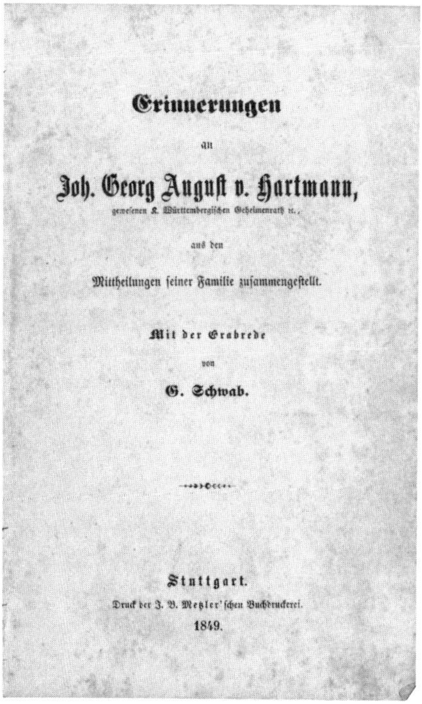

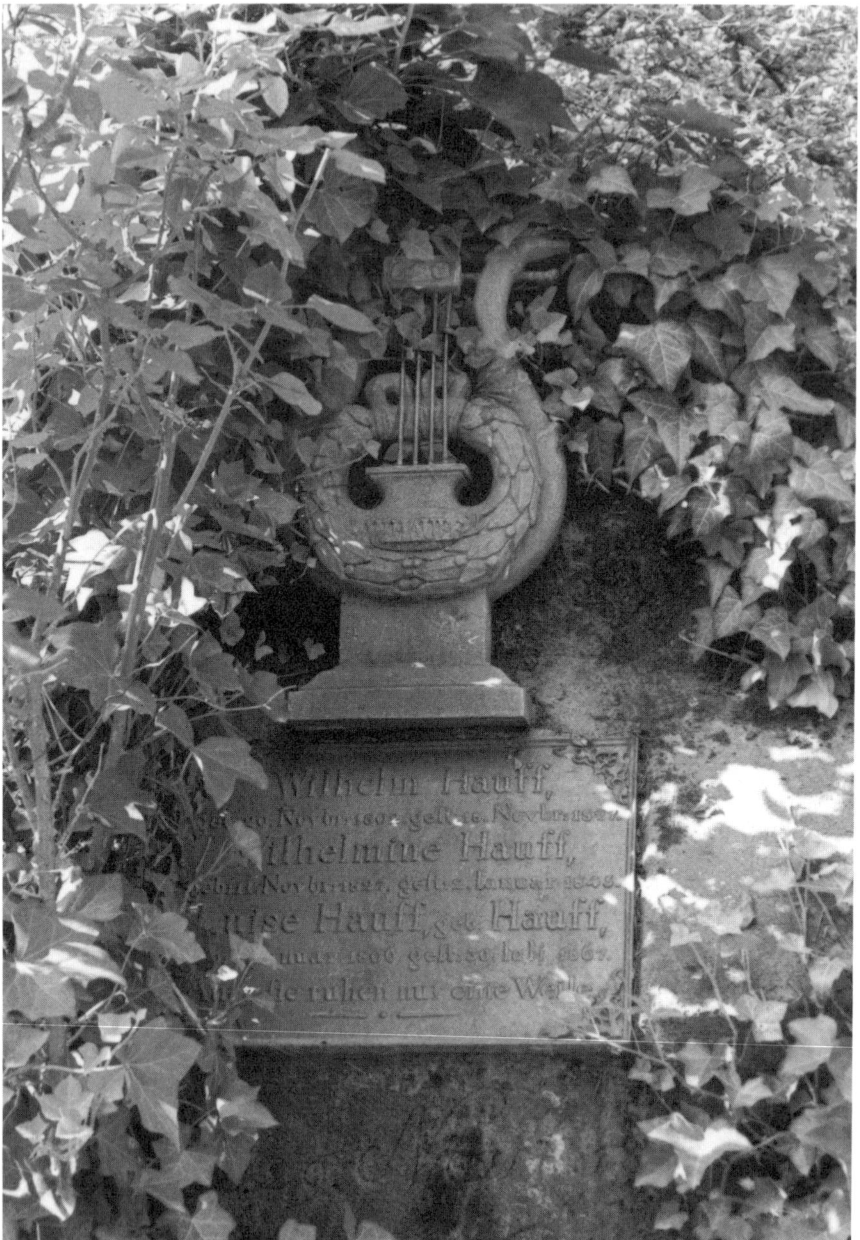

Kängott im Vogt'schen Hause.

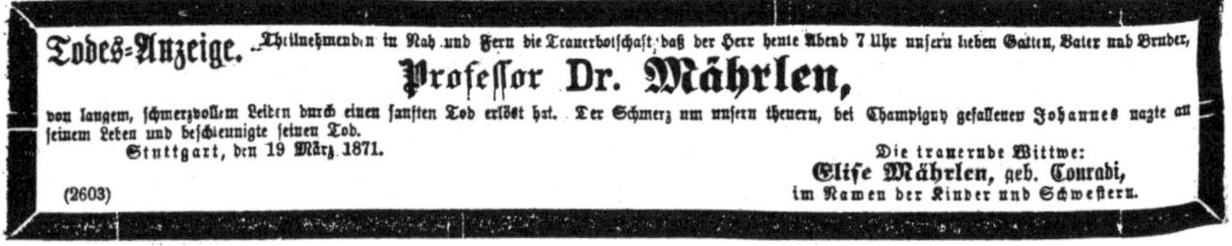

l r

m s

d h n t

a e i o u

b f j p v

c g k q w x y z